中公新書 2512

服部龍二著

高坂正堯——戦後日本と現実主義

中央公論新社刊

はしがき

京都大学法学部教授となる高坂正堯《こうさかまさたか》（一九三四〜九六）は一九三四年、イマヌエル・カント研究で知られる高坂正顕《まさあき》（一九〇〇〜六九）の次男として京都に生まれた。正顕は、京都帝国大学文学部哲学科を卒業後、京都府立大学の予科で助教授となっており、やがて京都帝大人文科学研究所の所長に就任する。

高坂正堯は京都大学助教授時代の一九六三年、二八歳の若さで「現実主義者の平和論」を『中央公論』に発表し、衝撃的な論壇デビューを飾る。そのなかで高坂は、日米安全保障条約が極東に勢力均衡をもたらしていると指摘した。

他方で、「国家が追求すべき価値の問題を考慮しないならば、現実主義は現実追随主義に陥るか、もしくはシニシズムに堕する危険がある」と自制し、国際情勢の緊張緩和という共通の目的に「現実主義者と理想主義の出会うところがある」と対話を求めた。

当時、学界の主流は、高坂が「理想主義者」と呼ぶ坂本義和《さかもとよしかず》東京大学助教授や評論家の加《か》藤周一《とうしゅういち》であった。「理想主義者」の多くはサンフランシスコ講和会議で、西側諸国とだけでなく、ソ連や中国などを含めた全面講和を主張した。その後は中立を説いたため、日米安保体制や自衛隊に批判的であった。

これに対して高坂は日米安保体制の役割を認め、中立策を疑問視していた。高坂論文は、「理想主義」やマルクス主義の全盛期に「現実主義」が登場したことを意味する。やがて冷戦の崩壊を経て逆転現象が起こり、「現実主義」の立場が主流となっていく。その先駆者が高坂にほかならない。

これと並行して高坂は、吉田茂《よしだしげる》や池田勇人《いけだはやと》、佐藤栄作《さとうえいさく》ら保守政治家に関心を拡《ひろ》げた。高坂の『宰相 吉田茂』（一九六八年）は、「完全非武装論と憲法改正論の両方からの攻撃に耐え、〔中略〕経済中心主義というユニークな生き方を根づかせた」と吉田の「商人的国際政治観」を論じている。

『宰相 吉田茂』は戦後日本の原点に相応な行動原理があったことを示し、「ワンマン」と嫌われていた吉田の評価を一変させた。そこには池田、佐藤と続く自民党黄金期も描かれている。

高坂の本領は、時評や評伝にとどまらない。一般向けの新書として著わされた『国際政治』（一九六六年）では、国際政治の体系的な考察を試みた。「国際社会にはいくつもの正義がある。だからそこで語られる正義は特定の正義でしかない」、「各国家は力の体系であり、利益の体系であり、そして価値の体系である」と高坂は説く。三二歳で執筆した『国際政治』は一度も品切れにならず、半世紀以上を経た今日でも国際政治学の必読書である。

四〇代の高坂は、早くも円熟期を迎えたようにみえる。学位論文となる『古典外交の成熟と崩壊』（一九七八年）は一九世紀ヨーロッパのウィーン体制下での外交を描き、吉野作造賞を受賞した。さらに、『文明が衰亡するとき』（一九八一年）では古代ローマ、通商国家ヴェネツィア、現代アメリカを題材として、比較文明論に新境地を開拓している。

高坂は一九九〇年代に入っても、『日本存亡のとき』（一九九二年）、『平和と危機の構造』（一九九五年）などを発表し続けた。晩年の著作では、湾岸戦争で十分な役割を果たそうとしなかった日本への憂慮が語られており、憲法改正を唱えるまでになる。高坂が六二歳で他界したのは、一九九六年のことである。

そのような高坂の評伝を記す今日的意義は何であろうか。

高坂正堯（1934～96）

第一に、高坂の主張や論争をたどることで、戦後日本の知的潮流を追体験できる。

高坂は冷戦下と冷戦後の国際政治を分析し、日本外交のあり方を提言し続けた。主著の多くは、『中央公論』などの総合雑誌や新聞の連載、講演を下敷きにしている。まだ論壇が世論形成に影響力を持つ時代であった。高坂が鮮烈な論壇デビューを果たしてから、やがて日米安保体制や自衛隊は肯定されるようになり、「理想主義者」の立論は相対的な地位を低下させた。

その転換がいつ頃かは確定しにくいし、湾岸戦争ではいわゆる「一国平和主義」も根強かったことが示すように、「現実主義者」が大勢を占めたとも言い切れない。高坂の意図も「理想主義者」との対決ではなく、議論を通じて一致点を見出すことにあった。

それでも、高坂が正統派としての地位を次第に確立させ、学界やメディアで重鎮のようになるのは、ベトナム戦争が終結した一九七〇年代半ば頃からであろう。著作でいえば、先の『古典外交の成熟と崩壊』や『文明が衰亡するとき』などがその時代に当たる。

第二に、国際政治学や大学の歴史としての意味である。

京都大学法学部で一九六七年に新設された国際政治学の初代担当者であっただけに、高坂の足跡は国際政治学の形成過程の一面といえる。門下生からは、講座の後継者となる中西《なかにし》寛《ひろし》をはじめ、多くの研究者が輩出された。限られた範囲ながら、そこからは国際政治学の起源と発展を通観できる。その間には、大学紛争のほか、沖縄返還をめぐる民間の国際会議もあった。

また、父の正顕は戦後の一時期に公職を追われ、やがて関西学院大学文学部教授、さらには京都大学教育学部長として復職し、東京学芸大学学長にまでなる。正堯は父の影響を受けながら、反発していたところもある。親子が互いをどうみていたかは、京都学派の哲学と現代国際政治学の関係性を考えるうえで、一つの視点となりうるだろう。京都学派とは京都帝国大学哲学科の西田幾多郎《にしだきたろう》や田辺元《たなべはじめ》を中心とした学派であり、正顕もその一員だった。

第三に、歴代政権への関与と評価である。

高坂が現実の内閣に携《たずさ》わったことは少なくない。高坂が最も前向きに協力したのは、沖縄返還を成し遂げた佐藤栄作内閣であろう。その後も高坂は、三木武夫《みきたけお》内閣での防衛費対GNP比一％枠、大平正芳《おおひらまさよし》内閣の総合安全保障研究グループ、中曽根康弘《なかそねやすひろ》内閣の平和問題研究会で防衛政策にかかわった。田中角栄《たなかかくえい》や宮澤喜一《みやざわきいち》らと対談してもいる。高坂が歴代首相をどうみていたかは、戦後政治に対して一つの判断材料となりうる。

第四に、現代への示唆である。

高坂の本が広く読み継がれているのは、平易な文体で内容に深みがあり、歴史や哲学を踏まえた考察が織り込まれているためであろう。その多くは、没後二〇年以上を経た今日でも色褪《いろあ》せない。安全保障や日米関係を論じただけでなく、中国や歴史問題についても考察している。日本の衰退に関する憂慮は予言的ですらある。

研究者に限らず、ジャーナリストや作家の著作は没後に売れ行きが下がり、ほとんどが品切れになる。しかし高坂はロングセラーや復刊を通じて、新しい世代に読者層を増やしている。その著作は古典としての域に達しつつあり、英訳も進んでいる。

このため本書では、高坂の主著や論争を軸に生涯をたどりながら、父の正顕との関係、アメリカ留学、各政権とのかかわり、学園紛争、衰亡の文明史観、晩年の憂慮などを描いていく。その叙述は、政治外交史と思想史、大学史を融合させた戦後史の一面となるだろう。

なお、筆者は一九八八年に京都大学法学部に入学し、高坂の講義を受けている。授業のほか、講演やテレビで目にしたこと、研究室を訪問したときの会話、学内の雰囲気など、個人的な経験にも触れたい。

高坂の足跡をたどることは、「現実主義者」の視点から知的潮流や政策を読み解き、知識人と政治のあり方を模索することである。

目　次——高坂正堯

高坂正堯

戦後日本と現実主義

凡例

・高坂正堯『海洋国家日本の構想』（中央公論新社、二〇〇八年〈中央公論社、一九六五年初版、一九六九年増補版〉）のように、復刻版がある場合はそちらを使用した。

・引用に際しては、句読点や改行を入れ、旧字を新字に、平仮名を漢字に、洋数字を漢数字に置き換えるなどしたところがある。

・高坂正堯と髙坂正堯、衛藤瀋吉と衞藤瀋吉のように、複数の表記がある場合には、参考文献を含めて高坂正堯、衛藤瀋吉で統一するなどした。

・引用文中の〔　〕はルビを含め、筆者による補足である。

・引用文中には現在では不適切な表現もあるが、歴史用語としてそのまま引用した。

・敬称は省略した。

序章　父・高坂正顕と二人の恩師——幼少期から学生時代まで

祖父・景顕と父・正顕

高坂家の先祖は、武田信玄《たけだしんげん》に仕えた武将の高坂弾正忠昌信《だんじょうのすけまさのぶ》（虎綱《とらつな》、一五二七〜七八）である。高坂は父の正顕から、弾正についてこう聞かされた。

父は戦争中、私たちに、自分の祖先高坂弾正が「逃げ弾正」と呼ばれ、退却戦における殿軍《でんぐん》という嫌な役目に秀《マ》れ《マ》ていたことを話してくれた。そのとき父は、逆境にあるとき立ち止まって戦い、総崩れになるのを防ぐのが自分の宿命だと考えていたのではなかろうか。

このくだりは、正顕の『追憶と願望の間に生きて』（一九七〇年）に高坂が寄せた「あとがき」の一部である。正顕は一九六九年に亡くなっていたため、「あとがき」を書いたのが高坂だった。

弾正は囲碁の名手でもあった。高坂は、戦国武将の末裔《まつえい》であることを誇りとしており、自らも中学生時代から碁にのめり込む。

正顕は占領下で公職追放となるが、高坂家にとっての苦難はそれ以前にもあった。最大の試練は、明治時代の後期である。正尭の祖父、高坂景顕《かげあき》は東京市から衆議院議員に立候補して落選すると、財産を使い果たした。その末に、妻ではない女性と満州に失踪《しっそう》してしまう。不治の病《やまい》となった妻は、死の宣告を受けた体をおして景顕の住む大連《だいれん》に向かうが、大連に着いた直後に満鉄病院で絶命する。景顕には会えなかったのである。

一家は崩壊し、残された四人の子供は離散した。四人のうち唯一の男子が高坂正尭の父、正顕であり、正顕は大連の景顕に引き取られた。正顕は一九一二年、旅順《りょじゅん》中学と呼ばれた関東都督府中学校に入学する。

昆虫《こんちゅう》好きの正顕は、のちに北海道大学農学部となる東北帝国大学農科大学で昆虫を研究したいと考えた。そのためには、旧制高校の理系で勉強せねばならない。だが景顕は、「昆虫学者では暮らしていけない、英法〔イギリス法専攻〕に入れ」(「歴史と人間を貫くもの」)と強いた。政治家の夢をただ一人の息子に託したのである。正顕は一九一七年、金沢の第四高等学校一部甲類、つまり英法のクラスに進学した。

高坂正顕と西田幾多郎 4

四高では、かつて西田幾多郎が倫理やドイツ語を教えていたこともあり、正顕は西田の逸話を多く耳にした。

やがて正顕は、西田の哲学書『善の研究』や河上肇《かわかみはじめ》の個人雑誌『社会問題研究』、倉田《くらた》百三《ひゃくぞう》の戯曲『出家とその弟子』を熱心に読むようになり、西田のいる京都帝国大学の文学部哲学科を志す。河上は同じ京都帝大のマルクス主義経済学者であり、倉田は西田を信奉する劇作家だった。

かつて昆虫研究をあきらめた正顕は、ここで大きな決断を下す。父の景顕に無断で、京都帝大の哲学科に願書を出したのである。景顕が激怒したのはいうまでもない。

しかし正顕は、「政治だけが人間の進む方向ではないでしょう。人を支配する前に、自分を支配することができなければならず、そのためには自分というものを確かめたいと思います。それが哲学なのですから、哲学をやることを許して下さい」(「歴史と人間を貫くもの」）と言い返し、一九二〇年には京都帝大哲学科に進学する。

高坂正顕（1900～69）哲学者．西田幾多郎に師事．カント哲学を専攻．1940年に京都帝大教授．同じ京都学派の西谷啓治，高山岩男らと「近代の超克」を唱える．戦後，公職追放となるが解除後，京大教授，東京学芸大学長を歴任

この間に正顕は四高で河合好人《かわいよしと》と親しくなり、のちに河合の妹、時生《ときお》と結婚する。河合は東京帝国大学の法科に進み、鉄道省に入省

する。鉄道省で河合は、のちに首相となる佐藤栄作と同期だった。

正顕は京都帝大で西田や朝永三十郎《ともながさんじゅうろう》、田辺元らの指導を受け、カント研究を志す。正顕の三年上には三木清《みききよし》、谷川徹三《たにかわてつぞう》がおり、同学年には三土興三《みつちこうぞう》、一年下には西谷啓治《にしたにけいじ》、戸坂潤《とさかじゅん》がいた。三木らは西田を慕って一高から京大に進学しており、のちに法政大学などで教鞭《きょうべん》を執《と》る。

正顕は西田について、「禅宗には、自分と同じような弟子を作る師はろくな人間ではないといういましめがあるが、〔西田〕先生はその訓戒に大変共鳴しておられた。西田門下からは哲学上で立場を異にした三木清、戸坂潤、務台理作《〔むたいりさく〕》、植田寿蔵《〔うえだじゅぞう〕》、木村素衛《〔きむらもともり〕》、西谷啓治、高山岩男《〔こうやまいわお〕》、久松真一《〔ひさまつしんいち〕》、山内得立《〔やまうちとくりゅう〕》など、数多くの弟子が輩出したが、先生はそれをむしろ喜んでおられたと思う」（『追憶と願望の間に生きて』）と記している。

卒業後に正顕は、京都府立医科大学予科講師、京都帝大文学部哲学科講師、東京文理科大学助教授などを経て、一九四一年には京都帝大人文科学研究所所長となる。

正顕は一九二四年に京都府立医科大学の予科で哲学とドイツ語を教え始めた頃、北白川小《きたしらかわお》倉町《くらちょう》の借家に住んでいた。

翌年に正顕は河合好人の妹、時生と結婚する。時生の両親は学校の先生であり、時生は同志社女学校専門学部、現在の同志社女子大学の学生だったが、中退して正顕に嫁《とつ》いだ。河合が、「女は大学を出る事よりも、早く良い人の所へお嫁に行く事の方が幸福だ。その点高坂君なら人柄も良いし、経済的には苦労するかも知れないが、きっと幸福になれる」(「兄・正堯と母」)と背中を押したのである。

この頃、正顕はカント『永遠平和の為に』を翻訳していた。一九二九年に顕一《あきかず》が生まれると、家が狭くなったため、高坂家は京都市小松原《こまつばら》に移った。いまの立命館大学衣笠《きぬがさ》キャンパス付近である。隣の家には一九三三年、同じ西田門下で京都帝大文学部助教授の木村素衛が越してきた。

正顕と正堯

次男の高坂正堯が産声をあげたのは、一九三四年五月八日のことである。その二年後には、正顕が東京文理科大学の助教授となったため、高坂らも東京市小石川《こいしかわ》に移っている。このため、三男の節三《せつぞう》だけは、東京で生まれた。東京文理科大学は戦後に東京教育大学となり、さらに現在では筑波大学となっている。

高坂は二歳から五歳までを東京で過ごすが、まだ幼少期であり、その記憶はほとんどない。唯一の記憶は、猩紅熱《しょうこうねつ》という伝染病に罹《かか》って入院したことである。猩紅熱は高熱を発し、赤い発疹《ほっしん》が全身にできる。正堯は強い恐怖心にかられた。のちに高坂は、「医者嫌い、病院嫌いになったのはそのときからや」(『昭和の宿命を見つめた眼』)と節三に述べている。

この時期に正顕は、『歴史的世界』(一九三七年)や『カント解釈の問題』(一九三九年)を刊行している。『歴史的世界』には、最初の論文「歴史的なるもの」を『思想』一九三二年一月号に掲載してから、五年余りを費やしていた。正顕によると、「私は、カント研究から出発して、歴史哲学の問題に入って行ったのである」という。歴史哲学とは歴史や歴史認識に対する哲学的考察であり、一八世紀フランスの思想家ヴォルテールが最初に用いたといわれる。

正顕は、「その頃西田先生も歴史についての考え方を展開しておられた。私はその影響を受けながら、しかし全面的には承服し難いところもあった。先生からひどく叱《しか》られても致し方ない。私は正直に自分の考えを述べてみたいと覚悟した。そう思って敢《あ》えて雑誌『思想』に公表したのが、『歴史的なるもの』という論文である。ところが意外にも西田先生は、この論文を面白いといってほめて下さった」(「歴史と人間を貫くもの」)と記す。

正顕とすれば母校に戻って、名実ともに京都学派の中枢となれるかの境目であり、懸命に研究した。もっとも、印税の多くは、次男正堯の入院代に費やされた。しばしば正顕は冗談で、「正堯がカントを食った」(『昭和の宿命を見つめた眼』)と口にしている。

正顕は研究の成果が認められ、一九四〇年に念願の京都帝大教授となる。所属は創設期の人文科学研究所であり、翌年には所長に就任する。

そこで正顕らは、京都市下鴨泉川町《しもがもいずみがわちょう》に家を構えた。下鴨泉川町は、高野川《たかのがわ》と下鴨神社の間に位置する。高坂邸の前を流れる高野川は、数百メートル下流で賀茂川《かもがわ》に合流する。合わさった川は、鴨川《かもがわ》となる。至近距離にある下鴨神社の境内は糺《ただす》の森と呼ばれ、下鴨幼稚園に入った高坂には通園路であり、遊び場でもあった。

高野川を挟んだ対岸には、川端《かわばた》通りがある。五月一五日の葵祭《あおいまつり》から三日前の五月一二日には、御蔭祭《みかげまつり》の行列が雅楽とともに川端通りをゆっくりと進む。その姿を高坂は、自宅二階のベランダから家族とともに眺めることができた。

高坂は一九四一年四月、下鴨国民学校に入学した。国民学校とは小学校のことである。まだ祖母も健在で、計六人の家族がここで暮らした。節三によると、「生活の中心は明るく勝ち気な母と、その母の血を一番ひいていた兄であったような気がする」(「兄・正堯と母」)という。

その年の一二月、日本は太平洋戦争に突入した。一九四四年四月に高坂が国民学校の四年となってからは、警戒警報が出され始めた。高坂は京都にいたため、空襲に遭《あ》った経験はない。それでも、警戒警報が発せられると、帰宅せねばならない。のちに高坂は、「授業時間は半分ぐらいだったような感じがします。したがって、国語とか算数とか主要科目はそのときにやりましたが、それ以外のことは習う時間がなかったと思います」(「ダブル・スタンダード批判」)と述べている。

太平洋戦争

父の正顕は戦時中の一九四三年、同じ京都学派の西谷啓治、高山岩男、鈴木成高《すずきしげたか》と『世界史的立場と日本』を中央公論社から刊行した。同書には三回の座談会が収録されており、正顕は「大東亜戦争」の意義を説いた。

　大東亜戦争というものはヨーロッパの諸国民が東洋を侵略し、搾取し横暴を極めたからそれに対して復讐《ふくしゅう》するという、ただそれだけの意味のものではないのだ。それでは「皇戦」という風な大きな理念にそぐわない。〔中略〕むしろ相手の罪悪と行詰りを、これによって救ってやる、殺して生かすという大乗的な場合に、初めて本当に相手が納得してくるのではないかと思われる。

正顕によれば、「大東亜共栄圏」は「東洋に古くから潜んでいる国家意欲の発現」であり、「そこには歴史的必然性という意味が含まれている」という。正顕は『中央公論』一九四三年六月号に掲載した「思想戦の形而上《けいじじょう》的根拠」という論文でも、「大東亜戦争」を「思想戦」と位置づけ、「米英思想を撃滅する」ことを主張していた。

一方、高坂が一九四七年三月に卒業するまでの国民学校時代は、太平洋戦争期とほぼ重なる。高坂は、糺の森で遊んだ「戦争ゴッコ」や灯火管制の経験をこう振り返る。

戦時中の思い出は、まず戦争ゴッコで、工兵、大将、地雷といった具合に役割が決まっていて、何が何に勝つが、何には負けるという面白いゲームだった。おまけに、そのころには熊笹《くまざさ》がおい茂っていて、低学年の子供ならかくれることができたから、一層面白かった。

一番強い印象は胆《きも》だめしだった。灯火管制のせいもあって、糺の森は真実に暗かった。なんと形容すべきか、言葉がどうにも見つからない。あんなに恐かったことはない。その逆に、樹々《きぎ》の間から見える夜空の美しかったこと。あんなに美しい冬の夜空は見たことがない。

戦後になると遊びはがらりと変る。まずは野球で、最盛期には鳥居の間でもやったのだから、ひどい話である。しかし、やさしい神様は子供たちに罰はお与えにならなかったようである。

（「わが鎮守の森」）

成績優秀で、読書好きな高坂は戦時中、『ハワイ・マレー沖海戦』などの戦記物に胸を躍《おど》らせた。すると正顕は一九四四年、国民学校四年生になった高坂に「これもおもしろいよ」（『昭和の宿命を見つめた眼』）と『ポエニ戦役』を渡した。ポエニとは、古代ローマ人がカルタゴのフェニキア人につけた呼称である。紀元前三世紀から紀元前二世紀にかけて、古代ローマは北アフリカのカルタゴと地中海の覇権を争い、三回の戦争でカルタゴを滅亡させている。

『ポエニ戦役』は、カルタゴの名将ハンニバルやローマの敵将スキピオを描いていた。一時はローマ軍を大破したハンニバルだが、やがてスキピオに敗れ、最期は自ら命を絶っている。スキピオはカルタゴを滅亡させた。高坂にとっては、初めて感銘を受けた本となる。灰燼《かいじん》に帰したカルタゴの運命は、他人事《ひとごと》とは思えなかっただろう。翌一九四五年三月一三、四日には、大阪が大空襲に襲われている。

なお、高坂が読んだという『ポエニ戦役』を探してみたものの、一九四四年までに『ポエニ戦役』という本は刊行されていなかった。文中にポエニ戦役が出てくる作品としては、葛岡敏『戦争と講和』(一九一九年)、佐藤堅司「ポエニ戦役」(一九三四年)などがあるものの、確定できない。いずれにせよ高坂にとって、本格的な読み物としては最初の著作だったようである。

疎開先からの手紙

国民学校五年生となる一九四五年四月から終戦後の一〇月まで、高坂は日本海に面した丹《たん》後《ご》半島の間人《たいざ》に疎開している。節三も一緒だった。

集団疎開生活では、学校に通いながら、ときに農作業を手伝わねばならない。都会の子供は栄養失調気味であり、農作業や体操では田舎の子供にかなわない。高坂はこの頃から観察が鋭く、「農家の人っていうのは健全そうに見えるけど、意外に人の悪いところがあるんや」(『昭和の宿命を見つめた眼』)と節三によく語っていた。

疎開先での給食は、大豆に米が少し混じったような粗食である。ほかの級友が早食いして運動場で遊ぶのを横目にしながら、高坂は異常なほど嚙《か》むことに時間をかけた。疎開前に母が体の弱い高坂を気遣《きづか》い、「とにかく良く嚙んで食べなさい」(「同級生にして先輩」)と諭《さと》していたのである。高坂は、母の教えを忠実に守った。

唯一の楽しみは、京都に残った両親や兄との手紙だった。初めて家族に宛てた四月七日の手紙で高坂は、「お父様はこの度の内閣改造をどう思われますか」と記している。「内閣改造」とは、この日に成立した鈴木貫太郎《すずきかんたろう》内閣のことであろう。平均的な小学五年生よりも、ませた内容である。

高坂は敗戦後の八月二七日、玉音放送を一五日に聞いた衝撃と今後の日本を綴《つづ》っている。

十五日のあの発表を聞きました。大へんくやしい事です。しかし一度大詔〔たいしょう〕が下りましたから、せいぜい勉強して真に何も彼〔か〕も強く偉い日本を作り上げようと思います。ついに我等は化学戦に敗れた。きっと仇〔かたき〕を討とうと思います。敵は今日から上陸して来ます。いよいよ有史来始めて敵に占領されるわけです。昨日の新聞を見ますと空襲により大なる損害をこうむりたる都市。帝都を始め四十四都市。り災者は約一わり。その人たちの事を思えば私達は幸福です。（『昭和の宿命を見つめた眼』）

ようやく一〇月に京都に戻った高坂は、肋膜炎《ろくまくえん》に罹ってしまう。もともと高坂は体が丈夫ではなく、一年以上も闘病生活を強いられた。その代わり、読書に没頭できた。母の時生は、勉強が遅れないよう算数などを必死に教えたという。

父との会話——洛北中学

一九四六年五月七日に教職追放の基準がＧＨＱ（General Headquarters of the Supreme Commander for the Allied Powers, 連合国最高司令官総司令部）から示されると、正顕は公職追放が確実となり、京都帝大人文科学研究所を五月一五日付けで自発的に退職した。公職追放の理由は、大政翼賛会に関係したことや、大日本言論報国会《だいにほんげんろんほうこくかい》理事であったことにある。大日本言論報国会とは、徳富蘇峰《とくとみそほう》を会長とした文化人の組織であり、思想面から戦争に協力していた。

一方の高坂は、国民学校六年生のとき生徒会で活動していた。すると校長が、進駐軍の命令で辞めさせられた。その理由は不明であり、高坂には理不尽にみえたことだろう。そこで高坂は、生徒会で嘆願運動を起こそうとした。

高坂が生徒を説得するため家々に足を運ぶと、ある家の奥から父親の声が聞こえた。「高坂のところは親父も追放になった」、「それがあるので腹いせでやっているんだ」というのである。高坂は「おもしろい見方をするものだな」と思ったものの、「傷つきも何もしませんでした」（「ダブル・スタンダード批判」）という。体は病弱でも、意志は強かったようである。

高坂は一九四七年四月、京都市立の洛北《らくほく》中学に入学する。高坂の中学時代は、正顕の公職追放期とほぼ一致した。無職となった正顕は、早朝から自宅で著述に専念し、政治や社会について考察している。

その仕事ぶりは高坂を深く印象づけた。「朝から晩まで本と取り組んでいる。疲れると近くの糺の森に散歩に出かけていくという生活でした。しかし、著述活動が進むにつれて、机の上に原稿用紙が少しずつ貯まっていきます。その貯まるスピード、貯まってくる原稿用紙の重みというものが大変重く感じられたことをよく憶《おぼ》えています。大変真面目な人だったわけです」（『昭和の宿命を見つめた眼』）というのである。

高坂が中学校から帰ってくると、正顕はいくらでも話し相手になってくれた。二人はよく糺の森を散歩した。

> 父は戦後追放になっていて、家で著述活動をおこなって、家計を支えてくれていた。はや起きだったので、私が学校から帰る夕方には仕事が終っている。それに父はカント

の研究者で、カントが規則正しく散歩していたのを真似《まね》したのかも知れない。散歩のとき、学問、とくに歴史の話をしてくれたのが、私の歴史好きの源なのであろう。

（「わが鎮守の森」）

正顕が囲碁も教えてくれたため、高坂は中学二年で初段となった。正顕がカント『永遠平和の為に』の翻訳を岩波文庫で刊行した頃である。

洛北高校の生徒会長

洛北中学を卒業すると、高坂は一九五〇年四月に京都府立洛北高校に入学した。洛北高校は、名門の京都府第一中学校を母体に創立されたばかりである。高坂によると、「中学校の二年、三年、高等学校の一年、二年というのは、ほとんど勉強をしないで、生徒会の活動にうつつを抜かしておりました」（「ダブル・スタンダード批判」）という。

高校一年で生徒会の副会長となった高坂は、「明朗にして自律的な学園を建設する」という生徒会の目的に沿って、宣伝を担当した。二年生になると、生徒会長に立候補して当選している。

高坂は会長就任の演説に立つと、講堂を埋め尽くした千五百余名を前に、一九四七年に施行された日本国憲法の問題や「新しい高校のあるべき姿」について説き始めた。生徒から野次を浴びても、高坂はひるまない。高坂は憲法の英訳まで吟味し、「満場が感動の渦に巻き込まれた」（「しかしながら早世すぎるではないか」）。

もっとも、高坂が新憲法に抵抗したわけではない。高坂は、「そのころのアメリカは普遍主義が非常に徹底していて、しかもこの普遍主義がいい方に作用していた時代ではないかと思います」、「アメリカのことを考えてみて、当時、憲法を書くことまで含めて、悪いとは少しも思わなかった」と回想する。高校生活は楽しく、「学校生活の中で一番幸せであったのは洛北高校時代でした」（「ダブル・スタンダード批判」）という。

洛北高校の『百年史』によると、「生徒会長高坂正尭は、先に成立した会則の充実と、中央委員会会則、執行委員会細則、選挙細則等の整備充実に努め、中でも生徒会の会計原則の確立に力を入れ、生徒会予算の健全化を目ざした」とある。

当の高坂は、「二年生のとき生徒会長をしていたので、余り入試勉強をしていなかったけれども、どういうわけか模擬試験はできがよく、天狗《てんぐ》になっていた」（「第一代　青柳英夫校長」）と振り返る。

生徒会長としての高坂は、各クラス男女一名ずつを選出して中央委員会を組織し、新聞や雑誌を刊行した。公立高校が男女共学になって間もない頃であり、男女同数の中央委員会は画期的だった。高校の後輩で、白鳳《はくほう》女子短期大学教授となる臼井《うすい》祥子《さちこ》によれば、議論が白熱してしばしば下校が遅くなり、男子生徒が女子生徒を送るよう指示されたので、「高坂先生を含めてこの中央委員会カップルが輩出したのは当然である」という。

のみならず高坂は、自主的に校則を制定した。中央委員会には教員が顧問として加わっていたが、高坂は「顧問とは顧《かえり》みて問うこと。問われないのに発言するな」（「生徒会長時代の高坂先生」）として、生徒側がイニシアチブを発揮した。

授業では、漢文の先生に惹《ひ》かれた。「子供のころを振りかえって印象に残っている先生というものは、自分の教えていることを真実に好きで、その価値を疑わない人ではないだろうか。高校の漢文の先生がそうだった。その先生は唐の詩など美しい文章が心から好きで、そうした文章を読んで解説することを身体ごと楽しんでおられた」というのである。

そのためもあり、「教えられる側のときも教える側のときも、私は学校が好きだった」（「『教育』が内包する矛盾を超えて」）と高坂は記す。

生徒会長をしていたため、初代校長の青柳英夫と話す機会が多かった。三年になったある日、青柳が「君は舎利仏師《しゃりぶっし》も知らないのか」と廊下で高坂を呼び止めた。青柳は試験の答案をいつの間にか見ていたのである。負けん気の強い高坂が、「そのような人名は、入試前一、二ヵ月で覚えます」と言い返すと、「日本史上の代表的芸術家について知らないとは教養の問題だよ」とますます怒られた。高坂は受験勉強に本腰を入れた。

青柳との付き合いは、高校卒業後も続いた。青柳が東京帝大文学部国史学科に在籍時、平《ひら》泉 澄《いずみきよし》の皇国史観に抵抗して大学に残れなくなったことを高坂はのちに知る。「表面には出されなかったけれども、青柳先生にはシンの強さがあった」（「第一代 青柳英夫校長」）という。

父から受け継いだ「信念」

父の正顕は公職追放を解除され、一九五一年一月に関西学院大学文学部教授として社会復帰した。正顕の言動は、高校時代の高坂に何をもたらしたのか。

この頃の思想状況は戦時中から一転して、マルクス主義の全盛になっていた。正顕は戦時中の言動を反省したものの、「自分の哲学上の立場をにわかに放棄したり、或《あるい》は転向したりすることはできなかった」。のみならず、米ソ対立のもとで、日本は「アメリカの側に属した方がよい」と考えた。もしも正顕が転向していたら、緊密な関係にある高坂にも影響したであろう。そうならなかったのは幸運であった。

ただし、正顕はソ連に共鳴しなかったにせよ、「科学としての」（『来るべき時代のために』）マルクス主義をある程度は評価していた。四高時代の正顕が河上肇の個人雑誌『社会問題研究』を熱心に読んでいたことは、すでに述べた通りである。

そこで正顕は、高校二年の正堯にA・D・リンゼィ『カール・マルクスの資本論（*Karl Marx's Capital*）』を英語で読ませている。リンゼィは、オックスフォード大学の哲学者であった。取り付きやすい入門書とはいえ、高坂が外国語で原書を読むのは初めてだった。節三によると、「父は戦後マルキシズム一辺倒の時代に、マルキシズムをカントの人格主義の立場から理解させようとした」(『昭和の宿命を見つめた眼』)という。

のちに高坂は、父から受け継いだものとして「信念」を挙げている。


父が私にカントについて語るとき、私は何よりもそこに自信に満ちた人間の姿を見た。それは、社会の評価にほとんど左右されない自信であった。そして、この信念こそ、父から子へと受け継がれて行くべきものなのである。

私は父から聞いた哲学の話を、すっかり忘れてしまった。しかし大切なことは、父が子に、彼が一生を賭《か》けて来たものについて、自信に満ちて語ったということなのである。

(「家庭の人、父」)


正顕がいつも正堯のそばにおり、早熟な才能を開花させたことは間違いない。学者の家系というのはあってもいいし、必要ですらあるかもしれない。

もっとも、高坂が生徒会と勉強に明け暮れていたわけではない。高坂は、囲碁にますます関心を示すようになり、棋士の藤田梧郎《ふじたごろう》に習い始めた。高坂の実力は、正顕を超えるようになっていた。碁は親子に親近感を与えてくれた。

のみならず、碁は人生観や世界観の形成にもつながった。「国際政治において大切なのは指導者の勘や戦略である。もちろん読みに裏付けられてのことだが、そのことを私は囲碁から学んだ」（『昭和の宿命を見つめた眼』）とのちに高坂は公言している。

イギリスへの関心――受験勉強

高坂は一九五二年四月、高校三年になった。大学進学に備えて、勉強せねばならない時期である。しかし高坂は、砂を嚙むような受験勉強に懐疑的だった。特に英語は、正確な和訳が問われるだけで、面白みに欠ける。「こんな受験勉強が何の役に立つのか」（『昭和の宿命を見つめた眼』）と高坂は父に聞いた。

すると正顕は、『イギリス政治思想（*Political Thought in England*）』という英語の本を選び、「これは受験勉強書ではないのだから」と勧めてくれた。全四巻からなるシリーズの著者は、G・P・グーチ、H・J・ラスキ、W・L・デイヴィッドスン、E・バーカーで、いずれもイギリスの有力な教授だった。とりわけ高坂は、一九世紀半ばから第一次世界大戦までを扱ったバーカーの著作に感銘を受ける。

高坂によると、「私も意地があるから読みました。そのうちに、もともと関心があった政治にひかれ、イギリスの政治に関心を持つようになった」（「日本の宿命を見つめた眼」）という。イギリスへの関心は、のちに最初の研究テーマを一九世紀ヨーロッパ外交史としたことにつながる。

しかも正顕は、後輩の大学院生で、のちに東北大学教授となる源了圓《みなもとりょうえん》を英語の家庭教師に招いている。源は正顕に親炙《しんしゃ》していた。

源は高坂について、「京大に通るのは間違いない、一番で通るかどうかが問題だ」と龍谷大学講師だった梅原猛《うめはらたけし》に語っている。梅原は高校生のときから高坂を知っており、「若いときから大変な秀才でございます」（「挨拶」）と後年の講演会で高坂を聴衆に紹介している。

受験勉強が軌道に乗ると、高坂は洛北高校教員の池田実に進路を相談した。「私は恩師である法哲学の尾高朝雄《おだかともお》先生のおられる東大を奨めたが、結局〔高坂〕はこれまた家内の遠縁にあたる伊賀《いが》の出である猪木《いのき》〔正道《まさみち》〕教授のおられる京大に進み国際政治学の道を選んだ。これは奇縁（すばらしい選択）であったと思う」（「しかしながら早世すぎるではないか」）と池田は記す。

池田が述べるように、高坂は東大ではなく京大を選んだ。その理由は、父から聞いていた京大の自由な学風が自分に合っていると感じたからではなかろうか。官僚になるつもりはなく、京都には愛着があったうえ、のちの言動から推測して東京一極集中に対する反発もあっただろう。

なお、池田の文章には、小さなミスがある。「伊賀の出である猪木教授」とあるが、伊賀を郷里とするのは猪木の父の正雄である。猪木自身は、父の勤務する京都帝大医学部附属病院で生まれていた。

父への「共感的反感」——京大法学部

一番だったかは定かでないが、京大法学部に合格し、高坂は一九五三年四月に入学する。もっとも、京大の第一印象はよくなかった。「カビ臭い、生き生きしない、屁理屈《へりくつ》ばかり言っている場所だという印象が入学時代からありましたし、いまでもその印象は残っています」（「ダブル・スタンダード批判」）というのである。

それにしても、歴史や思想に親しんだ高坂が、父の出身の文学部ではなく、法学部を選んだのはなぜか。高坂は、「哲学とか思想に関して言えば、父親が哲学者だったということで、多分、共感的反感あるいは反感的共感があった」（「日本の宿命を見つめた眼」）と述べている。つまり、真摯《しんし》な研究姿勢には共感しつつも、太平洋戦争を「思想戦」と位置づけた父には反発があり、より現実志向の強い学問を法学部に求めたのであろう。弟の節三によると、若い頃の高坂は父について、「なぜ負けるに決まっている戦争を支持したのか？　馬鹿やなあ」と言っていた。正顕への「共感的反感」は、のちに「現実主義者」として論壇デビューする原点にもなる。

高坂はまた、時事的な問題に強い関心を示していた。時事問題の系統的分析はライフワークとなるものであり、入学当時からその傾向にあったのだろう。高坂は「哲学は引退してから勉強する」と節三に語っていたという。

節三は、「若き日は父に反発したことのある兄も、晩年は父のよき理解者となっていた。

それができたのは、二人がともに同じ流儀で、同じような人生の『物語』を生きたからではなかったか」(『昭和の宿命を見つめた眼』)とも記している。

学部時代の高坂は、勉強づけの毎日ではなかった。のちに阪神タイガースの熱狂的ファンとして知られるようになる高坂は、中学時代から糺の森で野球を楽しんでおり、京大では準硬式野球部に入部している。

しかし、名選手ではなかったらしく、囲碁部に転じると、三年生では主将として活躍する。アマチュアではトップクラスの実力だった。だが、四年生になると、研究者を意識して、図書館にこもるようになった。なお、のちに高坂は教員として、京大軟式野球部の顧問を務めている。

瀧川事件の余波、猪木正道教授の「倫理性」

高坂が京大に入学した一九五三年の一二月には、法学部の瀧川幸辰《たきがわゆきとき》が第一五代京大総長に就任する。当時の京大法学部には、いまだに戦前、彼を巻き込んだ瀧川事件のしこりがあった。

瀧川事件とは、鳩山一郎《はとやまいちろう》文相が一九三三年春に瀧川教授の辞職ないし休職を求め、文官高等分限委員会が休職を決定したことに対して、法学部の教授全員が辞表を提出したものである。休職処分は、瀧川の刑法学説がマルクス主義的で大学令の「国家思想の涵養《かんよう》」義務に反するとの理由からであった。

辞表を書いたのは、在外研究中の二人を除く、教授一六人、助教授八人、講師九人、助手四人、副手二人の計三九人であり、宮本英雄《みやもとひでお》法学部長はその辞表を小西重直《こにししげなお》総長に提出した（『東京朝日新聞』一九三三年五月二七日）。

もっとも、辞表を撤回のうえ残留した教授や、免官後に復帰した教授もおり、最終的に辞職した教授は瀧川や佐々木《ささき》惣一《そういち》、末川博《すえかわひろし》、恒藤恭《つねとうきょう》ら七人にとどまった。それは、法学部に対する文部省の分断工作の結果でもある。

瀧川は敗戦後の一九四六年に京大へ復帰し、法学部長も務めた。学部内には、瀧川のような免官組のほか、自ら辞表を撤回していた残留組、佐々木に率いられて立命館大学法学部に就任しながらも、佐々木の了解を得ずに京大に戻った復帰組もいた。免官組、残留組、復帰組のなかでも、免官組と復帰組の対立が深刻だった。

猪木正道（1914～2012）政治史家．東京帝大で河合栄治郎に師事．1948年に京大教授．自由主義と社会民主主義の観点からマルクス主義を批判．民社党を支持し安全保障の論客として知られた．70年からは防衛大学長を務めた

高坂にとって幸運だったのは、瀧川が学部長時代の一九四九年に猪木正道を成蹊大学から引き抜いていたことである。猪木は同年八月に助教授として赴任し、早くも二ヵ月後の一〇月には教授に昇進する。まだ三四歳だっ

た。

猪木によると、「私はそのころまだ三十五歳になっていなかったが、頭髪が大分心細かったので過大評価されたものらしい。そのせいか、同じ〔一九四九〕年の一〇月末に私は教授に昇格された」（『私の二十世紀』）という。猪木は政治史の講座を担当する。

猪木は共産主義に批判的なヨーロッパ政治史研究者であり、その専門は高坂の関心と近かった。しかも、東京帝大で河合栄治郎《かわいえいじろう》の門下生だった猪木は、正顕の『歴史的世界』や『歴史哲学』を愛読していた。猪木の専門は政治学だが、「哲学の分野では、高坂正顕さんのものをもっとも多く読み、一番深い感銘を受けている」。

高坂が三年生になった一九五五年には、前年にドイツとイギリスで一年間の留学を終えて帰国した猪木が、イギリス政治史を中心に講義している。猪木によると、「そのとき、京大の第四教室で最前列に陣取り、熱心に聴講していた学生が高坂正堯君であったことを後で知った」（『私の二十世紀』）という。

猪木の講義は、イギリスの清教徒革命をテーマとした。三年生でその授業を受けた高坂は、「この講義は全部が書物にはなっていないが、一九六一年に〔創文社から〕公刊された『独裁の政治思想』の補論「独裁の政治過程と独裁者」にその精髄が見られる」と回想する。

高坂は当初、「政治史の講義なのに十七世紀とはひどく昔のことだなと思った」が、「理論を現実と照らし合わせて考えていく方法に、私はすっかり魅了された。私がこの講義で強く印象を受けたのは権力の力動性への冷静で正確な判断と、一見矛盾するようだが、その判断に際して必要な倫理性ということであった」。

高坂はこれらのことを、猪木『評伝吉田茂 ④山顚《さんてん》の巻』（一九九五年）の「解説」に記している。「独裁の政治過程と独裁者」は、『猪木正道著作集 第二巻 独裁の研究』（一九八五年）所収となっていた。

高坂は一九五六年二月に猪木の研究室を訪れた。「来年卒業後大学に残って研究したい」と申し出たのである。猪木が、「研究生活は経済的に恵まれませんよ」と諭すと、正堯は「それはよくわかってます。私の父は高坂正顕ですから」（「二人の恩師」）と述べた。

父の正顕は一九五五年一月には京都大学教育学部に着任しており、早くも四月に学部長となっている。正顕が再び職住近接となったことで、正堯と接する時間も増えただろう。

教育学部は一九四九年に創設されており、文学部教育学科から移管された三講座を母体とする。正顕は講座や施設の充実に努めるとともに、現代思想や教育哲学について講義した。五年近く学部長を務めたうえで、正顕は一九六一年一一月に東京学芸大学で学長となる。

田岡良一教授の「皮肉」

猪木とともに高坂の恩師となるのが、国際法の田岡良一《たおかりょういち》教授である。一八九八年生まれの田岡は、東北帝大教授などを経て、一九四〇年から京都帝大教授になっていた。田岡は猪木よりも一六歳年長であり、一九五〇年から五二年には学部長を務めた。

高坂が演習について相談したとき、猪木は自分ではなく、円熟味のある田岡の演習に参加するよう勧めた。猪木によれば、「高坂さんも田岡先生に心酔しておられ」（『二人の恩師』）たという。

田岡良一（1895～1985）国際法学者．東北大教授を経て京大教授．著作に『国際連合憲章の研究』，『永世中立と日本の安全保障』など多数．日本の国際法学に大きく貢献．京大退官後は常設仲裁裁判所裁判官に就いた

田岡と猪木は研究室が隣同士であり、「田岡先生の研究を邪魔しないように心がけながら、私はしばしば教えを乞《こ》うた。田岡さんはずば抜けて頭の鋭い方で、癇癪《かんしゃく》もちでもあった」（『私の二十世紀』）と猪木は記す。

高坂によると、猪木には「共産主義が非人間的なもので、悪いものだ」と明言するような「勇気」があるのに対し、「田岡先生については皮肉、すなわちさめた眼に感心しました」という。

田岡の国際法講義には、大きな特徴があった。田岡が教室に現れると、最初の三〇分ほどを国際情勢の分析に費やすのである。田岡の情勢判断は、高坂の知的好奇心を刺激した。

ある日、田岡は、「アメリカという大国に日本が巻き込まれるという議論ばかりしているけれども、同盟には逆の場合もある。弱いやつが強いやつを巻き込むというケースもたくさんある。アメリカがそのためにいつかえらい目に会う《ママ》」と語った。その例として田岡は、第一次世界大戦の遠因となるオーストリアとドイツの同盟を挙げている。

高坂は、「何と皮肉なことを言う人だろう」と感じた。と同時に、「日米安保条約のおかげで、日本がアメリカの戦争に巻き込まれる」という世論のなかで、「逆もあるということを考えるのが学問だということを教えられ」、「流行の考え方に流されないくせがついて来た」という。田岡の「皮肉」は、世論の大勢に従うのではなく、独自に思考する習慣を高坂にもたらした。

直言型の猪木とアイロニーを好む田岡は、高坂にとって絶妙な組み合わせだった。高坂は猪木と田岡について、「日本の国際関係についての現実的判断に非常に優れたというか、その当時におけるベストの人二人が私の先生でした。そのことに対し、私は感謝もしているし、今でも誇りにしています」（「ダブル・スタンダード批判」）と後年に松下政経塾で述べている。

田岡・横田論争――「平和は不可分か」

高坂が国際政治学を志した契機は、日本の中立をめぐる田岡と横田喜三郎《よこたきさぶろう》東大教授の論争である。田岡は『永世中立と日本の安全保障』（一九五〇年）などで、ヨーロッパの歴史を根拠にしつつ、日本の安全保障について中立を主張した。田岡はスイスやベルギーなど小国の永世中立を一九世紀から説き起こし、一八一四、五年のウィーン会議に端を発するウィーン体制についても分析している。

ウィーン会議でスイスの永世中立が認められてから、スイスは外国軍の侵入を免れていた。スイスはオーストリア、フランス、ドイツ、イタリアの四大国に囲まれる戦略的要衝であり、ウィーン会議では勢力均衡の鍵として、自国の中立化を唱えて受け入れられていたのである。

マッカーサーも朝鮮戦争前の一九四九年三月、「日本の役割は太平洋のスイスとなることである」（『朝日新聞』一九四九年三月三日）と発言していた。といっても、スイスは非武装ではなく、武装した永世中立であり、二〇〇二年まで国連に加盟していない。

一方の横田は中立について、「一九世紀の産物であって、二〇世紀の世界には適合しない。もう時代おくれであり、時代錯誤である」（「永久中立論を批判する」）と論じていた。横田は、国連の集団保障によって日本の安全を確保するのが最善と考えており、永世中立国であれば国連加盟も難しいと主張する。

これに対して田岡は、国連には五大国の拒否権という「機構的欠陥」があり、安全保障に機能を果たせないと解する。田岡は国際連合憲章について、草案の段階から国際連盟規約と比較研究していた。

だが横田は、国連非加盟の韓国が侵攻された朝鮮戦争に国連は介入しており、日本が攻撃された場合に拒否権の行使があっても、他国が自発的に対処するだろうと予測した。国連憲章第五一条は、安保理が必要な措置をとるまで、個別的または集団的な自衛権の行使を認めている。

田岡と横田の論争は、高坂の想像力をかき立てたに違いない。現実の日本は吉田茂内閣のもとで、中立や国連による安全保障ではなく、アメリカとの同盟を選んでいた。高坂が大学四年の一九五六年に日本は、ソ連との国交を回復のうえ、国連に加盟している。

高坂によると、「田岡教授は中立を主張され、横田教授はその批判者であった。田岡教授の説かれた中立は『非武装中立』ではなかったから、この二人の先生の議論は『安保』対『非武装中立』という与野党間のそれとは直接関係がなかったが、それは議論が毒々しいものになるのを救っていたし、それ故私は心から興味を持つことができたのである」という。

つまり、田岡が中立は平和に貢献すると解したのに対して、横田は国連による集団安全保障を重視したため、中立はありえないと主張した。二人の論争の根底には、「平和は不可分か」（『世界地図の中で考える』）という原理的な問いがある。論争に刺激を受けた高坂は、助手時代にウィーン体制の研究に着手し、田岡の還暦記念論文集に「国際連合の成立」を寄せている。

文学部教授らとの交流

のみならず高坂は、正顕を介して文学部の教授とも交わりがあった。とりわけ、父の後輩に当たる哲学者の西谷啓治は、高坂邸をしばしば訪ねていた。高坂は中学生時代から西谷と

西谷啓治（1900～90）哲学者．西田幾多郎に師事．1943年京都帝大教授に就き，宗教学を担当．高坂正顕らと『世界史的立場と日本』を刊行するなど京都学派の代表格の１人．戦後は公職追放．解除後，52年に京大教授に復帰

囲碁を打っていた。高坂は国民学校五年生から碁を始めていたため、最初から西谷よりもはるかに強かった。

高坂が大学生になると、西谷は碁盤を囲みながら西洋の古典に言及した。

「君は政治学をやっているそうだが、アリストテレスを読んだことがあるかね」

「ありません」

「それではだめだ。政治学はアリストテレス以来進歩していないのだからね」

そんな会話とは裏腹に、高坂は西谷を碁で散々に打ち負かした。すると負けず嫌いの西谷は後日、碁を打ちながら、「前に言ったアリストテレスは読んだかね」（「門前の小僧習わぬ経にさわる」）と問いただす。父と碁のおかげで贅沢《ぜいたく》にも、西谷と学問的な対話を重ねられたのである。

実際には核兵器の存在ひとつをとっても、アリストテレスの時代と現代の政治が同じとは到底いえないが、西谷との関係は学部卒業後も続いた。

また、イギリスの小説家、ジャーナリストのアーサー・ケストラーが一九五〇年代末に来日し、正顕の書斎で西谷と会ったとき、正堯は英語で通訳している。

元ソ連共産党員のケストラーは、ジャーナリストとしてソ連に駐在したものの、スターリン粛清への反発から離党していた。著作には『真昼の暗黒（*Darkness at Noon*）』があり、高坂によると、同書は「スターリンの暴政を告発した」（「十分足らずの通訳」）ことで有名だった。正尭は、ベルリン情勢から禅に至るまで、二人の会話を一等席で聞けたのである。

法学部の恩師や父の人脈によって、高坂は多方面から大いに啓発された。その高坂が研究者を志したのは、自然なことであろう。高坂が学者の卵となってからも、正顕は『哲学は何のために』（一九五九年）、『人間の解釈』（一九六三年）などを発表し続けていた。父の執筆への執念は、やがて高坂に乗り移る。

第1章　二八歳の論壇デビュー——「現実主義者の平和論」

ウィーン会議研究——京都大学助手

高坂は一九五七年四月に京都大学の助手となる。優秀な学生を学部卒で助手として採用し、後継者に育てる伝統が旧帝大にはあった。大学院を経ていないため、学卒助手と呼ばれた制度である。といっても、学卒助手になれる者は多くない。

のちに映画監督となる大島渚《おおしまなぎさ》が、「助手として〔京大法学部に〕残り真面目な学究の徒を目指そう」と猪木正道の研究室を訪れたとき、猪木は受け入れなかった。「大島君、君の性格では研究室はつとまらんよ。なんせ江戸城の大奥だからね、ここは。君は派手すぎるんだよ」というのである。

大島は猪木のゼミ生だが、学生運動家でもあった。「二年後輩〔三〕が高坂正堯さんなんです。実は私が学究の徒として狙《ねら》っていたのはあのイスなんですね」（「京大にいたころの気分のまま生きてこれた。」）と大島は述べている。

国際政治学という科目はまだなく、高坂が助手として属した講座は外交史だったようである。この点は、一九四九年に東大の学卒助手となった神谷不二《かみやふじ》が、講座としては外交史だったことに似ている。神谷によると、「『国際政治』という科目は、当時、政治学関係の科目が他大学に比べて多い東大法学部のカリキュラムの中でも、まだ市民権を持っていなかった」(『国際政治の半世紀・回顧と展望』)という。のちに神谷は、朝鮮戦争の研究者として知られるようになる。

高坂は田岡良一と猪木の指導を受けながら、ウィーン会議の研究に着手した。ウィーン会議は一九世紀ヨーロッパの平和の基礎であり、包括的に外交史を学べるだけでなく、国際政治学の中心的概念である勢力均衡についても考察できる。

猪木によると、「それから一年半にわたる高坂さんの猛勉強ぶりは、今でも私の脳裏に焼き付いている。田岡先生は、『高坂君の熱心さには驚かされる。会えば必ずヴィ〔ママ〕ーン会議について質問され、閉口しているよ』と喜んでおられた」(「二人の恩師」)という。

政治史の猪木はともかく、国際法の田岡も高坂を指導したことは意外にみえるかもしれない。しかし、当時は外交史と国際法が明確に分かれておらず、一八九七年創設の国際法学会の学会誌名は、いまも『国際法外交雑誌』である。京大に国際政治学の講座はまだなかった。

田岡の『国際法』(一九四一年)によれば、「国家間の共同生活に於〔お〕いても、慣習によって規則が発生し、之〔これ〕が基本的重要さを持つ点は、個人間の社会と異ならない」のであり、国際法とは「独立国間の共同生活を規律する為に、慣習と条約とによって作られる規則の全体」

である。

また、国際紛争の処理を論じた田岡良一『国際法Ⅲ』（一九五九年）は、半分近くを歴史的叙述に当てており、高坂は清書や校正を手伝っている。田岡が主流の純粋法学を乗り越えようとしたことは、京大法学部で田岡の後輩に当たる国際法学者だった田畑茂二郎《たばたしげじろう》も同様である。

高坂によると、田岡は「国際社会の歴史的現実をよく知り、その上で国際法について考える」のであり、「先生の研究室で一番多かった書物は、第一次大戦にかかわる外交史や回想録だった。〔中略〕田岡先生の国際法の講義には多くの歴史的事例が出てきて、それが面白かった」という。

田岡は一九二七年から二年間、フランスのリヨンなどで留学し、それらの文献を集めていた。したがって、国際法学者の田岡のもとで高坂がウィーン会議を研究し、その基底にある慣習にも目を向けたことは自然だろう。そのような時代的背景もあり、高坂の国際政治学は広域に及んでいく。

学生時代と異なり、助手や大学院生は教授から一対一で指導を受けることが多くなる。必然的に、指導教授の人格にも触れる。田岡が「学問において人と群れないこと、すなわち個人主義」であったことは、高坂の姿勢にも影響したであろう。

高坂によると、「田岡先生は土佐《とさ》出身の言論人田岡嶺雲《たおかれいうん》の御子息であるが、田岡嶺雲は厳しい政府批判と自由な言論で、明治における異例の存在であった。そうした血は田岡先生にも流れている」。田岡には、「大勢に従うことを潔しとしない美意識」（「土佐のいごっそう田岡良一先生」）があったというのである。

高坂の助手時代は国際政治学の創成期である。京大法学部に国際政治学という講座はまだないため、助手時代の高坂が専門領域を尋ねられたら、外交史と答えていただろう。日本国際政治学会の設立は一九五六年であり、高坂が学究生活に入った時期と重なる。

なお、日本国際政治学会の初代理事長だった神川彦松《かみかわひこまつ》は、一九二三年から東大法学部で外交史講座を担当していた。「国際政治学の開拓と樹立ということは、学徒としての私の生涯の念願であり、目標である」と神川は『国際政治学概論』（一九五〇年）に記している。

また、一九五二年に東大教養学部で「国際政治経済論」を矢内原忠雄《やないはらただお》から受け継いだ川田侃《かわたただし》によると、南原繁《なんばらしげる》担当の東大法学部「政治学政治学史第二講座」が一九二四年、信夫淳平《しのぶじゅんぺい》担当の早稲田大学政治経済学部「国際政治論」が一九三二年にそれぞれ開設されており、大学講座として国際政治学の起源となった。もっとも、南原は政治学史、信夫は国際法と外交史を専門としており、国際政治学が固有の学問領域となるのは戦後のことである。

「ヨーロッパ」という概念――最初の論文

学卒助手がそのまま大学に残り、助教授に昇進するには、論文で高い評価を得ねばならない。高坂は二年を費やし、論文「ウィーン会議と『ヨーロッパ』」を法学部の紀要『法学論叢』に二回連載する。一九五九年春のことであった。

この論文は、「ウィーンの平和を建設した人々の努力は、ある一つの理論に基づいた理想主義者のそれではなく、現実の要求に対処して行くことから生れたリアリストのそれにならざるを得なかつた」として、オーストリア外相クレメンス・メッテルニヒやイギリス外相ロバート・カースルレイらの勢力均衡政策を分析する。

その特徴は、「ヨーロッパ」の定義にある。高坂の「ヨーロッパ」は「連邦」とも呼ぶべき政治体制を指し、「単なる力の釣合《つりあい》以上のものであり、道徳的、文化的紐帯《ちゅうたい》を含む概念」とされる。「紐帯」とは文字通りには紐《ひも》と帯《おび》だが、ここでの「紐帯」は「連邦」を結び付けるものとされ、「ヨーロッパ」の「背景を構成する」。

つまり、「ヨーロッパ」とは、勢力均衡と道徳的文化的紐帯を融合した概念である。「ほぼ同一の水準の文化と教養」が勢力均衡政策と共振し、ウィーン体制という「欧州協調（Concert of Europe）」を可能とした。

このような着想は、高坂の独創ではない。注では歴史書や史料集のみならず、アメリカの国際政治学者のF・L・シューマン『国際政治（*International Politics*）』、ハンス・モーゲンソー『世界政治と国家理性（*In Defense of the National Interest*）』、同『国際政治（*Politics among Nations*）』、ヘンリー・キッシンジャー『回復された世界平和（*A World Restored*）』などが引用されている。

なかでも高坂が影響を受けたのは、モーゲンソー『国際政治』が説く「バランス・オブ・パワーの不十分性」や「道義的コンセンサスの拘束力」だろう。同書は、歴史家のエドワード・ギボンやアーノルド・トインビー、思想家のジャン・ジャック・ルソーらに論及しながら、「バランス・オブ・パワーが、以上のような知的、道義的まとまりをその基盤とし、しかもこのまとまりがバランス・オブ・パワーの有益な働きを可能ならしめる」と主張した。「バランス・オブ・パワー」とは勢力均衡のことであり、「知的、道義的まとまり」を「基盤と」する。「知的、道義的まとまり」は、高坂論文の「道徳的、文化的紐帯」に当たる。

また、モーゲンソー『世界政治と国家理性』を翻訳し、一九五四年に刊行したのは、京都学派の鈴木成高らである。鈴木らは「訳者のことば」でモーゲンソーの national interest がドイツの歴史家フリードリヒ・マイネッケの「国家理性《スターツレーゾン》」に極めて近いと解し、モーゲンソーが多くの場合に reason of state という言葉でドイツ語の Staatsräson《スターツレーゾン》 を表していると論じた。つまり、モーゲンソーの national interest と reason of state は、ほぼ同義語だというのである。なお、西田幾多郎は Staatsräson を「国家理由」と訳していた。

鈴木と高坂正顕は戦時中、共著で『世界史的立場と日本』を刊行した間柄であったが、この時期にモーゲンソーに対する関心を鈴木と共有したのは息子の高坂正堯である。したがって、のちに「現実主義者」を自称する高坂と京都学派の間には、ある程度の連続性がみられる。

このように高坂は、ヨーロッパ外交史を研究しながら、アメリカ国際政治学にも学んでいた。メッテルニヒら「リアリスト」の政策を分析しながら、道徳的文化的紐帯をウィーン体制論に組み入れたことは、「現実主義者」でありつつ文化的要因を重視する高坂国際政治学の萌芽《ほうが》といってよい。

それはあたかも、同じくウィーン会議研究を出発点にしたキッシンジャーが勢力均衡と「正統性」に国際秩序の支柱を見出し、のちに大統領補佐官や国務長官として実践したことに通じるかにみえる。しかし、キッシンジャーの「正統性」は、高坂の「道徳的、文化的紐帯」とは違う概念である。

一般にウィーン会議の正統性とは、フランス外相シャルル・タレーランが唱えたフランス革命前への復帰を指しており、高坂もその文脈で用いている。これに対してキッシンジャーの「正統性」はより普遍的な概念であり、大国による国際秩序の承認を意味し、それが正義か否かは度外視される。「正統性」に基づく秩序でのみ外交は可能となり、戦争が起こったとしても限定されるというのである。

したがって、高坂とキッシンジャーは秩序の安定を何に見出すかで異なっており、同じウィーン会議研究でありながら、似て非なるものだろう。

イギリス外交とアメリカ外交——結婚と助教授就任

高坂は一九五八年六月に木津《きづ》恵《めぐみ》と結婚し、翌年九月には法学部の助教授に昇格する。当時の京大法学部で政治系の講座は、政治学、政治史、行政学、外交史ぐらいしかなく、高坂は引き続き外交史の講座に属した。

二年五ヵ月の助手時代を終え、助教授となった高坂は、「ウィーン会議と『ヨーロッパ』」の続編に着手する。一九五九年一〇月に国際法学会で「イギリスとウィーン体制」を報告したうえで、翌年九月の『国際法外交雑誌』には「イギリスとウィーン体制——パックス・ブリタニカの外交的側面」を寄稿している。

この論文で高坂は、ウィリアム・ピット首相、ロバート・カースルレイ外相、ジョージ・カニング外相というイギリスの指導者に注目した。ピットは小ピットとも呼ばれ、フランス革命やナポレオン戦争に際して対仏大同盟を進めた人物である。

カースルレイは、ピットの掲げた勢力均衡の回復をウィーン会議で達成したものの、一八二二年のベローナ会議直前に自殺している。イタリア北東のベローナで開催された会議では、スペインの革命が議題とされ、イギリスの反対を押し切ってフランスが派兵することに決まる。これによりスペインでは、フェルナンド七世の王政が復活している。

ほかにもギリシャ独立運動や中南米独立問題も議論されたが、各国の複雑な利害関係が錯綜し、意見は一致しなかった。カースルレイは、これらの混乱を会議前から予見し、自ら作ったウィーン体制にコミットし続けるか否かというジレンマに陥ったのである。

高坂は、「彼〔カースルレイ〕の自殺は単なる発作の結果ではなくて、自らの作ったシステムにおいて問題を解決するための最善の努力を行った末、それが不可能であることを知ったための深い絶望の故であった」と論じる。

カースルレイ没後に外相となったのがカニングである。高坂によると、イギリス外交は「現実の冷静な計算の上に立」っており、「道義的に、イデオロギー的に、外交を見る日本人」にとって、「これほど理解の必要があるものもないであろう。私はその意味において、イギリス外交の研究を必要と思う」という。

イギリスに外交のモデルを見出し、日本人に理解を促すという発想は、幣原喜重郎《しではらきじゅうろう》のような戦前の外務省主流派と重なる面がある。

四つの特徴

これらを含む初期の研究で、特徴的なことを四つ挙げてみたい。

第一に、高坂がウィーン体制のなかでも、イギリス外交に注目したことである。高坂に影響を与えた父、田岡、猪木らは、同じ欧州でもイギリスではなく、主に大陸ヨーロッパを研究対象としていた。父はカントから研究を始めており、田岡はフランス留学組である。猪木は学生時代にヘーゲルやドイツ社会民主党に関心を示し、占領期には『ロシア革命史』や

『ドイツ共産党史』を刊行して瀧川幸辰の目にとまっていた。

高坂は、父や二人の恩師から薫陶《くんとう》を受けながらも、研究の対象や手法に自らの主体性を貫いた。「学問において人と群れないこと、すなわち個人主義」という高坂の田岡評は、高坂自身にも当てはまる。そのことは、自由な学風と言い換えてもよい。また、旧制高校を出た世代の多くは大陸、とりわけドイツへの関心が高く、高坂とは世代間の違いもあっただろう。

高坂は一九八二年の論考で、「私は、あらゆる絵の中で、中世の絵、特にドイツに見られる中世の宗教画が一番嫌いです。おそらく、私のドイツ嫌いはこの時に始まる、という感じがします」と「ドイツ嫌い」（「日本の宿命を見つめた眼」）を公言している。

第二に、高坂はウィーン体制だけでなく、戦間期の国際連盟や集団安全保障についても、「国際連盟と集団的安全保障」という論文を公表していた。同稿は、E・H・カー『危機の二十年』を三回にわたり引用しながら、「一九二〇年代においては一種のリアリティであった国際連盟が、三〇年代において突如として空《むな》しいユートピアに変化した」と戦間期を位置づける。

さらに、国際連盟は「単なるユートピアではなかった。それは民衆の平和熱が強力なものである限り、その意味においてリアリティであった」と世論の役割を強調したうえで、英独仏伊などヨーロッパ七ヵ国がドイツ西方国境の現状維持やラインラントの非武装を約したロカルノ条約に注目する。

つまり、「集団的安全保障のユートピア」は、平和を求める世論が強力であり、安定した勢力均衡が存在する場合にのみ「リアリティとなる」という。高坂は条件付きながら、「集団的安全保障のユートピア」に可能性を見出していたのである。ここでも高坂は、単純なリアリストではなかった。

第三に、高坂はアイゼンハワー政権末期のアメリカ外交について、『フォーリン・アフェアーズ』や『ワールド・ポリティクス』などの雑誌をフォローしながら、「アメリカに潜《ひそ》む変化の可能性を指摘し」た。

ジョージ・ケナン（"Disengagement Revisited"; "Peaceful Coexistence"）やヘンリー・キッシンジャー（"The Search for Stability"）、H・F・アームストロング（"Thoughts along the China Border"）、ジョン・フェアバンク（*The United States and China*）、ロバート・タッカー（"Russia, the West, and World Order"）らの論考を検討しつつ、「ソ連の膨張を純粋に軍事的な観点だけから見ることへの反対が現れて」（「アメリカの対外政策における変化の可能性」）おり、対ソ封じ込め政策への批判が出てきたことに注目する。

他方で高坂は米中関係について、「アメリカは台湾防衛を義務づけられているし、世論に対して、アメリカの利益と反中共一辺倒とを余りに同一化してしまったから、政策を急激に変化させることは困難である」と分析し、台湾問題は「国際連合を中心にして発展するであろう」（「アメリカの対中国政策」）と予測した。

次のケネディ政権以後の米中関係に鑑《かんが》みて、その指摘は大筋で正しかったといえるだろう。見通しの当否もさることながら、より印象的なのは、高坂がウィーン体制研究と並行して、アメリカ外交の過去と将来に考察を重ねたことである。

一般に研究者は、時代と地域を限定することで、まずは博士号や学術書につながる論文に専念したがる。しかし高坂はウィーン体制研究が未完成のままに、戦間期や第二次世界大戦後に対象を拡げており、知的関心は最初から多角的であった。

第四に、一九六〇年六月一九日に自然承認となる岸信介《きしのぶすけ》内閣の日米安保条約改定に好意的だった。のちに大阪大学教授となる山崎正和《やまざきまさかず》によると、高坂は「初めから純粋に安保改定反対運動に冷淡だった」(『舞台をまわす、舞台がまわる』)という。また、高坂『宰相 吉田茂』(一九六八年)は、「岸信介の強行採決に抗議した世論の存在は、大きなデモの危険にもかかわらず、日本の民主主義に貢献した」とプラス面に言及している。

入江昭との出会い——ハーヴァード大学客員研究員

そこにもたらされたのが、アメリカ留学の機会である。高坂は一九六〇年九月から二年間、ハーヴァード大学の客員研究員となる。

高坂がアメリカを留学先に選んだのはなぜだろうか。当面の課題はウィーン体制であり、イギリスに親近感を覚えていたことからしても、自然なのはイギリス留学だろう。高坂門下の中西輝政《なかにしてるまさ》によると、高坂は「五〇年代末の逼迫《ひっぱく》した日本の外貨事情から、米国の〔ロックフェラー〕財団からの留学資金を受けてやむなくアメリカのハーバード大学に行かれたのだが、そこで『歴史家になるのはやめよう』と決心された」という。

その中西は一九七〇年代前半、ケンブリッジ大学へ留学している。高坂は、イギリスから帰国した中西に向かって、「本当は僕もケンブリッジに行きたかった。そしてあの〔ハーバート・〕バターフィールド教授の指導を受けたかったんだ」（「『ヨーロッパ』への愛、あるいは歴史への愛」）と寂しそうに語ったという。

バターフィールドは、『キリスト教・外交・戦争（*Christianity, Diplomacy and War*）』などで知られる近代史家である。高坂は最初の論文「ウィーン会議と『ヨーロッパ』」で、バターフィールドの『ナポレオン（*Napoleon*）』を引用していた。

留学先がイギリスでなかったことは不本意かもしれないが、高坂がアメリカ留学で得たものは大きい。ハーヴァード大学で高坂は、著名な中国史研究者のジョン・フェアバンクらと交流している。フェアバンクは、のちに同大学教授となる入江《いりえ》昭《あきら》を高坂に紹介した。当時の入江は博士論文の執筆中であり、一九六一年六月に歴史学の博士号を取得し、ハーヴァード大学の講師となる。

入江の研究テーマは、一九二〇年代の東アジアをめぐる国際政治史である。高坂は、大いに刺激を受けたであろう。高坂は入江と同い年であるだけでなく、父が著名な学者であることも共通していた。入江の父、啓四郎《けいしろう》は成蹊大学政治経済学部教授で、元時事通信社記者のためもあってか筆が速く、国際法や外交史の本を驚異的なペースで刊行していた。

高坂と入江はワシントンの議会図書館や国立公文書館で文献を読みあさり、それぞれの妻を含めて家族ぐるみの付き合いとなる。入江は、「その後一九九六年に高坂氏が亡くなるまで、彼と親交を続けることができたのは、私にとって貴重な財産である」(「半世紀前のハーヴァード、知識人の小さな共同体」)と記す。

高坂は留学時の研究成果として、「中国国民党革命とアメリカの政策――ケロッグ声明の発展過程とその意味」上下(『法学論叢』第七三巻第四号、第七四巻第一号、一九六三年)を発表している。

ケロッグ声明は、アメリカ国務長官フランク・ケロッグが一九二七年一月に発した中国に関する声明である。高坂によると、ケロッグ声明に象徴されるアメリカの対中政策には、二つの特徴があった。二つとは、不平等条約改正の交渉に応じる意欲と、アメリカ人の居留民は十分に保護するという決意である。それは、「中国に対するアメリカの伝統的友好」の表れでもあったという。

高坂の「中国国民党革命とアメリカの政策」は、時代や地域が入江の博士論文と極めて近い。ただし、アプローチは異なっている。入江がマルチに国際政治史を描こうとしたのに対して、高坂はアメリカの対外政策過程を分析している。高坂は、アメリカ国務省の原文書だけでなく、ネルソン・ジョンソンやジョセフ・グルーといった国務省員の個人文書を活用しながら、議会や世論、メディア、宣教師、企業の動向にも目を向けたのである。

それはアメリカを介した自身初の中国論でもある。政府から世論に至る複合的なアクターから成るアメリカの視点は、高坂の対中観に基底を成したといってよい。同時に、日中、米中間に国交がない時代に研究者としての自己形成を終えているだけに、現代中国については具体的なイメージを持ちにくく、苦手意識が残ったのではなかろうか。

吉田茂の電報

高坂がワシントンで読解に没頭したのは、アメリカの史料だけではない。日本外務省の文書も読みふけっていた。戦前の日本外務省記録は占領下でアメリカに接収され、マイクロフィルム化されたものの、まだ原本の多くはワシントンの議会図書館に残されていたからである。

日本外務省記録のマイクロフィルムはハーヴァード大学図書館にも所蔵されていたため、高坂は原本とマイクロフィルムの双方を閲覧できた。なかでも高坂は、吉田茂の電報に引き付けられた。

吉田茂さんが駐英大使時代に、日本に送った電文があって、それが非常におもしろかった。吉田さんはもうそのころにはまったくの少数派で、吉田さんの意見がとり上げられるなどということはまずありえない時代でしたが、その電文でも「日支事変は、イギリスの言う線でまとめるべきだ。そして日本外交は今後も英米協調でいかなければいけない」ということを言っているわけですね。〔中略〕

そんなことを言っても無視されるに決まっているというあきらめを一方で持ちつつ、しかも堂々と言いたいことを言っているという感じで、そういう場合にありがちな悲壮感がほとんどない。

（「瓦礫《がれき》のなかに今日を見た吉田茂」）

吉田の駐英大使は、一九三六年から三八年までである。日本はドイツと防共協定を締結し、日中戦争が泥沼になっていく時期だった。親英派の吉田が「少数派」ながら、「堂々と」異を唱える電報は、鮮やかな印象を高坂に残した。

高坂が外交官としての吉田に著しく好意的なのは、中国研究で知られる東大教授の衛藤瀋吉《えとうしんきち》や、日本の外交史研究を国際的水準に高めた一橋大学教授の細谷千博《ほそやちひろ》と対照的である。

衛藤は奉天《ほうてん》総領事時代の吉田に関して、父で満鉄奉天図書館長の利夫《としお》から「吉田って男はひどい男だよ」（『衛藤瀋吉著作集』第二巻、別巻）と聞いていた。さらに衛藤は、日本外務省のマイクロフィルムを用いて、吉田奉天総領事の張作霖《ちょうさくりん》に対する反感や、失敗に終わる鉄道問題での強硬策を分析した。

他方、細谷は駐英大使時代の吉田の対英方針について、「余りにも網羅的で、実現可能性に乏しく、思いつきを並べた観《(ママ)》のある文書である。中には時代錯誤的な響きのある項目すらもられている。〔中略〕交渉基礎案と見るには、いささか杜撰《(ずさん)》なものである。〔中略〕それは大使の独走であり、まさに『ワンマン外交』の展開ともいうべきであった」（『日本外交の座標』）と手厳《てきび》しい。

高坂、衛藤、細谷は「現実主義者」として一括《ひとくく》りにされることがあるものの、戦前の吉田について評価を異にした。

ただし、細谷の論考は『中央公論』一九七七年八月号に発表されたものである。高坂が吉田の電報に好感を覚えた頃、日本外務省記録がマイクロフィルム化されていたとはいえ、まだ原本を網羅的に読める設備は整っていなかった。外務省記録が段階的に日本に返還され、外務省外交史料館が開館するには一九七一年をまたねばならない。

丸山眞男との対話

一九六一年一〇月から翌年六月には、東大教授の丸山眞男《まるやままさお》がハーヴァード大学に留学してきた。近代日本をめぐる日米国際会議が一九六〇年八月二九日から九月二日に箱根で開かれたとき、日本側からは丸山や高坂正顕が出席しており、丸山は正顕から正堯のことを聞かされていたかもしれない。

丸山眞男（1914～96）政治学者．思想史家．1950年より東大教授．『日本政治思想史研究』『現代政治の思想と行動』は広く読まれ，全面講和論，日米安保批判などは，社会的に多大な影響を与えた．戦後を代表する知識人

もっとも、高坂正堯と丸山は政治的な立場を異にしていた。高坂が日米安全保障体制を肯定するのに対して、丸山は日米安保に批判的であり、日本の再軍備にも反対だった。

丸山は雑誌『世界』一九五二年五月号の論文「『現実』主義の陥穽《かんせい》」で、「その時々の支配権力が選択する方向が、すぐれて『現実的』と考えられ、これに対する反対派の選択する方向は容易に『観念的』『非現実的』というレッテルを貼《は》られがちだ」と主張している。丸山は日米安保体制だけでなく、「現実主義」にも懐疑的だったのである。

高坂より二〇歳年長の丸山は、すでに日本の代表的知識人になっていた。それでも丸山は、高坂や入江と分け隔《へだ》てなく接した。その模様を入江は、こう振り返る。

> 丸山教授はアメリカでもその見方を変えなかった。したがって日米関係・米ソ関係の軍事面などについて高坂さんと意見が対立したのは当然で、両者のあいだに思想的な合致点を見出すのは容易ではなかった。夜遅くまで議論を続けながら、結局意見の対立は縮まらなかったことが何度かあったのを私も覚えている。

しかし私が感銘を受けたのは、そのような意見の対立にもかかわらず、丸山先生が年下の高坂さんと真面目に話し合いを続けたこと、そして高坂さんも丸山氏の考えを理解しようと努力を続けたことである。もともと丸山教授の専門は日本政治思想史であり、西洋思想史にも詳しかったので、ヨーロッパの美術や文学、とくにチェーホフの劇作を愛好した高坂さんとのあいだには、共通の話題も多かったのである。

（「半世紀前のハーヴァード、知識人の小さな共同体」）

高坂と丸山は、思想的に異なりながらも知的会話を深夜まで楽しんだ。高坂と丸山は、ハーヴァード大学のあるケンブリッジからニューヨークに足を運び、コロンビア大学のジェイムズ・モーリー教授が主催する月一度の外交史セミナーにも出席している。

冷戦と近代化論

この間、一九六一年一月にケネディが大統領に就任し、四月には第一次キューバ危機が起こっていた。一般にキューバ危機として知られるのは、アメリカによる海上封鎖で核戦争の瀬戸際となった一九六二年一〇月の第二次キューバ危機である。高坂は第二次キューバ危機前の一九六二年九月に帰国しているため、第二次キューバ危機を現地では体験していない。

高坂が留学中に釘付《くぎづ》けとなったであろう第一次キューバ危機とは、一九五九年に革命を成功させていたカストロ首相を打倒すべく、CIAがキューバのピッグス湾侵攻を試みて撃退された事件である。第一次キューバ危機のとき、ワシントンには猪木正道が滞在していた。猪木は、「最悪の場合でも数日は生き残れるよう」（『私の二十世紀』）にとバナナを買い込み、愛弟子《まなでし》の高坂に会ったとき手土産としている。

この頃の国際政治は、高坂にどう映ったであろうか。高坂は入江のほか、ハーヴァード大学留学中で防衛庁防衛研修所員の桃井《ももい》真《まこと》、ハーヴァード大学国際問題研究所員のG・A・ケリーと対談している。そこでの主な発言をみておこう。

> 今後は分極化でなくて、もっと多極化していく過程に入るんじゃないかと思うんです。〔中略〕まず日本は善隣国としてアメリカのモーラリズムを補うという面があると思うんです。〔中略〕こちらへ来て一ばん強く感じることは、何といっても冷戦が相当きびしい現実だっていうことですね。日本にいるとやはり冷戦の当事者じゃないから多少甘い考えをするわけだけれども、冷たい戦争が予想以上にきびしいというのが詐《いつわ》らざる実感ですよ。〔中略〕
> アメリカはアメリカとして一生懸命にならなきゃならない理由があるわけです。その

ことをまず理解する必要があると思うんです。（「一九六二年冷戦の危機はどう動く」）

高坂が冷戦の厳しさを指摘しつつも、「多極化」を察知しているのは先見の明であろう。国際政治の中心になっていたアメリカへの留学によって、高坂は歴史研究よりも、現実の国際政治や日本外交に関心の軸を移していく。

高坂は日米安保体制の意義を認めるが、アメリカを全面的に肯定していたわけではない。とりわけ、アメリカで流行《はや》っていた楽観的な近代化論、経済成長論には疑問を覚えた。その代表的な学者がマサチューセッツ工科大学のW・W・ロストウ教授であり、ロストウはケネディ政権の国務省政策企画委員長、ジョンソン政権の大統領特別補佐官として、ベトナム政策にかかわっていた。

高坂は、ロストウ『政治と成長の諸段階（*Politics and the Stages of Growth*）』を共訳し、「訳者序文」を書いている。それによると、「アメリカ流の経済成長に対する〔ロストウのような〕満々たる自信」が、「ベトナム介入というアメリカの失敗の基本的原因ともなった」という。

そして高坂は、「アメリカ人たちは、その歴史が成功の歴史であったため、彼らの歴史から生じて来た価値が普遍的に適用可能なものであると信ずる傾向があり、その価値がアメリカの成功を可能ならしめてきた特定の条件と関連していることを認めたがらない」という国際政治学者スタンレー・ホフマンの言葉を引用する。ウィーン生まれのホフマンは、パリ政治学院で研究し、ハーヴァード大学教授に就いていた。

ハーヴァード大学留学は、現代政治への関心の移行に加えて、もう一つの転機をもたらした。多様なアメリカ社会と日本を比べる比較文明的な視点である。アメリカからみると、日本の東京一極集中は異様であり、日本の発展を阻害すると思えた。そこで高坂は、東京一極集中へのささやかな抵抗として、巨人ファンから阪神ファンに転向する。「虎キチ」で知られる高坂だが、節三によると留学前までは巨人ファンだったという。

なお、帰国後の一九六三年一一月には、長男の昌信《まさのぶ》が生まれた。名前の由来は、高坂の先祖であり、武田信玄に仕えた武将の高坂弾正忠昌信に違いない。第一子《だいいっし》誕生をいかに喜び、大事に育てようとしたかが伝わるような名前である。

編集者・粕谷一希との出会い

高坂は一九六二年九月、二年間のアメリカ留学から帰国する。すぐに京都には戻らず、六本木の国際文化会館に滞在することにした。そのことを知った国際文化会館調査課長の蠟山《ろうやま》道雄《みちお》は、「いま、高坂正顕の息子がハーバードの留学から帰ってきて国際文化会館に泊っているから、その気があったら会ってみたらどうだい」（『中央公論社と私』）と『中央公論』編集次長の粕谷《かすや》一希《かずき》に電話した。

粕谷は気鋭の編集者として知られ、若い論客のために知的サロンを開いていた。高坂と同い年で、劇作家の山崎正和を引き合わせたのも粕谷である。ただし、当の山崎は高坂没後の追悼文「闘う人」に、「高坂正堯氏と初めて会ったのは、香港総領事館の調査室でだった。時は中国の文化大革命とベトナム戦争たけなわの一九六六年」と書いている。

高坂の滞在を粕谷に知らせた蠟山は、国際政治学を専攻しており、のちに上智大学教授となる。その父は、東京帝大法学部で行政学講座の初代担当者の蠟山政道《まさみち》であり、政道は戦後に公職追放を経て、国際基督教大学教授に就く。政道は占領期に中央公論社を再建すべく副社長として迎えられ、『中央公論』の主幹にもなっている。

政道の長女雅子《まさこ》は、嶋中雄作《しまなかゆうさく》社長の次男で、のちに社長となる嶋中鵬二《ほうじ》と結婚していた。一九九七年に鵬二が亡くなると雅子は社長に担がれ、多額の負債を抱えていた中央公論社を読売新聞社の傘下に入れる決断を下す（『朝日新聞』一九九八年一一月三日、二〇〇四年一〇月一八日夕刊）。蠟山家と中央公論社は深い縁にあったのである。

粕谷一希（1930～2014）編集者，評論家．1955年中央公論社に入社．『中央公論』編集部時代に多くの論客を発掘．67年同誌編集長．78年に退社．87年都市出版設立．『東京人』『外交フォーラム』など創刊し編集長を歴任

しかも粕谷は学生時代、蠟山政道が東大法学部で国際政治特殊講義を非常勤で受け持ったのを聴講していた。やがて国際政治は常設

の科目となり、坂本義和が初代担当者となる。

そこで粕谷は、高坂の滞在する国際文化会館に出向いた。粕谷によると、「高坂君に初めて会ったときのことは忘れられない。〔中略〕高坂君は語り口にニュアンスがあって、人を引きつける魅力を備えていた」という。

高坂は、「六〇年安保の後、僕がハーバードにいた頃、丸山眞男さんがハーバード大学へ客員教授として招かれたことがある。毎晩のように丸山さんと議論しましたけど、どうしても意見が合いませんでした」と語った。

すると粕谷は、「丸山さんとの違和感を書いて欲しい」と即座に依頼した。

高坂は京都に戻り、「現実主義者の平和論」と題して原稿用紙にペンを走らせた。第二次キューバ危機の最中のことである。高坂が完成原稿を粕谷に渡すと、粕谷は「丸山眞男さんのマの字も出てこない」ことに驚きつつも、「全面講和論から始めて、国際政治の理想主義的な見方の弱点をつく秀逸な論考」（『作家が死ぬと時代が変わる』）として『中央公論』の巻頭論文に推した。

編集長の笹原金次郎《ささはらきんじろう》が粕谷の提案を採用し、「現実主義者の平和論」は『中央公論』一九六三年一月号の巻頭を飾った。二八歳の論壇デビューである。同じ号には、石田博英《いしだひろひで》自民党衆議院議員の論文「保守政党のビジョン」も掲載されており、社会党が自民党を凌駕《りょうが》する未来を描いて話題となる。その石田論文を押さえての巻頭だった。

「現実主義者の平和論」の真意

高坂の「現実主義者の平和論」は、冒頭でこう問いかける。「理想主義者たちは、国際社会における道義の役割を強調するのあまり、今なお国際社会を支配している権力政治への理解に欠けるところがありはしないだろうか。力によって支えられない理想は幻影に過ぎないということは、今なお変らぬ真実ではないだろうか」。

そのうえで高坂は、日米安保体制に批判的な「中立論者」として、「加藤周一氏と坂本義和氏が『世界』(一九六二年四月号および八月号)に発表した論文」を取り上げるという。加藤は著名な評論家であり、坂本は東大助教授である。

以上は、「現実主義者の平和論」を含む高坂『海洋国家日本の構想』(中央公論新社、二〇〇八年〈中央公論社、一九六五年初版、一九六九年増補版〉)での言及であるが、実際に高坂が参照したのは、加藤「中立と安保条約と中国承認」(『世界』一九五九年四月号)、坂本「中立日本の防衛構想——日米安保体制に代わるもの」(『世界』一九五九年八月号)だろう。

なぜなら、「安保条約や基地が日本の安全保障に何ら役立たないばかりでなく、かえってソ連中共の攻撃を誘致する」といった高坂の引用は、坂本「中立日本の防衛構想」に記された表現である。「加藤周一氏と坂本義和氏が『世界』(一九六二年四月号および八月号)に発表した論文」では、「一九六二年」を一九五九年とすべきだった。

現実主義者の平和論

外交論議がなんらかの意味で外交政策に寄与するためには、抽象的な中立が問題なのではなく、いかなる政策の積み重ねとしての中立か、が問題なのである――

高《こう》坂《さか》正《まさ》尭《たか》（京都大学助教授・国際政治学）

中立論に欠けるもの

ソ連の核実験再開やアメリカのキューバ封鎖という、きわめて権力政治的な事件が起るたびに、日本では道義主義的な発言がくり返されてきた。それは確かに必要なことであるだろう。権力政治一本槍の恐ろしさを、われわれは戦争という高価な教訓から学んだからである。しかし、理想主義者たちは、国際社会における道義の役割を強調するのあまり、今なお国際社会を支配している権力政治への理解に欠けるところがありはしないだろうか。力によって支えられない理想は幻影に過ぎないということは、今なお変らぬ真実ではないだろうか。もし、われわれの権力政治に対する理解が不十分ならば、われわれの掲げる理想は、実体を欠く架空のものとなってしまうのである。過去十年以上にわたって続けられてきた中立論を検討するとき、こうした疑問を感ぜざるをえない。

中立論者は安保体制にかわる安全保障の方策として、日本が中立主義をとることを主張するが、その代表例として、安保改定反対の議論が盛んであった一九五九年、加藤周一氏と

― 38 ―

「現実主義者の平和論」『中央公論』1963年１月号

実際、「現実主義者の平和論」が『中央公論』一九六三年一月号に発表された時点では、「安保改定反対の議論が盛んであった一九五九年、加藤周一氏と坂本義和氏が『世界』（四月号および八月号）に発表した論文」と書かれている。この点は、苅部《かるべ》直《ただし》「未完の対論」が指摘している。『海洋国家日本の構想』としてまとめる段階で、高坂ないし校閲に混乱が生じたのであろう。

さて、高坂は「加藤周一氏と坂本義和氏」の「両氏」による論考を扱うとしながら、組《そ》上《じょう》に上げているのは主に坂本論文である。すでに坂本は一九五八年、三〇歳の若さで東大法学部の国際政治という科目の初代担当者となっていた。しかも坂本は、「中立日本の防衛構想」を『世界』に発表していたため、議論の相手にふさわしいと見なしたのであろう。

他方、高坂が丸山に論及しなかったのは、丸山が日本政治思想史を専門とし、時事問題への発言を控えるようになっていたためと思われる。かつて丸山は「三たび平和について」などで共産圏との平和共存、全面講和、中立を説いており、その見解を発展させたのが丸山の弟子でもある坂本にほかならない。

高坂によると、坂本らの議論は核兵器を重視するあまり、「在来兵器にかぎる武装が侵略に対し、いわば『盾』の役割を果たすという可能性を無視」し、「安保条約は、極東において勢力均衡を成立させ、したがって戦争を起こさぬために役立っているという議論に対して、両氏は満足すべき答えを与えていない」という。

論文発表時の高坂正堯

これが単なる進歩的文化人への批判であれば、前例はある。とりわけ著名なのは、評論家の福田《ふくだ》恆存《つねあり》のものである。福田は一九五〇年代半ば、「平和論にたいする疑問——どう覚悟をきめたらいいか」、「平和論と民衆の心理」、「ふたたび平和論者に送る」(『福田恆存全集』第三巻)を主に『中央公論』で発表していた。

福田と高坂が異なるのは、高坂が「中立の〈中立に対する〉批判者たち」にも目を向け、「中立論者の持っているすぐれた目的意識から学ぶこともしなかった」と論じ、両者の断絶を懸念していることである。

さらに、「中立論が日本の外交論議にもっとも寄与しうる点は、外交における理念の重要性を強調し、それによって、価値の問題を国際政治に導入したことにあると思う。坂本氏の議論の魅力はそこにある」として、「原水爆に対する絶対的否定を国民的原理として説くとき、同氏の真骨頂が発揮される」と共感する。

高坂は、「国家が追求すべき価値の問題を考慮しないならば、現実主義は現実追随主義に陥るか、もしくはシニシズムに堕する危険がある。また価値の問題を考慮に入れることによってはじめて、長い目で見た場合にもっとも現実的で国家利益に合致した政策を追求することが可能となる」として、国際秩序における価値の問題を重んじるバターフィールドに自らの立場をなぞらえた。

それでは、日本にとっての価値とは何であろうか。高坂によると、「日本が追求すべき価値が憲法第九条に規定された絶対平和のそれであることは疑いない。私は、憲法第九条の非武装条項を、このように価値の次元で受けとめる」という。冷戦終結後には改憲を主張する高坂だが、この時点では九条が「日本の追求すべき基本的価値」だとしている。

中立論と日米同盟論の間には溝があるようにみえるが、両者ともに極東の緊張緩和を目的としており、そこにこそ「現実主義と理想主義の出会うところがある」。そして高坂は緊張緩和の方策として、日中国交正常化、朝鮮半島の統一を武力で行わないという協定、日本の非核武装宣言、ロカルノ方式と呼ばれる日米中ソ不可侵体制の検討、「日本から米軍を次第に撤退させて、日本が戦争に巻き込まれる率を減少させる」という五項目を挙げる。

もっとも、この五項目には、疑問を覚えるところがある。

とりわけ、日中国交正常化で生じるであろう台湾の扱いについては、「台湾の問題は非常な難問を提出するが、このことについては、日本は沈黙することがもっとも賢明だと思う。早晩、中国人自身が問題を解決するだろう」とされる点である。

しかし、日本は台湾と日華平和条約を結んでおり、台湾が日米安全保障条約の適用範囲であることからも、日本は主体的な判断を求められる。日中国交正常化となれば、必要なのは沈黙ではなく、日台断交の決断と民間交流の維持のはずだ。

また、非核武装宣言を発したとしても、アメリカの核抑止力に安全保障をゆだねている限りは、現実の政策との乖離《かいり》を目立たせるだろう。そうなれば、中ソはもとより、日本国民にも欺瞞《ぎまん》と映りかねない。

このような疑問が生じるとしても、高坂の主眼は「理想主義者」との対話にあった。「理想主義者」との間に共通項を見出そうとする半面で、「中立の批判者たち」に自省を促している。そのことからして、高坂は自己規定する「現実主義者」であるとともに、両者間のバランサーという役割を意識していた。

高坂・坂本論争

「現実主義者の平和論」が『中央公論』一九六三年一月号に掲載された直後、粕谷は坂本に連絡し、反論の執筆を打診している。しかし、答えは「ノー」だった。そこで対談を持ち掛けたが、これも「ノー」である。一方の高坂は、坂本との面会を切望していた。このため坂本は、自分の研究室に来てくれるなら、会ってもよいと返答した。

高坂は坂本の研究室を訪れ、数時間にわたって話し込んだ。しかし、会話はかみ合わない。高坂は帰路に中央公論社に立ち寄り、「溝は深いですね。なんとか対話の糸口をみつけたいと思ったのですが駄目でした」と粕谷にしみじみ語った。粕谷は、「ここまで礼をつくした高坂氏への愛着と敬意に胸が一杯になった」(『中央公論社と私』)と記している。

「対話の糸口」がつかめなかったのは、なぜであろうか。坂本はこう述べている。

私には高坂氏個人との面談を拒む理由などなかったので、率直に意見交換をしました。この話し合いで、意見が異なった基本的な点は、敗戦によって、日本のナショナリズムや国家意識に断絶があったこと、丸山眞男流に言えば「ナショナリズムの復員現象」があったことを、高坂氏は実感として認めないということでした。彼は空襲を免れた京都育ちのせいもあるかもしれませんが、話していて、この人は「戦争の傷」を骨身にしみて経験していないという印象を禁じ得ませんでした。

(『人間と国家』下巻)

坂本によると、高坂は「戦争の傷」を経験していないだけに、敗戦による戦前のナショナリズムや国家意識との断絶を実感できずにいた。そして「現実主義者」が国益を掲げるのに対して、「理想主義者」は市民の利益である「民益」の擁護を目的とするという。坂本の原体験は、一高時代に遭遇した空襲である。二人の溝が容易に埋まらないのも、無理からぬことだろう。

高坂にとって重要なのは、「理想主義者」との交流を通じて、「大きな知恵を得る」ことにあった。そのことは、坂本が一九六三年春、『岩波講座現代 6 冷戦』に執筆した「日本における国際冷戦と国内冷戦」への書評「権力政治と平和共存」（『朝日ジャーナル』）に表れる。

坂本論文は、政治権力が「逆コース」という形で国際冷戦を国内冷戦に増幅したのに対して、大衆運動は憲法や民主主義など国内冷戦の争点を通じて国際冷戦をとらえがちだと分析した。

坂本義和（1927～2014）国際政治学者．1954年東大助教授，64年同教授．59年に中立諸国による国連警察軍の日本駐留を提唱した「中立日本の防衛構想」で注目される．その後も国際社会の非軍事化・核廃絶の平和主義を訴え続けた

高坂は「権力政治と平和共存」で、坂本論文を「もっとも興味深かった」としながらも、「坂本氏のこの論文に対して、敬意をもって異論を唱えたい」と記している。

高坂によれば、「『理想主義』の国際政治観はこうして国内的には必要であったとしても、〔中略〕国際的には『現実主義』が必要であったことは疑いない。〔中略〕日本は理想主義に鼓舞された民主主義的価値体系の創造と、現実的な方法による国家利益の追求を、ともに必要している」のであり、「この意見の対立は、大切に発展させれば、そこから大きな知恵を得ることができる」という。

これに対して坂本は、「『力の均衡』の虚構」(『世界』一九六五年三月号)で高坂への反批判を行っている。高坂が重視する勢力均衡は「理論的復古現象」であり、「現実主義」対「理想主義」という単純な二元論は「国際政治の認識に際しては余り意味がないばかりでなく、かえって誤った認識に導きやすい」というのである。

失われた可能性

高坂と坂本の論争的対話は、結局のところ平行線に終わった。学習院大学助教授の武者小路《むしゃこう》公秀《じきんひで》によると、「この二つの立場は、相互補完的でありながら、論理的に折衷できない運命にある」(「高坂正堯対坂本義和」)という。

高坂と坂本は、ともに諦観《ていかん》を覚えたかもしれない。のちに高坂は河合栄治郎の生誕百周年の会で、自らの性格を河合と対比させながら「私は戦闘的ではありません」(「日本の危険」)と述べている。論争に固執してまで、自らの主張を押し通そうというタイプではない。

高坂は、粕谷にそそのかされて「現実主義者の平和論」で論壇デビューしたところ、「落下傘で降りたら敵ばかりだった」（「『常識』への信頼」）とも語っている。「あの頃現実主義者というのは悪いことばだったわけです。その蔑視《べっし》用語を平気で使えるようでなければダメだというのが私の見解でした」（『京大学生新聞』一九七八年一二月五日）というのである。

ただし、論争相手の坂本は単純な「理想主義者」ではなく、「非武装中立論」には批判的で、「国連警察軍の日本駐留」を提案していた。さらに坂本は、レバノン内乱での国連監視団を念頭に、自衛隊を国連警察軍に編入することで、「憲法を犯すことなしに、国連の下で『海外派兵』を行うこともできよう」と「中立日本の防衛構想」で論じている。「理想主義者」は空論《くうろん》を語ったのではなく、リアリズムを含んでいた。

この点を鋭く分析したのが、高坂と同じく「現実主義者」と目された東京工業大学教授の永井陽之助《ながいようのすけ》である。永井は『平和の代償』（一九六七年）で、高坂の果たした役割を平和論の「顕教化」と論じる。

一九六〇年の安保闘争後、ケネディ＝ライシャワー外交路線という背景もあって、保守「密教」平和論（サボタージュ論）が、その全貌《ぜんぼう》をしだいにあらわすに至った。総合雑誌に絢爛《けんらん》たる「現実主義者」が論陣をはって、ムード的な平和論の弱みをついた。その若き旗手たる高坂正堯氏によって、戦後平和正教の「密教」であった、統治論として

永井陽之助（1924〜2008）国際政治学者．1950年東大卒．60年より北大，東京工業大，青山学院大教授を歴任．「現実主義」の立場から，軽武装・非核論を展開しタカ派も批判．『平和の代償』（67年）は高い評価を得た

の平和論がみごとに顕教化されたのは皮肉といえば皮肉であった。

それから約四〇年後、永井の議論を敷衍《ふえん》したのが東京大学教授の酒井《さかい》哲哉《てつや》である。酒井によると、戦後思想には「左翼リアリズム」と呼ぶべき隠れた系譜があった。「現実主義者」が与えた痛撃とは、平和主義の知的偏向への批判ではなく、「戦後平和論の『密教』を顕在化させたうえで、それを保守の言説に奪還した」（「国際政治論のなかの丸山眞男」）ことだという。

また、酒井は「理想主義者」と「現実主義者」の対話が進まないまま、憲法規範と日米安保を共存させた「九条＝安保体制」が定着し、保革対立の図式で「理想主義者」と「現実主義者」の論争を理解する発想が「思考の惰性として続いていった」（「戦後論壇の位相と高坂正堯」）と指摘する。

「理想主義者」と「現実主義者」の間で、本来は対話の余地があったにもかかわらず、その可能性は失われた。「理想主義者」や「現実主義者」というラベリングが実態以上に両者を引き離した面もあろうが、交流が進まなかった理由はそれだけではない。高坂は、ベトナム戦争の最中に沖縄返還を進めようとする佐藤栄作内閣のブレーンであり、「理想主義者」とはベトナム戦争以前にもまして相容《あいい》れなくなっていく。

言論界は二分されたかの様相を呈し、保守政権の続くなかで政府の助言者となるのは「現実主義者」にほぼ限られた。それでも高坂は、「理想主義者」の掲げる価値や戦略論、外交論が「聞くべきところをもっている」と解し、「防衛を否定するという結論だけを取り上げて、非現実的であるとして片づけるわけにはいかない」（「日本の外交論議における理想主義と現実主義」）と考えた。

『海洋国家日本の構想』

高坂は「現実主義者の平和論」に続けて論文を執筆し、一九六五年には『海洋国家日本の構想』として中央公論社から刊行する。その論文とは、以下の七本である。

「現実主義者の平和論」（『中央公論』一九六三年一月号）
「外交政策の不在と外交論議の不毛（原題　自民・社会両党に訴う）」（『中央公論』一九六三年八月号）
「二十世紀の平和の条件」（『自由』一九六三年九月号）
「二十世紀の権力政治（原題　平和共存と権力政治）」（『国際政治』一九六四年五月号）

「中国問題とはなにか」（『自由』一九六四年四月号）
「核の挑戦と日本（原題 国際政治の多元化と日本）」（『中央公論』一九六四年一二月号）
「海洋国家日本の構想」（『中央公論』一九六四年九月号）

同書「あとがき」では刊行の意図について、「私は国際政治を基本的に力の闘争として捉《とら》え、国際政治における力の役割を重要視する意味において現実主義者であり、国際政治における道義や価値をより重要視する理想主義者を批判し、それと対話を交わすべきだと思ったからである。〔中略〕理想主義者との対話とともに、『現実主義者』を変質させることが私の秘《ひそ》かな願いであった」と述べる。

一九六九年には「補注」と「増補版へのあとがき」を加えて、増補版を刊行しているものの、大きな変更はみられない。

『海洋国家日本の構想』のなかで、高坂のスタンスがよく表れているのは、「外交政策の不在と外交論議の不毛」、「中国問題とはなにか」、そして書名に採った「海洋国家日本の構想」であろう。

「外交政策の不在と外交論議の不毛」は、アメリカ原子力潜水艦の寄港問題をめぐる与野党の対応を検討する。「国防政策の重要政策をめぐる議論」は「不毛のままで終わる可能性が大きい」のであり、「その原因は、与党にも野党にもある」という。その根本的な理由は、

「どのような軍備をどの程度持つべきか」について、「奇妙なことにほとんど議論されたことがない」からである。

ここでも高坂は両党に自省を促すバランサーといえるが、その比重は均等ではなく、「直接の責任は社会党にある」という。第二党が異なる政策を志向することは自由だとしても、「出発点は現在の政策、すなわち安保体制」であり、「それは国民によって承認されたものなのだ」と認識すべきだからである。

「〔社会党が掲げる〕中立それ自体はシンボルとしての意味しかない」のであり、「第二党の任務は現状を認め、批判し、断続的でない仕方で、そのゴールに到達する道筋を示すこと」だとする。

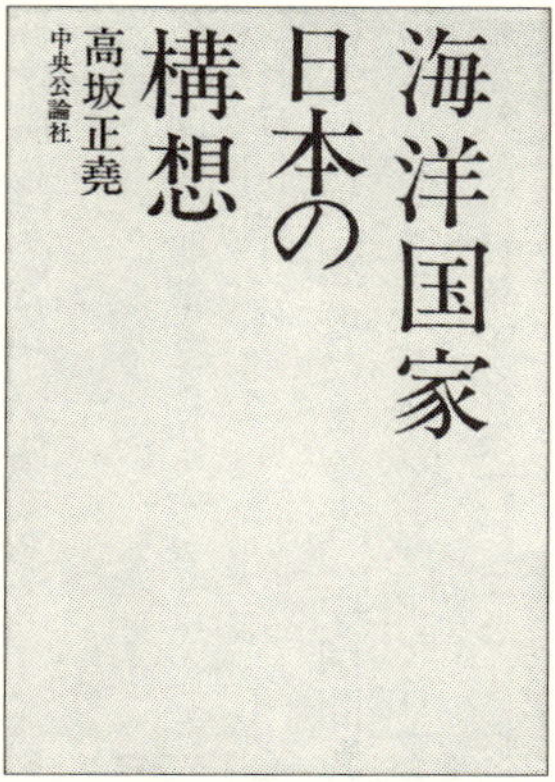

『海洋国家日本の構想』（1965年）

そこで高坂は、イギリスの野党だった労働党を引き合いに出す。労働党左派が核兵器の一方的廃棄案を唱えたのに対し、「〔一九五五年から六三年に労働党党首を務めたヒュー・〕ゲイツケルは彼の政治生命を賭けて一方的非核武装主義者と戦った」。「英国の政策を全面的にくつがえすという点において、第二党であり、明日にでも政権につくかもしれない労働党の採るべき政策ではない、と彼は信じていた」からである。

中国に「賠償を支払うべき」

「中国問題とはなにか」は、フランスのシャルル・ドゴール大統領が中国を承認した直後に書かれた。高坂によると、中国問題とは「内戦、戦争責任、革命という三つの問題の複合物」である。日本は戦争責任を有することで諸外国と異なり、戦争責任が「〔台湾との間に締結された〕日華平和条約によって終っているという主張は十分な根拠を持っていない」という。当時の池田勇人首相が、日華平和条約によって中国の賠償請求は放棄されていると表明したのに対して、中国は日華平和条約の有効性を認めていない。

「中共政府の主張する数百億ドルの要求に日本が応じえないことは明らか」だが、「その十分の一程度の、形だけのものであっても、また、形式的には賠償と名づけなくても、日本は中国に対して、他のどの国よりも多額の賠償を支払うべきではないだろうか。それは、具体的な形での戦争責任なのである」と高坂は論じる。

台湾が日華平和条約で賠償請求を放棄したとき、全中国を代表としたというのは擬制《ぎせい》である。したがって、中国に賠償金を支払うべきという高坂の議論は、心情的には同意できる。しかし、日華平和条約は国会でも批准され、批准書の交換を経て発効していることから、これに反して中国に賠償を支払うのは困難であろう。ここでの高坂は、リアリストというよりも、モラリストにみえる。

ただし、のちに大平正芳首相が対中円借款を始めたとき、賠償と円借款は「大平の心の中ではつながっていい」(『心の一燈』)たし、中曽根康弘首相も胡耀邦《こようほう》中国共産党総書記に「対中協力は戦争により大きなめいわくをかけた反省の表れ」(『中曽根康弘』)と述べている。高坂が「形式的には賠償と名づけなくても」としていることから、その主張は借款という形で達せられたともいえよう。

なお、吉田内閣が日華平和条約を締結した主因はアメリカの圧力であったかについては、高坂の『宰相 吉田茂』とかかわるため、あらためて第2章で扱いたい。

「海洋国のための施策」

初の単行本で約三割と最長の分量を占め、書名にもなる論文が「海洋国家日本の構想」である。高坂によると、「日本は東洋でもなければ西洋でもない」ため、池田首相が説く「自由世界の第三の柱」は広い国民的支持を受けない。日本は、同じ政治体制の西洋と海で隔てられる「飛び離れた西」であり、「近代化を始める前から、日本は中国とは異なっていた」ため、「いわば東洋の離れ座敷」だったという。

戦後の日本は吉田茂のもとで「経済立国の思想」を打ち立て、それが池田首相に引き継がれて対外政策の基調となった。しかし、「〔核武装した〕中国の台頭によって、防衛・外交をアメリカに依存するという戦後日本の政策の前提が崩れ始めている」。だからといって、「中国に追随的な中立主義」をとるべきではないという。

中共は平和的であり、したがって中共と協力さえすればよいと考えることはまちがっている。中印国境の紛争における中共の行動は、少なくとも防禦《ぼうぎょ》的とはいえないものであったし、また、中共のチベットに対する政策は新帝国主義と呼んでさしつかえない。中国が東南アジア諸国をその支配下におこうとすることも考えられないではない。

高坂は中国に厳しい見方を示したうえで、「対米従属と対中従属というジレンマは実在し、それを逃れる道は日本みずからの力を強める他はないのだ」と論じる。

もっとも、高坂は「対米従属」からの独立を説くのではない。高坂は『毎日新聞』一九六四年一月三日掲載の座談会で、「米国からの脱却だけを完成すればいいと思っているのは非常に間違いで、米国からの脱却だけを考えるならば、ある場合には存続すらあやしくなる」と中山伊知郎《なかやまいちろう》一橋大学名誉教授、林健太郎《はやしけんたろう》東大教授に語っていた。

そこで高坂は、「秀れて〔ママ〕海洋的な国」としてイギリスから教訓を得ようとする。

イギリスは海洋国であったが、日本は島国であった。イギリスは海洋の可能性を十分に活用して外の世界で活躍し、日本は海の背後に閉じこもってしまったのである。実際、島国はこの二つの可能性を持っている。何故なら、海は世界の各国をつなぐ公道であると同時に、国家を他の国家との接触から遮断する壁でもあるからである。

さらに高坂は、「海洋国のための施策」を検討する。高坂によれば、「何よりも避けなくてはならないのは、完全主義者になること」だという。「完全主義者」とは、あらゆる侵略に対処すべく自衛力の増強を唱える論者と、核時代に自己防衛は不可能であるとして、非武装を説く論者である。

ここまでの議論はおよそ妥当に思える。しかし、「日本本土の米軍基地はすべて引き揚げてもらう」、「〔アメリカ〕海軍の基地は必要であるが、それは日本本土にある必要はなく、またそうでない方がよい」という提言は大胆すぎるのではなかろうか。

この発想は、政治家の芦田均《あしだひとし》や中曽根康弘が思い描いた有事駐留方式に近く、高坂の重視する「力の均衡」を変化させずにはおかないだろう。ただし、「すべて引き揚げてもらう」のは「日本本土の米軍基地」であり、明記されてはいないが、沖縄米軍基地については残留を前提としていたと思われる。

これを受けてか、「あとがき」で高坂は、「私は現実主義者であるよりはロマンティストであるかもしれない。〔中略〕二つの極の間の釣合いをとることこそ、現実主義のもっともむつかしい課題かもしれない。それは政治について、基本的に消極的な見方をとり、政治を偉大な建設者としてよりも、利害の妥協をおこなう調停者としてみる立場なのである」と記す。「最少限度の軍備の必要性」を認め、日米同盟の維持を主張する高坂は、「完全主義者」の極論を排したバランサーにみえる。正統的な「現実主義者」とは、そのようなものかもしれない。

最後に高坂は、新興国への援助、海洋の資源開発と基礎調査などを課題に挙げ、「通商国民」の「フロンティアは広大な海にある」と結論づけた。

「体制イデオローグ」の「特権的境地」

抜群の才能をもって早くから光彩を放つ者は、とかく反発やジェラシーを招きやすい。論壇で活躍する高坂には、批判も少なくなかった。

例えば、矢留一太郎《やとめいちたろう》『現実主義者』の現実的役割――高坂正堯批判」(『前衛』一九六五年九月号)は高坂を「体制イデオローグ」と評している。矢留は名古屋大学教授となる田口富久治《たぐちふくじ》のペンネームであったという(『戦後『中央公論』と「風流夢譚《ふうりゅうむたん》」事件』)。

高坂は一九六五年三月一六日に田口のほか、政治家の松村謙三《まつむらけんぞう》、評論家の萩原延寿《はぎわらのぶとし》とともに、NHK教育テレビ「教養特集　保守主義とアジア」(『高坂正堯著作集』第四巻)に出演しており、田口と面識があった。

また、『思想の科学』元編集長の山田宗睦《むねむつ》は、ベストセラーとなった『危険な思想家――戦後民主主義を否定する人びと』（一九六五年）で、高坂、三島由紀夫、石原慎太郎らを批判している。

山田によると、中立主義を否定する高坂は、「《商人国家》論者吉田茂を、たんに戦後の正統であるだけでなく、はるか古代いらいの《通商国》日本の正統にしたてあげ」、「権力支配層が描きうる理想図」をもたらしたという。

ただし、山田は後年、「今から思えば『危険な思想家』など先が見えぬまま書いた恥ずかしい本でしてね。年とるにつれ、評論家としてろくなことを論じて来なかった、という思いが強くなってきた」（『朝日新聞』一九八九年一〇月二七日）と述べている。

高坂に対する批判は学内にもあった。京大の学生運動も、高坂や猪木をターゲットにした。一九六〇年代半ばから構内には、「京大をアメリカ帝国主義に売り渡した猪木教授、高坂助教授を追放せよ！」（『私の二十世紀』）という立て看板や垂れ幕が並んだ。

学生運動が糾弾する「アメリカ帝国主義」の象徴はベトナム戦争である。佐藤内閣は沖縄返還を進めるためにも、ベトナム戦争を支持していた。先にも触れたように、高坂は佐藤のブレーンであり、ベトナム戦争に反対する「理想主義者」との隔たりは大きかった。論壇デビュー時から「理想主義者」との対話を求めてきた高坂だが、ベトナム戦争は両者の溝を決定的なまでに深める。

ただし、高坂もベトナム戦争には批判的であった。高坂と「理想主義者」の離反は、ベトナム戦争そのものというよりも、佐藤政権に協力的姿勢をとるか否かに起因している。アメリカでも、リアリストとされるモーゲンソーがジョンソン政権を非難していた。しかし、高坂がモーゲンソーと異なるのは、佐藤政権のブレーンとして沖縄返還に知恵を絞るところである。

しかも高坂は、「現実主義者」と呼ばれる東工大の永井陽之助、大阪市立大学から慶應義塾大学に移る神谷不二、東大の衛藤瀋吉、京都産業大学の若泉敬《わかいずみけい》らのなかでも、先駆け的存在であった。幾多の批判にさらされながらも、その立場が論壇の主流を占めていくのは、早くみてもベトナム戦争終結後だろう。のちの湾岸戦争では、「現実主義者」同士でも論争が行われるようになる。

もっとも、当の高坂に特別な気負いはなかった。

神谷によると、「われわれはしばしば『理想主義者』や『進歩的文化人』を意識しながら発言した。そうした一種の緊張感は、いわばわれわれの仕事にとって不可欠の糧であった。だが彼〔高坂〕はいつも、そんな緊張は一切超越しているかのようだった。それは、おそらく、真の自由と類《たぐい》まれな歴史的センスの持主《もちぬし》にだけ与えられる、特権的境地であったにちがいない」（「卓越した自由人と歴史家」）という。

国際政治学の講義——学部改革

京大法学部は一九六六年の概算要求で、学生定員を八〇名増の三三〇名にするとともに、ソビエト法、会社保障法、日本政治外交史、国際政治学の新設を内定させ、従来の三三講座から三七講座に組織を拡充していた。国際政治学という講座が正式に設置されるのは一九六七年であり、高坂が初代担当者となる。

国際政治学の最初期の受講生に、のちに駐タイ大使などを歴任する小町恭士《こまちきょうじ》がいた。小町は「最も面白かった」高坂の授業風景をこう記す。

> 先生は国際政治の話をプラトン、アリストテレスから始め、アテネの時代でも民主主義は衆愚政治に陥る恐れありとしてプラトンの考えに同情を示したり、大国のメルクマールとして、軍事力、経済力、人口、面積、政治体制など種々の要素を分析していった。〔中略〕
>
> また核兵器の登場によって国と国の間のいさかいを武力で解決するのが難しくなった時代の生き方としてチェーホフの答えが出ない悩みを抱えながら生きる人々を引用されたりした。〔中略〕
>
> このような授業を通じて私は歴史が織りなす時代の雰囲気というものにひかれていった。
>
> （「学生時代と高坂先生の思い出」）

高坂の講義は、理論よりも歴史重視である。当時まだ助教授のため、高坂はゼミを持たなかった。そこで小町らは予備ゼミと称して、高坂を囲む勉強会を発足させた。そこでの資料集めは、高坂の通史的著作である『一億の日本人』（一九六九年）に活《い》かされたという。同書は文藝春秋から刊行された。

高坂の授業については、第4章でもあらためて扱う。だがその前に、主著の『宰相 吉田茂』や『国際政治』、そしてブレーンとしての活動をみておきたい。

第2章　『宰相　吉田茂』と『国際政治』——三つの体系

吉田茂への関心

前章で触れたように、高坂はアメリカ留学中に吉田茂駐英大使の電報を閲覧し、歯に衣着せぬ吉田の物言いに関心を抱いていた。高坂は駐英大使時代だけでなく、奉天総領事時代の吉田電報も読んでいた。吉田の駐英大使は一九三六年から三九年、奉天総領事は一九二五年から二八年である。

『中央公論』（一九六三年一月号）に「現実主義者の平和論」を発表し、粕谷一希編集次長との付き合いが深まった頃、高坂は「吉田茂が奉天総領事時代に本省に打電した電報を見たことがある。ハーバード大学の図書館にマイクロフィルムで保存されていて、興味をそそられた」と語っている。

すぐに粕谷は「吉田茂をやりませんか」（『作家が死ぬと時代が変わる』）と身を乗り出した。高坂は当初、慎重であり、「半年くらいかけて関係者の証言が取れるなら」という条件をつけた。粕谷は即座に「関係者を廻《まわ》りましょう」（『中央公論社と私』）と高坂の背中を押した。

ここから、二人三脚の取材が始まる。『宰相 吉田茂』（一九六八年）としてまとめられる一連の論考は、章立ての順に並べると次のようになる。

「宰相吉田茂論」（『中央公論』一九六四年二月号）
「吉田茂以後」（『中央公論』一九六七年八月号）
「与党の危機感を戒める」（『中央公論』一九六五年一二月号）
「強行採決の政治学」（『中央公論』一九六七年一一月号）
「大衆民主主義と世論形成」（『中央公論』一九六六年六月号）
「偉大さの条件」（『中央公論』一九六七年一二月号）

いずれも『中央公論』に掲載されており、『宰相 吉田茂』は『海洋国家日本の構想』にもまして粕谷に導かれた作品である。

「あんなにおもしろい人とは思わなかった」

高坂がインタビューの対象としたのは、自民党の宮澤喜一、社会党の和田博雄《わだひろお》、元外務省条約局長の西村熊雄《にしむらくまお》らであり、「宰相吉田茂論」を『中央公論』に寄稿する前には大磯《おおいそ》の吉田邸に吉田自身を訪ねた。高坂がまだ二〇代、粕谷は三〇代の頃である。高坂は、吉田より五六歳も年少だった。

高坂、粕谷と吉田を仲介してくれたのは、国際文化会館専務理事の松本重治《まつもとしげはる》だった。吉田は一九六三年一一月の総選挙への不出馬を表明しており、一〇月に八五歳で政界を引退していた。吉田への聞き取りは、その前後であろう。

高坂は、かねてからの疑問をぶつけた。

「吉田さんの奉天総領事時代のことです。そのころ吉田さんは京奉《けいほう》〔北京―奉天〕線遮断という手段に訴えて張作霖にいうことをきかせようとしたことがあるんですね。ぼくは、これは田中（義一《ぎいち》）外交まではいかないけれども、幣原（喜重郎）外交ともかなり違うような気がしたし、そのときの吉田さんと、一九三〇年代に入って戦争が近づいて親英米派といわれた時期の吉田さんとは少し矛盾しているように思った」

高坂が、「これはどういうことなのですか」と問うと、吉田は「（奉天総領事のころの言動は）若気の至りだ」（『瓦礫のなかに今日を見た吉田茂』）と言葉を濁《にご》した。高坂が重ねて聞いても、なかなか吉田は胸襟《きょうきん》を開かない。

そこで高坂がサンフランシスコ講和会議などについて質問すると、吉田は本心を明かさず、はぐらかそうとした。それどころか、「高坂先生、京大を辞めて政界に出られませんか。政界には狐《きつね》や狸《たぬき》がたくさんいて面白いですぞ」（『中央公論社と私』）などと煙に巻いてくる。

吉田 茂（1878〜1967）

見かねて粕谷が、「話題になっている安保条約についてどう思われますか」と尋ねた。

吉田は、「私としては当時は安保条約を結ぶのが大切だと思ったから、私一人が署名した。これからの時代、安保条約がいいかどうかは後世の人が考えるべきことだ」（『作家が死ぬと時代が変わる』）、「本来、条約などというものは、一片の紙切れにすぎない。当時、私は最善と考えて条約を結んだが、将来のことは将来の人々が考えるべきことでしょう」（『中央公論社と私』）と答えた。

また、サンフランシスコに同行した池田勇人や宮澤喜一を安保条約に署名させなかったのは、「後輩の政治家たちの自由を束縛しないという配慮があったからだ」（『作家が死ぬと時代が変わる』）と吉田は明言している。もっとも、池田は大蔵大臣だが、宮澤は蔵相秘書官であり、署名する立場にない。粕谷は吉田の意図について、「安保絶対論を危惧《きぐ》して、思考の自由の大切さを後世に伝えようとしたのかもしれない」（『中央公論社と私』）と察した。

高坂が『宰相　吉田茂』の終章「偉大さの条件」で、「吉田茂が大きな業績をなしとげた立派な人間であったことを認めるべきであるけれども、それを『吉田体制』にまでたかめてしまってはならない」と説くのは、この辺《あた》りに起源があるのだろう。

さらに粕谷は、中国が核実験を行うと表明していたことについて、感想を求めた。吉田は、「古来、中国では何が起こっても不思議はない。あの発表もよく調べないと本当かどうかわからない」（『中央公論社と私』）と述べている。実際、中国が初の核実験に成功したと発表するのは一九六四年一〇月であり、『中央公論』に「宰相吉田茂論」を掲載したあととなった。

当初、脱線しがちだった吉田は、次第に本腰を入れて話すようになる。一、二時間で終えるはずのインタビューは、六時間にも及んだ。それでも物足りず、高坂は吉田とその後も二回面談している。

吉田は高坂を気に入った。以前は正面から答えなかった奉天総領事時代について、「そのころはイギリスもアメリカも日本も中央はみんな平和外交、国際協調主義だった。しかし、出先機関はどの国もそうとうすごい抗争、陰謀をやっていた。そのギャップをわかってもらわないと、あのころのことはわからない」と吉田は言い改めている。

高坂も吉田への印象を好転させた。「吉田さん自身にも合計三回会いましたが、しゃべっていてあんなにおもしろい人とは思わなかったですね。〔中略〕傲岸不遜《ごうがんふそん》な人のように言われていましたから、やはり意外でしたね。ジョークもなかなかうまかったし、話が適度に屈折していて、しかも率直に言うべきことは率直に言うというところがおもしろかった」と後年に語っている。

帰りに駅まで送ってくれた吉田の運転手は、「こんなに長時間しゃべっていくのは池田首相ぐらいのものだ」（「瓦礫のなかに今日を見た吉田茂」）と言っていた。いまでこそオーラルヒストリーは学界に定着しているが、当時として、知識人たちに毛嫌いされていた吉田へのインタビューは先駆的である。

「商人的国際政治観」――「宰相吉田茂論」

高坂は「宰相吉田茂論」を一九六三年一一月二二日の深夜に京都で書き上げると、翌日には列車に乗り、『中央公論』編集長の笹原金次郎に手渡している。笹原は、アカデミズムの新鋭として高坂や永井陽之助など起用し、ネオアカデミズムと呼ばれる編集方針を進めていた。ネオアカデミズムは、『中央公論』が深沢七郎《ふかざわしちろう》の小説「風流夢譚」を掲載し、嶋中鵬二社長邸がテロに襲われてからの混迷を切り抜けるためでもあった。

笹原編集長は、「まあこれでよかろう」（「瓦礫のなかに今日を見た吉田茂」）と高坂の「宰相吉田茂論」受け取った。その足で高坂が、東京学芸大学の学長となっていた父、正顕の家に寄ると、ケネディ暗殺のニュースを聞かされた。

『中央公論』（一九六四年二月号）に掲載された「宰相吉田茂論」は、従来の吉田像を一変させる力作であった。「戦争に負けて外交で勝った歴史がある」（『武見太郎《たけみたろう》回想録』）と岳父牧《まき》野伸顕《のぶあき》の孫婿《まごむこ》の武見太郎に語った吉田は、アメリカのダレス国務省顧問との交渉を通じて独立を回復し、「戦後を作った政治家」だというのである。

それまで吉田は全面講和論の南原繁東大総長を「曲学阿世《きょくがくあせい》の徒」と批判するなど、世論を顧みず、強引さの目立つ「ワンマン」とされてきた。しかし高坂は、評論家や知識人の吉田批判について、「日本の復興に政治がなんら寄与していないということはありえない。政治は悪いが、国民の努力が日本を復興させ、支えているという思想は、戦後の知的雰囲気が生んだ不当な神話に過ぎない」と論じた。

高坂は、職人的外交官、親英米派、「臣茂《しんしげる》」という「吉田茂の三つの顔」を分析し、吉田がイギリス流の「商人的国際政治観」を持ち、軍事力は二次的との信念であったと解する。「臣茂」とは、皇室に対する崇敬の念を意味した。

米ソ対立は乗ずべき機会であり、「戦争で負けて外交で勝つ」好機だった。「全面講和と永世中立が可能になるまで待つこと、すなわち米ソの対立が緩和するまで待つことが、意味のある可能性だっただろうか。それは疑いもなく、日本の経済復興をおくらせただろう」。

高坂はサンフランシスコ講和会議に向けた外交を評価する。だが、吉田を神格化してはいない。特に二つの問題点を強く指摘していた。

第一に、世論の軽視である。「問題なのは、吉田が国民に呼びかけ、世論の力を集めて、彼の外交を支える力にすることを怠っただけでなく、それを嫌い、かつ軽蔑したことにある。〔中略〕政治、経済、そして世論が、国家を支える三本の柱なのである。しかし、吉田はこの第三の柱を持っていなかった。それは彼の固い信念に内在する欠点なのであった」。

国民的議論は、ときに空論になったとしても、健全な民主主義を支える土台である。秘密外交を好み、貴族趣味的な吉田はそのことを理解しておらず、戦前来の外交スタイルを大きく変えようとはしなかった。

第二に、講和の代償として、中国ではなく台湾を承認したことである。「米上院で講和条約の批准を確保するために、吉田は国民政府を承認しなくてはならなかった」のであり、「吉田茂は中国との関係において資産よりも負債を残した」。

それでも高坂が吉田を評価するのは、ダレスの要求する再軍備を最小限に抑え、「完全非武装論と憲法改正論の両方の攻撃に耐え、論理的にはあいまいな立場を断固として貫くことによって、経済中心主義というユニークな生き方を根づかせた」からである。

「経済中心主義」は吉田の護憲論とリンクしており、「もし日本が憲法改正していたならば、日本はアメリカの再軍備要求をことわるのにより大きな苦労をしたことであろう」という。「彼が力を構成するものとして経済的なものを考え、軍事力には第二次的な役割しか認めない哲学の持主だったことは、日本にとって幸せだった」。

高坂は、「講和後に憲法改正を強行していたとしても、それは日本の生き方についての悩みをなんら根本的に解決しなかった」だろうし、「憲法第九条についてあいまいな状況が、日本に存在する方がよいかも知れない」と吉田の路線を支持する。

ただし、高坂が湾岸戦争後に改憲論に転じることについては、第6章で扱いたい。

戦後外交の哲学と反共主義

高坂は一九六六年秋から、岸信介、福田赳夫《ふくだたけお》など吉田以降の政治家にインタビューを重ねた。鳩山一郎は他界していたため、妻の鳩山薫《かおる》に話を聞いている。その成果は『中央公論』（一九六七年八月号）の「吉田茂以後」にまとめた。

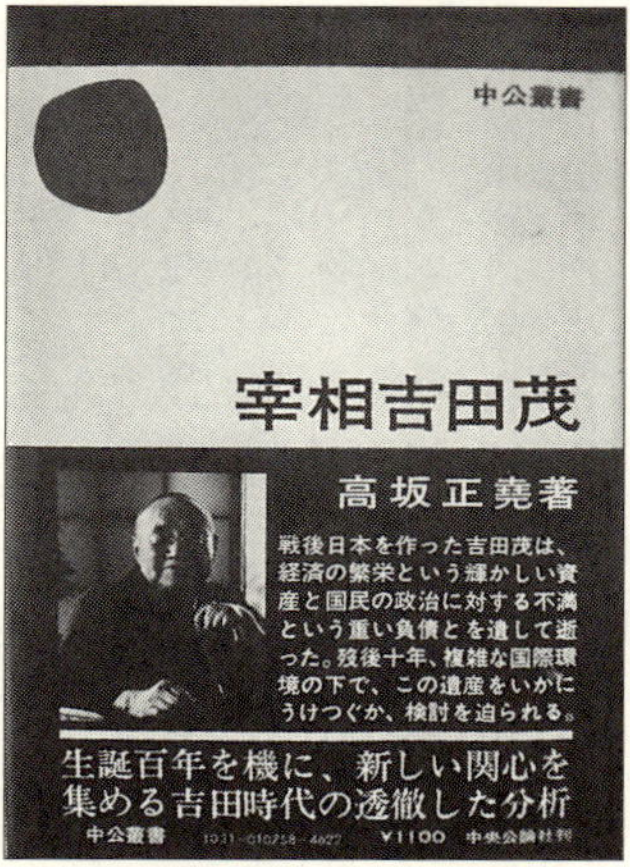

『宰相 吉田茂』（1968年）

さらに高坂は一九六七年八月二九日、佐藤栄作首相と官邸で会い、占領期の吉田との関係を聞いている。佐藤の日記には、「高坂正堯君が久しぶりにやって来、占領時代の思い出につき材料提供。殊《こと》に重点を山崎猛《やまざきたけし》問題におき、吉田さんの態度等きかれる」（『佐藤栄作日記』第三巻）とある。

「山崎猛問題」とは芦田均内閣の総辞職に際して、民自党幹事長の山崎を首班に擁立しようとする工作である。だが、山崎首班工作は失敗し、第二次吉田内閣が成立した。

吉田が一九六七年一〇月二〇日に亡くなると、高坂は追悼文ともいうべき「偉大さの条件」を『中央公論』（一九六七年一二月号）に掲載した。「宰相吉田茂論」や「吉田茂以後」、「偉大さの条件」などを含む『宰相 吉田茂』が刊行されたのは、一九六八年二月のことである。

吉田「ワンマン」に対する批判が根強い当時として、『宰相 吉田茂』は画期的であった。高坂が戦後外交の原点を吉田に見出し、その哲学に迫ったことは意義深い。高坂の吉田論に現代の読者が違和感を覚えないとすれば、高坂の主張が定着したためであろう。

だとしても、高坂の吉田論に疑問がないでもない。例えば、「宰相吉田茂論」には、吉田奉天総領事が「張作霖の兵工廠《へいこうしょう》への引込線であった京奉線が、日本の所有であった満鉄線を横切って敷かれているのに注目して、京奉線の満鉄線横断を阻止した」とある。

しかし、これは事実に反する。吉田は、中国側軍用列車が京奉線で満鉄付属地を横断させないことを田中義一首相兼外相に請訓しているものの、田中の賛同を得られず、横断を阻止できなかった。田中は鉄道問題について、吉田ではなく、山本条太郎《じょうたろう》満鉄社長を通じて張作霖と交渉させている。

また、吉田が外務事務次官に就任する経緯について「宰相吉田茂論」では、田中義一が吉田の「素質を見込んでのことであった」とされる。だが、吉田と田中は鉄道政策のほか、張作霖への評価でも意見を異にしていた。吉田が事務次官になれたのは、政友会の森恪《もりつとむ》外務政務次官に接近したためである。森は幣原に近い出淵勝次《でぶちかつじ》事務次官を転出させようとしていた。このため吉田は、「おしかけ次官」(『増補版 幣原喜重郎』)と呼ばれた。

もっとも、これらは「宰相吉田茂論」の本旨からすれば些細《ささい》なことであり、その価値を下げるものではない。「宰相吉田茂論」に重大な誤認があるとすれば、首相期の吉田がアメリカに強いられ、不本意にも中国ではなく台湾を承認したとされる点であろう。高坂は台湾承認について、吉田が講和の代償として支払った「最大の犠牲」と解する。

しかし、これはアメリカの圧力に対する過大評価だろう。アメリカの圧力があったにせよ、吉田は当初から中国不承認の方針であり、反共の観点から中国に「逆滲透《ぎゃくしんとう》」する構想まで描いていた。この「逆滲透」とは、ソ連や中国から「共産主義思想の眼に見えない侵入」が進んでいるという認識に立ち、「中国民の只中《ただなか》に人を送り込んで、中国のあちこちに反共運動を起こすのを助け」ることで、「かのにくむべき圧制を顚覆《てんぷく》するための地ならしをする」(『日本外交文書 平和条約の締結に関する調書』第一冊)というものである。

吉田は、台湾を承認した日華平和条約についても、台湾側の主張に理解を示して締結を急がせていた。さらに吉田は一九五七年の回想録で、シンガポールに「対共政策の本部といったものを作り、それに日、英、米、仏、蘭などの関係諸国が、人的、物的資本を注入して、一つ大がかりに、かつ効果的に、東南アジアにおける反共攻勢を展開する」(『回想十年』上巻）ことを説いていた。

高坂が想定する以上に、吉田は筋金入りの反共主義者だったのである。

吉田論の変化と示唆

高坂の吉田論でキーワードとなる「商人的国際政治観」や「経済中心主義」については、「宰相吉田茂論」から四年近くのちに発表した「偉大さの条件」で、高坂自身が修正に近い再解釈を行っている。

二つの論文の間に高坂は一九六五年八月、ＮＨＫの番組で吉田と対談しており、吉田から「もういい加減に軍備に力を入れなくてはいけないと思います」（「ＮＨＫテレビ『わが外交を語る』」）という発言を引き出している。また高坂は、吉田から「『経済中心主義の外交』なんてものは存在しないよ」とも聞いていた。

これらの言葉を受け、高坂は「偉大さの条件」で、「彼は、昭和二十五〔一九五〇〕年にはダレスの再軍備を断固として拒否したが、いつまでも日本の防衛をアメリカに大きく依存しようとは思っていなかった」と論じる。吉田が築いた路線は、「あくまでも敗戦後の日本という異常な時期の産物」であり、それを評価するあまり、『吉田体制』にまでたかめてしまってはならない」というのである。

高坂の吉田論が示唆的なのは、日本がアメリカに防衛を依存するあまりに「独立心」を弱めやすく、「吉田茂によって国家の政策としてすえられた経済中心主義は、池田勇人によって定着させられた。それは日本の新しい国家理性となった」と指摘する点にある。「吉田茂は経済発展という仕事にあまりにも取りつかれていたため、その当時においてさえ存在した日本外交の行動の自由を、過小評価していた」との問題提起は、少なからず現代にも当てはまるであろう。対外政策での主体性は、今日的な課題でもある。

高坂は論文をまとめて『宰相　吉田茂』を刊行すると、直後の一九六八年二月二〇日に両親へ贈っていた。父の正顕は夢中で同書を読み、息子の成長ぶりに感激する。正顕は二月二二日、「今度の『宰相　吉田茂』はあなたの善いところがくっきりと出ていてMasterpiece〔傑作〕だと言ってよい。お目出度う。お父さんも嬉しい」（『昭和の宿命を見つめた眼』）と書簡にしたためている。

のちに高坂は『日本存亡のとき』（一九九二年）で、「吉田茂は、諸国家が経済関係をはじめとするさまざまな紐帯によって結ばれ、さまざまな形で相互に作用し合うものとして――そのひとつとして軍事力があることを彼は否定しなかった――国際関係をとらえていたように思われる。それはニコルソンが『外交〔*Diplomacy*〕』において商人的国際政治観と形容したものといえるだろう」と述べている。

ここから判断して高坂の「商人的国際政治観」は、イギリスの元外交官で、下院議員でもあったハロルド・ニコルソンの『外交』からヒントを得ていたのであろう。ニコルソンは外交を「武人的あるいは勇武的（warrior or heroic）」理論と「通商的あるいは商人的（mercantile or shop-keeper）」理論に区分していた。

高坂は吉田茂の著作を代筆することによって、吉田へのノーベル平和賞授賞工作にもかかわった。

吉田茂ノーベル平和賞授賞工作——『日本を決定した百年』

吉田は、百科事典として知られる『エンサイクロペディア・ブリタニカ』の追補年鑑 *Britannica Book of the Year 1967* の巻頭に "Japan's Decisive Century, 1867-1967" を寄稿しており、その日本語の原文に加筆したのが『日本を決定した百年』である。『日本を決定した百年』は吉田の名前で、一九六七年六月に日本経済新聞社から刊行された。

この原稿を実際に書いたのは、吉田ではなく高坂だった。つまり、高坂は吉田のゴーストライターを務めたのである。高坂自身はそのことを明かさなかったが、三つの証言がある。

第一に、外務省の経済協力局国際協力課長などを務めた御巫清尚《みかなぎきよひさ》である。御巫は吉田と外務省のパイプ役であり、高坂の代筆がノーベル平和賞授賞工作の一環だったと明かす。

吉田氏のためにノーベル賞を獲得しようと周囲の人達が運動に力を入れていた第二年目の昭和四十一年三月エンサイクロペディア・ブリタニカの一九六七年版イヤーブック

の巻頭論文に吉田氏の考えを書くことが効果的であろうとの考えを言い出したのは〔『マンチェスター・ガーディアン』東京特派員のヘッセル・〕ティルトマン氏でブリタニカの東京支社長フランク・ギブニー氏と協力して「日本を決定した百年」と題する吉田氏の論文が掲載され、ブリタニカ社を大いに喜ばせたが、ここに至る同氏の助力は極めて大きい。〔中略〕

先ず論文の土台を作るのにその草稿を既に吉田氏の研究を手がけている京都大学の高坂正堯助教授に依頼することとし、吉田氏の了解を得て同氏に依嘱した。草稿はこの〔一九六六〕年八月頃次々と出来て来て、これを吉田氏に見せ、了承されたものから外務省の英語の大家 赤谷源一《あかたにげんいち》氏が英訳、更にこれをティルトマン氏が校閲するという手順をとった。

（『東の風・西の風』）

『エンサイクロペディア・ブリタニカ』追補年鑑への吉田論文掲載を発案したティルトマンは、『日本報道三十年』（一九六五年）で知られるジャーナリストだった。ティルトマンは終戦直後、首相になる以前から吉田を取材し、多くの記事を書いてきた。吉田もティルトマンを気に入り、大磯の自宅に何度も招いている。ティルトマンは吉田への敬意を深めており、吉田の回顧録『回想十年』全四巻（一九五七年）の英訳を手助けしたこともあるという。

第二に、粕谷一希である。粕谷は一九九九年に中公文庫で復刊された『日本を決定した百年』の解説で、「執筆を依頼された吉田茂は、即座に外務省を通じて高坂正堯氏に代筆を頼んだとのことである。〔中略〕私は、この話は伝聞で聞いたが、高坂氏にその件を確かめたことはなかった。今回、解説を書くことになって精読してみて、この文章は百%高坂氏のものであることを確信した」（「吉田茂という存在」）と記している。

第三に、弟の高坂節三である。節三は二〇〇〇年の著作で、高坂が吉田に気に入られたことに触れたうえで、こう論じる。

これは長い間、公にしなかったことだが、兄はそのときの縁で、『エンサイクロペディア・ブリタニカ』に吉田茂名で明治以降の日本の歴史を書いている。後に巻末に付録『外国人が見た近代日本』を加え、『日本を決定した百年』として日本経済新聞社から発刊されたものである。いわば吉田茂のゴーストライターを務めたわけで、源了圓先生の『明治の原動力』（民主教育協会刊）も参考にしたという。（『昭和の宿命を見つめた眼』）

源了圓『明治の原動力』（一九六五年）は六二頁の小冊子であり、高坂が同書を参考にしたとしても、大幅に加筆している。高坂正顕編『明治文化史 第四巻 思想言論編』（一九五五年）の後記で論及されているように、かつて京大院生時代の源は、勉強会などを通じて正顕から学んでいた。そのことは『明治の原動力』にも活かされただろう。高坂は、『明治の原動力』だけでなく、正顕の著作も参照していたと推測される。

代筆の危うさ

『日本を決定した百年』の代筆が、なぜノーベル平和賞授賞工作になるのだろうか。御巫が記すように、佐藤内閣のもとで吉田にノーベル平和賞を授賞させようという動きがあったからである。佐藤は吉田の薫陶を受けた「吉田学校」の優等生であり、外務省外交史料館所蔵の「ノーベル賞関係」というファイルには、一九六五年四月二七日付けの外務省欧亜局西欧課「吉田茂氏のノーベル平和賞受賞のため現在までに行ったこと」などの文書が残されている。

それによると、佐藤首相、椎名悦三郎《しいなえつさぶろう》外相、横田喜三郎最高裁長官、栗山茂《くりやましげる》国際司法裁判所裁判官が吉田の推薦書をノルウェーの平和賞委員会に提出しており、「吉田茂の平和に対する熱情」、「平和憲法と吉田茂」、「日本の再軍備と吉田茂」、「経済復興と吉田茂」という調書も送られていた。

問題は、不足している吉田自身の英語の著作をいかに補うかである。そこで、高坂の原文執筆による“*Japan's Decisive Century, 1867-1967*”を巻頭とする*Britannica Book of the Year 1967*が、須山達夫《すやまたつお》駐ノルウェー大使などからノーベル平和賞関係者に配られた。

高坂が授賞工作をどこまで知っていたかは定かでない。しかし、吉田が著名な百科事典の年鑑に英語論文を掲載することは明確な国際的アピールであり、高坂は御巫からの代筆依頼時に授賞工作を聞かされたとみるのが自然であろう。しかも同稿は、Shigeru Yoshida, *Japan's Decisive Century, 1867-1967*（1967）という単行本でニューヨークの出版社から発売された。

内容からしても、高坂は『日本を決定した百年』で、吉田が戦後復興に果たした功績を強調している。「戦争直後のその日暮らしの苦しい状況から、経済の復興と建設に向かって本格的に動き出すことができたのは、一九四八年（昭和二十三）の秋、私〔吉田〕が第二次内閣を組織してからであった」というのである。

だが結局のところ、吉田は一九六七年一〇月に他界し、授賞工作は結実しなかった。

この代筆は、高坂に対する吉田の信任を示すだけに、ある種の危うさを覚えざるをえない。それは、権力者と研究者の間に保たれるべき距離感の喪失である。この種の秘密はいずれ発覚するものであり、早期に暴露されていれば、高坂の『宰相　吉田茂』は色眼鏡でみられただろう。

にもかかわらず、高坂には警戒感が薄かった。吉田はもっと評価されるべきとの確信が、警戒感を上回ったのだろうか。あるいは、育ちのよさゆえに、リスクに無防備だったのか。

先の三証言のうち、御巫の著作は高坂が存命中の一九九一年に書かれている。粕谷が示唆するように、代筆はそれ以前から噂されていた。仮に吉田がノーベル平和賞を受賞していたら、工作に加わった関係者が口を開き、代筆はすぐに知れ渡ったかもしれない。そうなれば高坂が超然としていても、当時の知的潮流からして、高坂に与える悪影響は小さくなかっただろう。吉田が受賞できなかったことは、むしろ高坂には幸運だったともいえようか。

高坂の吉田評については、こんなエピソードがある。高坂は吉田没後の一九七〇年三月一四日、大阪万博開会式後に宮澤喜一通産相、木村俊夫《きむらとしお》官房副長官、梅棹忠夫《うめさおただお》京大教授と会食していた。場所は大阪市中央区宗右衛門町《そうえもんちょう》、いわゆるミナミの笹川という料亭だった。宮澤が、「一七〇〇年以降日本人で一番好きな人物を三人挙げてくれ」と言うと、高坂は、「大久保利通、勝海舟、吉田茂」（『楠田實《くすだみのる》日記』）と答えている。

吉田と佐藤の双方に近しかった高坂は、京極純一《きょうごくじゅんいち》東大教授らとの座談会で、二人の性格が対照的だったと述べている。

> 吉田さんは、善悪両用の意味で日本人離れした人でしょう。金持ちで西洋趣味。ところが、佐藤さんは、その逆で典型的な日本の中産階級ですね。人づきあいでみても吉田さんは初対面の人をバカにしてかかるところがあって、ある程度しゃべって面白ければ、まともに話すようなところがありました。佐藤さんは初対面のときからこちらが恐縮するほど、まともでね。
>
> （「佐藤栄作をどう評価するか」）

高坂は吉田だけでなく、佐藤のノーベル平和賞授賞工作にも関与し、今度は成功する。これについては、第3章で論じたい。

世界の指導者——『世界史を創る人びと』

高坂の政治家論は、日本にとどまらない。一九六五年に日経新書から刊行した『世界史を創る人びと——現代指導者論』は、ソ連首相のフルシチョフ、エジプト大統領のナセル、アメリカ大統領のケネディ、国連事務総長のウ・タント、フランス大統領のドゴール、中国共産党中央委員会主席の毛沢東を素描していた。

フルシチョフは「プラグマチックな共産主義者」、ナセルは「アラブ民族主義の旗頭《はたがしら》」、ケネディは「ハーバード出身のアイリッシュ」、ウ・タントは「柔和な仲介者」、ドゴールは「フランスの栄光」、毛沢東は「革命的ロマンチスト」と形容されている。五人の指導者という視点から、国際政治の歴史と現状を平易に描いた作品である。

この時期の政治指導者として、フルシチョフやケネディ、毛沢東らに注目するのは自然だろう。近代ヨーロッパ外交史から研究を始めた高坂らしいのが、ドゴールについての記述である。

独自の核開発や中国承認、イギリスに対するEEC加盟の拒否、NATO軍事機構からの脱退を行うドゴールは、「パックス・ラッソ・アメリカーナに挑戦」している。「フランスとヨーロッパを中心とした世界像に、ドゴールの魅力の第一の理由があ」り、「ドゴールの世界像と魅力と欠点は、すべて彼が十八世紀に生きていることにある」（『高坂正堯著作集』第四巻）という。このようなドゴール論は、近年の研究でも踏襲されている。

「力の体系、利益の体系、価値の体系」――『国際政治』

高坂の筆は速く、一九六六年には中公新書から『国際政治――恐怖と希望』を刊行する。いままでの時評や評伝と異なり、国際政治の体系的な著作である。一九六五年から特別講義の国際政治学で教鞭を執っており、一九六七年には国際政治学が正式の科目となることもあって、自分の考えを整理しておきたかったのだろう。

同書で高坂は、善玉・悪玉説や国連による平和のように、問題を単純化する見方に警鐘を鳴らす。

そのうえで、「常識の数だけ正義はある」、「各国家は力の体系であり、利益の体系であり、そして価値の体系である。したがって、国家間の関係はこの三つのレベルの関係がからみあった複雑な関係である。〔中略〕昔から平和について論ずるとき、人びとはその一つのレベルだけに目をそそいできた」と説く。さらに、国家間の力の関係、利害の関係、正義の関係を通じて、平和の問題を考察する。

ここでの高坂は「現実主義者の平和論」と同様に、節度あるバランサーを演じようとしたのではなかろうか。軍事力の増強に血道を上げる者に対しては、経済や世論が国際政治では無視できないことを諭し、経済や理想だけを語る者には「国際政治の究極的な手段は、あくまでも軍事力である」と知らしめるのである。

エピグラフや本文で引用しているように、高坂は中江兆民《なかえちょうみん》『三酔人経綸問答《さんすいじんけいりんもんどう》』の南海先生を意識していた。『三酔人経綸問答』では、洋学紳士と豪傑君が南海先生を訪ね、三人が酒を酌《く》み交わしながら鼎談《ていだん》する。洋学紳士が軍備の撤廃を主張したのに対し、豪傑君は膨張主義に固執する。

南海先生はどちらにもくみせず現実的で、平凡にも、「外交上の良策とは、世界のどの国とも平和友好関係をふかめ、万やむを得ないばあいになっても、あくまで防衛戦略」をとると述べた。

そのことは少なからず、核兵器が出現した現代にも当てはまる。「力による平和」は危険性を増しており、「武器なき平和」は実現不可能だろう。「力による平和」と「軍備なき平和」の間には「超えがたいジレンマ」があり、「そのなかに置かれた人間は大きな知的苦悩にもかかわらず、平凡きわまる答しか見出すことができない」というのである。これを高坂

『国際政治』（1966年）

は「『三酔人経綸問答』のジレンマ」と称した。

『国際政治』で最も著名なくだりは、先にも引用した「各国家は力の体系であり、利益の体系であり、そして価値の体系である」だろう。この三体系論が高坂の完全なオリジナルかといえば、そうではない。

高坂自身が『国際政治』の翌一九六七年に書かれた「偉大さの条件」で、「国家は利益の体系であるだけでなく、力の体系であり、そして価値の体系である。〔中略〕この三つの体系の間の関係は昔から、思想家や歴史家がくり返して問題にして来た」（『宰相 吉田茂』）と述べている。

つまり、国際政治を三つのレベルで分析するということ自体は、高坂に始まったわけではなく、類例がある。例えば、カリフォルニア大学バークレー校教授となるケネス・ウォルツは、一九五九年の著作『人間・国家・戦争（*Man, the State, and War*）』で、人間、国家、国際システムという三つのイメージから戦争の原因を論じていた。

また、これは一九七一年の初刊であり、キューバ・ミサイル危機を事例とする対外政策の分析だが、ハーヴァード大学教授のグレアム・アリソンは『決定の本質（*Essence of Decision*）』で合理的行為者、組織過程、政府内政治という三つのモデルを用いている。

E・H・カーとジョージ・ケナン

とはいえ、ウォルツやアリソンの三レベルは、高坂のいう「力の体系、利益の体系、価値の体系」とは異なる。とするなら高坂は、何から発想を得たのか。ここで想起されるのは、高坂が『海洋国家日本の構想』所収の論文「二十世紀の権力政治」で、E・H・カー『危機の二十年』を次のように引用したことである。

E・H・カーは、いまは古典となった『危機の二十年』において、国際政治における政治的権力を、(A)軍事的力、(B)経済的力、(C)世論を支配する力、の三つの範疇《はんちゅう》に分けたすぐ後でつけ加えている。

「これらの範疇は、緊密に相互依存の関係にあり、したがって、それらは理論的には区別せられるが、実際上は、国家がこれらの力のうち一つだけを他から切りはなしてどれほどかの期間保持するなどということは考えられない。その本質において、力は不可分な全体である」

この記述と枠組みの類似性から判断して、高坂は三体系論のアイデアを『危機の二十年』から取り入れたと思われる。

ならば高坂は、『危機の二十年』をいかに読んだのか。静岡文化芸術大学図書館・情報センターの高坂文庫に、E・H・カー／井上茂訳『危機の二十年』（一九五二年）がある。『危機の二十年』には多数の下線が引かれていた。それも、鉛筆や青のボールペンで引かれており、繰り返し参照した形跡がある。

三体系論との関連でいうなら、『危機の二十年』「第八章 国際政治における権力」の「第一節 軍事的力」「第二節 経済的力」「第三節 世論を支配する力」に下線が引かれているだけでなく、「政治から権力を取り去る考え方」、「力の不可知性」との書き込みもある。ほかの書籍では、高坂による下線や書き込みは少ない。例えば、モーゲンソー『国際政治』原書第二版に書き込みや下線はなかった。

ただし、高坂の「価値の体系」とカーの「世論を支配する力」は同一ではない。高坂は『国際政治』で、「価値体系は歴史的に作られてきたものだから、われわれが意識するよりははるかに深く、われわれの心のなかに食い込んでいる」と考えた。

その例として高坂は、シンガポールがマレーシアから分離するとき、ある人が「豚を食べる人びと〔華僑〕と豚を食べない人びと〔イスラム教徒のマレー人〕とのあいだがうまくいかないのは当たり前のことだよ」と述べたことを挙げる。「価値の体系」は、文明論の端緒でもある。高坂とカーの違いについては、ジョセフ・ナイの「ソフト・パワー」論と合わせて三三二―三三三頁で再説したい。

高坂を感化したのは、カーだけではない。高坂は『国際政治』のまえがきで、恩師の田岡良一と猪木正道、父の正顕のほか、「最近数年間に何回もの会話を通じて多くを寄与してくれた萩原延寿、永井陽之助、富永健一《とみながけんいち》の諸氏に私は多くを負っている」と記している。萩原は著述家であり、富永は東大教授となる社会学者だった。

唯一、まえがきで名前が挙がっている外国人は、アメリカ国務省からプリンストン大学教授に転じていたジョージ・ケナンである。高坂は一九六六年に来日したケナンと会っていた。ケナンが京大で講演したとき、高坂が冒頭でケナンを紹介し、ケナンの講演後には自らコメントした。

ケナンは日本の各地に赴き、多岐にわたる論題で講演したものの、日本人の関心はアメリカのベトナム戦争にあった。高坂によると、京都での講演後、晩餐会《ばんさんかい》に出席したところ、「そこでも主たる話題はベトナム戦争だった。それは嫌な話題だったたし、ケナン博士は疲れられたように思う。アメリカは明らかに失敗しつつあった」(「ケナン博士の人生と仕事」)という。

ペシミズムと希望

ベトナム戦争という時代背景もあってか、『国際政治』には悲観的なニュアンスが強い。ホッブズやバターフィールドを引きながら、人や国家がいかに恐怖によって動かされるかを説き、「おたがいを傷つける能力がおたがいに恐怖を与え、それが恐怖の原因である能力の削減をさまたげている」と憂えた。

「われわれのフロンティアは広大な海にある」と説いた三年前の『海洋国家日本の構想』に比べると、『国際政治』の論調はペシミスティックに変化していた。「理想主義者」に区分される東大助教授の関寛治《せきひろはる》によると、「高坂氏はロマンチックな『海洋国家日本の構想』を出版して以後は、楽観的な現実主義から悲観的な現実主義へと移行した。ベトナム戦争の過程が高坂氏の見通しにかなり強く影響したように思われる」(「現実主義者の国際政治観」)という。

しかし、『国際政治』のペシミズムは、ベトナム戦争のような個別の事象もさることながら、ヨーロッパ政治思想史の知識に基づいた根源的なものである。ルソーなどの古典から国家と国際機構の関係を考察する際に、高坂はケンブリッジ大学のハリー・ヒンズリーの著作『権力と平和の模索』を参照していた。

高坂は「科学的合理主義を排するイギリス的な常識の産物」(「いかなる国際機構が平和をもたらしうるか」)と同書を評しており、アメリカの国際政治学をフォローしつつも、英国学派と呼ばれることになるイギリスの学風に憧憬《しょうけい》を抱いた。

高坂は『国際政治』で、「ルソーとカントは強制力を持った国際機構による平和が不可能であるだけではなく、望ましくない」と主張していたことを踏まえ、国際政治には「複数個の正義が並立している」のであり、国際機構による平和の樹立は難しいと説く。

にもかかわらず高坂は、「希望することをやめてはならない」と唱える。そして、「戦争はおそらく不治の病であるかもしれない。しかし、われわれはそれを治療するために努力しつづけなくてはならないのである。つまり、われわれは懐疑的にならざるをえないが、絶望してはならない。それは医師と外交官と、そして人間のつとめなのである」と『国際政治』を締めくくった。

『国際政治』で確立した高坂の三体系論は、自身の吉田観を変えることにもつながる。先にも触れた「偉大さの条件」をあらためて引用したい。

われわれは吉田茂が大きな業績をなしとげた立派な人間であったことを認めるべきであるけれども、それを「吉田体制」にまでたかめてしまってはならない。〔中略〕彼が経済復興と発展に日本の生きる道を見出したのは、それ以外に可能な方策がなかったからである。しかし、政治家の任務が経済発展につきるものではなく、豊かな国家がよい国家であり、偉大な国であるとは限らないことは言うまでもない。なぜなら、国家は利益の体系であるだけでなく、力の体系であり、そして価値の体系である。

吉田には立派な業績があるものの、「政治家の任務が経済発展につきるものではな」く、経済重視の吉田路線を「吉田体制」に高めてはならないというのである。

高坂の二四冊に及ぶ単著のなかで、『国際政治』は最も体系的な国際政治論といえる。執筆時に三二歳とは思えないほど、円熟味すら感じさせる作品である。初版二万部で刊行されると、毎年のように増刷を重ねた末に第五〇刷で一五万四〇〇〇部となり、二〇一七年には読みやすく組み換《か》えた改版が同じ中公新書から出されている。

同書は二〇一九年にカール・フレーレの英訳で、*International Politics and the Problem of Peace* として刊行予定である（Tokyo: Japan Publishing Industry Foundation for Culture, 2019）。

安全保障論の系譜

若くして、体系的な『国際政治』を刊行した早熟な才能と研鑽《けんさん》には脱帽させられる。その力量以外で『国際政治』の執筆を可能にした要因があるとすれば、ドゴールの独自路線はあったにせよ、一九六六年にはまだ冷戦という対立軸が明確だったことだろうか。ニクソン訪中や石油危機を経て、多極化と新冷戦、さらに冷戦の崩壊という流動的な時代であれば、国際政治の体系化が難易度を増していた可能性もある。

『国際政治』の完成度の高さもあってか、それ以後に高坂が『国際政治』に比肩するような理論書に挑むことは減っていく。それでも、論文としては、一九七一年の「現実主義の国際政治観」や一九八八年の「現代国際体系論――その安定性と変容の可能性」があり、最晩年に著した『平和と危機の構造』（一九九五年）が『国際政治』の系譜を引いた各論といえるだろう。

驚嘆させられるのは、『国際政治』で「各国家は力の体系であり、利益の体系であり、そして価値の体系である」と説いたこと自体ではなく、安全保障、国際政治経済、文明論のすべてに関心を深め、相互に関連させつつ国際政治学の領域を拡げたことである。

安全保障は国際政治学の中心となる領域であり、高坂が紛争や同盟、核政策などを分析していたことは当然である。『中央公論』一九六五年七月号に掲載した「現代の戦争」で高坂は、ベトナム戦争の「行き詰り状態は今後かなりの期間にわたってつづく」と予想し、「交渉による名誉ある和平が得られないかぎり、アメリカは南ベトナムの戦争で勝つにせよ、敗北するにせよ、その外交政策における最初の大失敗を記録することになる」と注意を喚起した。

また、『国際政治』と同じ一九六六年に書かれた「内戦についての一般的研究」では、国際政治の動乱と密接に結び付くものとして、キューバやベトナムなどの内戦に加えて、キプロスやアフリカのテロ、「二十世紀におけるもっとも巨大なゲリラ戦の指導者毛沢東」(『高坂正堯著作集』第七巻)の戦略などを論じている。このとき高坂は、香港総領事館の調査室に佐々《さっさ》淳行《あつゆき》を訪れ、中国文化大革命の本質を見極めようとしていた。

のちに高坂は学内で講演し、「ベトナム戦争で、アメリカは軍事力を全面的に投入して負けたのではない。ソ連などが北ベトナム勢力に物資援助をしていても、その補給路を断つことができなかったためであり、それはアメリカがソ連や中国の介入による全面対決を恐れたからである。このように、大国がどんなに核兵器を開発し、軍備を増強しても行使できる軍事力の程度はかなり低い」（『京大学生新聞』一九八〇年六月二〇日）と論じている。

　安全保障の国際会議についても、高坂はパイオニア的存在だった。高坂は一九六七年六月二〇日から二五日、ハワイ大学東西センターの国際会議に出席している。参加者は高坂のほか、ハーヴァード大学教授のエドウィン・ライシャワー、カリフォルニア大学ロサンゼルス校教授のバーナード・ブローディー、野村総合研究所所長の佐伯喜一《さえききいち》、慶應義塾大学教授の石川忠雄《いしかわただお》、大阪市立大学教授の神谷不二らであった。

　神谷『戦後史の中の日米関係』（一九八九年）によると、「安全保障に関心をもつ日米の研究者間の、ほとんど最初の交流モニュメント」だったという。高坂はその書評で、神谷が「いくつかの重要な国際会議にも出席され、重要な働きをされたし、しかも一回は学生としてもう一回は教官として、アメリカに長期滞在されている」（「今、日米関係を振り返る意味」）ことから、日米関係史の執筆に適任と評している。

　高坂と神谷は一九七五年一一月二七日から三〇日にも、京都比叡山《ひえいざん》ホテルで行われた大規模な国際会議「戦後アジアの国際環境」に出席していた。

「国際シンポジウム討議録」によると、ほかの参加者は、細谷千博、石川忠雄、永井陽之助、衛藤瀋吉、シカゴ大学の入江昭、米国海軍大学のジョン・L・ギャディス、コーネル大学の

W・R・ラフィーバー、ロンドン経済政治大学のドナルド・C・ワット、ミシガン大学のアレン・S・ホワイティングらである。高坂は「イギリスと冷戦」というセッションで討論者を務めた。

「政治と経済のリンケージ」――『豊かさの試練』

高坂は安全保障だけでなく、国際政治経済についても次のような論考を公表している。

「地政学者マッキンダーに見る二十世紀前半の権力政治」(『法学論叢』一九六七年八月号)
「この試練の性格について」(『中央公論』一九七四年三月号)
「通商国家日本の運命」(『中央公論』一九七五年一一月号)
「経済的相互依存時代の経済力――一九七三年秋の石油供給制限の事例研究」(『法学論叢』一九七七年三月号)
「海洋囲い込みの国際力学」(『月刊エコノミスト』一九七七年六月号)
「自由貿易国家・日本の検討」(『諸君!』一九七七年六月号)
「経済力増大と富めるものの責任」(一九七八年二月二四日、時事通信内外情勢調査会講演)
「経済安全保障の意義と課題」(『国際問題』一九七八年四月号)

このうち「地政学者マッキンダーに見る二十世紀前半の権力政治」は、論題からすると「力の体系」に位置づけられそうである。だが高坂によると、オックスフォード大学のハルフォード・マッキンダーは、海洋勢力としてのイギリスの優位性が大陸鉄道の発達によって失われつつあるとみており、貿易よりも国内の生産力を重視する観点から海外投資や自由貿易に反対した。

高坂はマッキンダーが鉄道の重要性を過大評価しており、「自己を規制できない程度にまで相互依存することは正しくないが、しかし、相互依存という事実を無視して自給自足性を追求することは、必ず激しい緊張を生む」と説く。

「この試練の性格について」は、石油危機を契機にエネルギー問題を扱う。「資源の量は、技術と共に、それを掘り出し、利用する人間の制度にかかっている」、「タールサンド、オイルシェル、そして原子力、太陽熱の利用などその可能性はすでに指摘されている」としたうえで、「日本は資源を生み出す技術と制度の発展に貢献すべきである」と述べる。

それ以降も高坂は、国連海洋法会議の動向や欧米との貿易摩擦など「政治と経済のリンケージ（関連）に基づく外交」について考察を重ね、前記の論文と合わせて『豊かさの試練』（一九七九年）にまとめた。

国際政治経済学の開拓

高坂が国際政治経済の論文を多く発表したことは、「現実主義者」のイメージからすると意外に感じられるかもしれない。いまでこそ、国際政治経済学という講座が大学に設置され、教科書も増えているが、当時は国際政治学の主要な領域と見なされていなかった。

だが、そもそも高坂の処女作『海洋国家日本の構想』は、アメリカに軍事面で依存しつつ日本が海洋国家となりうることを説いたものであり、安全保障と国際政治経済を融合させた著作といえる。海洋国家、通商国家としての国家像を描くうえで、国際政治経済は外せない領域である。その学問的な発展を高坂は期したであろう。

この点で示唆的なのが、のちに慶應義塾大学教授となる田所昌幸《たどころまさゆき》が京大の院生だったときのエピソードである。

通貨をめぐる国際関係というやや風変わりなテーマを研究しようと決めたのは、京都大学の大学院に進学することが決まった一九七八年の暮れだったと思う。この選択は指導をして下さっていた高坂正堯先生への、知的反逆という意味も多少あったので、おそるおそる下鴨の先生のお宅の応接間でそれを申し上げた。すると先生は例によって止めろともがんばれとも言わずに、「ちょっと待っててな」と言われて二階の書斎に行かれ、二冊本を持ってこられて私に手渡された。それは本書でも利用している Garder の

Sterling Dollar Diplomacy と、Penrose の *Economic Planning for Peace* だった。

（『「アメリカ」を超えたドル』）

「高坂正堯先生への、知的反逆という意味も多少あった」というのは、通貨が高坂の専門外であり、まだ国際政治学界の中心的テーマになっていなかったからであろう。

一般に指導教授は、自分の研究を引き継ぎ、発展させてくれそうな院生を好む傾向にある。このため、院生が専門外の分野を研究したいと申し出たとき、教授の力量と度量が表れやすい。狭量《きょうりょう》な教員なら、専門外の領域を研究したいという学者の卵を握りつぶさないまでも、テーマ変更を促したり、嫌みの一つも口にしたりするかもしれない。

しかし、高坂の振る舞いは、それと正反対だった。高坂は「ちょっと待っててな」と書斎から二冊の洋書を取り出し、田所に渡している。この経緯からして、国際政治経済への関心を示していた高坂は、愛弟子が通貨から国際関係を研究することに喜びを見出し、応援したいと感じたのではなかろうか。

高坂はテーマ選定で学生の主体性を重んじており、自身への「知的反逆」とは受け止めなかったと推測される。むしろ門下生が国際政治学に経済的要素を加味することで、国際政治経済学に新たな地平を切り拓《ひら》いてくれることを期待し、その潜在的能力を引き出したかったのではなかろうか。かつて西田幾多郎は門下生に多様な研究スタイルを認めており、高坂は父からそのことを聞いていた。

最初の文明論──『世界地図の中で考える』

国際政治の三体系論のうち、安全保障、国際政治経済に次ぐ第三の領域である文明論についても、高坂は早くから才能の片鱗《へんりん》をみせていた。一九六五年一〇月から翌年三月まで、オーストラリアのタスマニア大学に交換教授として留学した高坂は、その経験を踏まえて『世界地図の中で考える』(一九六八年)を刊行する。

タスマニアはオーストラリアの南東端で、人口は三七万人にすぎない島である。産業は、羊、リンゴ、ホップぐらいで、特筆に値するものはなにもない。そこに気鋭の国際政治学者が長期滞在することは、周囲にとって不可解だった。

本人ですら、「私が人類学とか、気象学とか、地理学を研究しているのなら、人は別に不思議に思わなかったかも知れない。しかし、私は国際政治学をやっていて、大国の間の権力政治や核戦略を研究しているのだから、私とタスマニア島とはまるでイメージが結びつかなかったらしい」と綴っている。

では、なぜタスマニアなのか。「タスマニア島は私がひそかに関心を持ちつづけて来た場所であった。タスマニア島の原住民の滅亡の話を子供のときに聞いて以来、タスマニア島という名前は私の記憶から離れなかった」と高坂は記す。

イギリスは一九世紀初頭からタスマニアに兵士や囚人、家畜を送り込み、原住民と衝突した。「タスマニア土人が侵略者に対して敵意を持ったのは当然だが、これに対して、イギリス人も野蛮人を撃ち殺すことをなんとも思っていなかった」という。最後に生き残った一人が一八七六年に死ぬと、タスマニア人はこの世から永遠に姿を消した。

高坂がタスマニア人滅亡の話を聞いたのは、国民学校三、四年のときだった。太平洋戦争の最中であったため、タスマニアの悲劇は「鬼畜米英」の蛮行として教えられたのである。そのことが頭を離れずにいた。

高坂がその地を訪れたのは、タスマニア人の悲劇を直《じか》に感じ取ることとともに、「南半球から地球を見上げたかった」からである。いままでの高坂は、「北半球からの見方」で国際関係を観察してきた。それだけに、「南の端から地球のできごとを見るとどうなるだろうか、私はそれを経験してみたかった」という。

単なるパワー・ポリティクスの信奉者であれば、辺境の大学から誘いがあったとしても、半年間も暮らさないだろう。だが高坂には、それが好機に思えた。その発想は東京に拠点を設けず、関西を愛し、「京都と東京の距離感がちょうどいいんや、東京にいると見えないことも見える」（「高坂正堯没後十年」）と後年にゼミ生の前原誠司《まえはらせいじ》に語ったことと通じそうである。

「多様性のある国際社会」

タスマニアでの高坂は、「現実主義者」というよりも、失われた文明に愛惜の念を覚えるロマンチストといえるかもしれない。しかし、単なるロマンチストではない。高坂らしいのは、イギリス人の子孫であるオーストラリア人にタスマニア人の絶滅について聞き取るなどして、タスマニア人の滅亡がイギリスとの闘争だけでは説明できないと思索するところにある。

とするなら、何がタスマニア人を抹殺したのか。タスマニア人は世界から切り離されていたため、細菌に対する免疫が弱かった。タスマニア人を死滅させたのは、入植したイギリス人の体内にあった微生物が自然に浸透したからだという。タスマニア人は免疫力が低く、とりわけ結核菌が広まったことは致命的だった。鉄砲や大砲よりも、病気の伝染が民族を消滅に追いやったのである。

イギリス外交官のニコルソンが『外交』に記したように、異なる世界と接触するとき、伝染病は最大級の問題であった。『世界地図の中で考える』で、高坂は次のように述べる。

微生物の伝染の話は、国際関係そのものを象徴すると言えるであろう。〔中略〕異邦人の持つ力よりも、それの持つ悪に感染する方がはるかに恐ろしい。だから人びとは、外国の病気や習慣を持ち込まないように、こっけいとも言えるほどの努力を支払って来

たのである。〔中略〕
　しかし、それはたまにしか人間や社会を滅ぼしはしない。人間は病気についても悪徳についても、やがて抵抗力を身につけるからである。こうして、文明人とは病気についても悪徳についても、より多くの悪への抵抗力を持っている人間たちだということができるだろう。

　ミクロな事例から説き起こし、古典を交えながらマクロなメッセージに昇華させる手法は、高坂が得意とするところである。

　もっとも、タスマニアについての記述は、『世界地図の中で考える』が扱う文明論の一部にすぎない。パックス・アメリカーナについては同書で、「アメリカは『物量』を作り出すことができる文明であ」り、その優越さゆえに冷戦下で「アメリカは永続的に力の闘争に加わ」って、ベトナム戦争で「最初の大きな失敗を記録しつつある」と論じた。

　さらに、イギリスのインド征服は「自分たちの文明に優秀性を確信し、それを拡めることに使命感を持っていた」こと、フランスは「アメリカの繁栄に付随することに満足しない」のであり、「独自の存在であることを欲している」こと、日本は西洋文明を受容しつつも反発感を秘めており、そのまま外交に反映されれば失敗するが、反発感そのものは「日本の貴重な資産」であることに筆を進めていく。

そこに通底するのは、冷戦という一見すると固定化された情勢下にもかかわらず、「多様性」を飽くことなく見出そうとした探究心である。同書には「多様性」というキーワードが頻出する。「アメリカには人を当惑させるような多様性がある」、「多様性のある国際社会のあり方こそ、ヨーロッパの人々がもっとも大切にして来たものであったし、『勢力均衡』として知られて来た国際政治の運営方法はそうした精神にもとづくものであった」というのである。

かくして、『世界地図の中で考える』は高坂にとって最初の文明論となった。そこでの高坂は、旅行先の会話やローマ帝国の歴史を取り入れ、九・三〇事件と呼ばれるインドネシアでのクーデター未遂事件で見通しを誤ったことに論及するなど、自由な書き方をしている。それは「現代の世界を捉えるひとつの試み」だという。

一般に研究者はある分野で評価を得ると、多くの場合、同じ分野で対象となる時代や地域を調整し、続編を書こうとする。いままでと別の領域に踏み込むことは、大きな労力とリスクを伴う。

だが高坂は『国際政治』と前後して様々な文明に興味を示し、自ら足を運び、新たな領域に挑んでいる。高坂の立脚点は、「現実主義」対「理想主義」、英国学派対アメリカ学派といった図式に収まるものではない。いわば独立独行の国際政治学といえようか。その知的旺盛さには驚かされる。

やがて高坂の文明論は、『文明が衰亡するとき』(一九八一年)、『日本存亡のとき』(一九九二年)でも展開され、警世《けいせい》的な衰亡論となる。これら文明論の系譜は、型にはまらない高坂国際政治学の大きな特徴であり、そこには『国際政治』と別の意味で普遍的な魅力がある。

同時代史の試み――『一億の日本人』

高坂は安全保障、国際政治経済、文明論を多岐に論じ続けただけでなく、それらを融合した通史も試みている。その好例が、『一億の日本人』(一九六九年)であろう。『一億の日本人』は、文藝春秋『大世界史』全二六巻の最終巻を飾るものであった。

この包括的な戦後通史にも、高坂は非凡な才能を示す。同書は玉音放送にはじまり、マッカーサーと吉田茂、保革対立、池田勇人の所得倍増計画、多党化時代の混迷など、一九六〇年代までをバランスよく描いている。三五〇頁近い大作だが、文体は読みやすく、これまでの著作で最も平易といえよう。

自ら生きた時代だけに、敗戦後の混乱と食糧不足にもかかわらず、民衆には「奇妙な明るさ」があり、「すすんだ西欧文明に対するあこがれの気持が復活しはじめた」ことなど社会史にも紙幅《しふく》を割いている。

占領下の諸改革で高坂が批判したのは、教育改革と新憲法制定である。六・三・三・四制という画一的な教育制度によって、「多くの教育機関がその特色をうしない、伝統をたたれた結果、教員の士気が小さくない影響を受けた」という。

憲法については、「日本国民の意思に反する『おしつけ』憲法であったというわけではない。憲法の自由主義的な性格を国民は歓迎した」としながらも、ＧＨＱが「政府と日本国民の一部を強制するというかたちでつくられたことは、将来に問題をのこすものであった」し、「政府は憲法第九条全体について、議論をさけた」と述べる。

ここで高坂は「おしつけ」よりも、「先取り」を問題視する。「占領軍は日本国民の意思を先取りして、旧体制を破壊し、あたらしい体制をつくった」ため、「日本人は大きな改革につねにつきまとう悩みを経験しなくてもすんだ」。憲法に限らず改革の多くが占領軍によってもたらされたため、日本は新体制を主体的に作り出すことに深く葛藤《かっとう》しておらず、戦後日本に「いささか浅薄な明るさがうまれた」という。

高坂は所得倍増計画を掲げた池田内閣期の日本についても、経済発展に見合った役割を果たそうとしない「臆病《おくびょう》な巨人」という『ニューヨーク・タイムズ』東京支局長の言葉を引用している。高坂は日本が「臆病な巨人」であり続けた要因として、池田が「経済中心主義の外交」という吉田路線を徹底させ、「池田が教育の問題については十分な知識をもっていなかったこと」を挙げている。

『一億の日本人』は佐藤内閣期の沖縄問題や大学紛争に触れたうえで、「日本が高度産業社会の建設に成功し、世界の尖端《せんたん》をゆくようになるときこそ、一億の日本人の真価が問われる」と結んでいる。このような戦後史の解釈は、いまでも大筋で通用するだろう。

「依存心を裏返しにした無責任さ」

とはいえ、『一億の日本人』に疑問がないでもない。高坂も認めているように、池田内閣が東南アジアや韓国、中国との関係を進めたことに鑑みて、「臆病な巨人」という評価はやや酷ではなかろうか。とりわけ、池田内閣下での対中貿易は、反共の意識が希薄な点でアメリカと一線を画していた。また、佐藤栄作がベトナム戦争の最中に沖縄返還を唱えたことは、政治生命を賭《と》したものであり、むしろ大胆といえる。

それでも高坂が「臆病な巨人」という表現を用いたのは、安全保障でアメリカに依存するあまり、「政治家や国民に、日本の世界におけるありかたを真剣に考えさせず、身のまわりの小さな利益の追求にあけくれる人間や、依存心を裏返しにした無責任さから甘い発言をくりかえす人間をつくりだすことになってしまう」（『高坂正堯著作集』第八巻）と危惧したからである。

高坂が、安全保障面での世界戦略を日本の政治家に求めていたとすれば、その条件を満たす首相は中曽根康弘だけであろう。

『一億の日本人』で特筆すべきは、一九七二年に *100 Million Japanese* として英訳されたことである。日本は急激な成長を遂げたものの、その全体像が日本の研究者から世界に発信されることは少なかった。ハーヴァード大学教授ライシャワーの序文によると、「日本を取り巻く言葉の壁は、ヒマラヤ山脈のように残っている。〔中略〕高坂正堯教授はこの本で、必要なことを見事にやってのけた」という。

多くの研究者は、欧米の著作から学ぶことに熱心であっても、自らは日本の実情を対外的に説明してこなかったのである。同書の英訳は、一〇年後の一九八二年にも『戦後日本の歴史（*A History of Postwar Japan*）』と改題のうえ、ペーパーバック版で再刊されている。惜しむらくは、そこに一〇年間分の加筆がなされていないことである。

父との別れ

高坂の一九六〇年代は、尊敬する父との死別で幕を閉じた。晩年の正顕は東京学芸大学の学長であるとともに、文部省の中央教育審議会特別委員会主査として「期待される人間像」の最終報告をまとめていた（『朝日新聞』一九六六年九月一九日夕刊）。

その正顕が六九歳で他界したのは、一九六九年一二月九日のことである。高坂の弟の節三は、商社マンとしてブラジルに赴任直後で死に目にあえず、告別式にも参列できなかった。高坂は、告別式の模様を撮影したフィルムを節三に届けた。そのフィルムに高坂は手紙を添えている。

節三への手紙は、父の大きな仕事として二点に触れた。第一に、太平洋戦争中の座談会

「世界史的立場と日本」が、戦場に赴く学徒の精神的拠《よ》り所になったことである。第二に、思想や教育が混乱した戦後には「期待される人間像」を答申し、人間の生き方、教育のあり方に一石を投じたことだという。

この手紙は父の他界直後に記されたものであり、少し割り引いて読むべきかもしれない。若い頃の高坂は、「なぜ負けるに決まっている戦争を支持したのか？　馬鹿やなあ」と言っていたし、「文部省のお先棒をかついで『期待される人間像』や『後期中等教育拡充案』などに心血を注いでも効果がないのに」とも口にしていた。

しかし、高坂は幼少期から、学識だけでなく研究者としての姿勢を父に学んでおり、それは正顕の最晩年まで続いた。

高坂はタスマニア大学に滞在中ですら、ローマ帝国から二〇世紀までの「帝国の思想」という研究テーマについて八頁ものレジュメを父に送り、意見を求めている。それも、「J・S・ミルを扱う場合に、彼の文明観はどういう具合に捉えますか」、「日本は初め国際法の受け入れに熱心で、ついで加藤弘之《かとうひろゆき》のように徹底した権力論者になりましたが、その間の移り変りを示す資料をお送りください」（『昭和の宿命を見つめた眼』）などと、細かく教示を求めていた。

父に対する反発もあったにせよ、最終的に高坂は、勤勉かつ博学なだけでなく、学長や政府委員まで引き受けた正顕の生き方に共感した。

そのことを示すのが、父の没後に刊行された遺稿集『追憶と願望の間に生きて』（一九七〇年）である。そこに高坂は「日本の精神」という正題の講演を加えている。「日本の精神」によると、日本人の心は「露骨であるのを好まないつつしみ深さ」と「自然を愛し、自然のままであるのを尊ぶ naturalism」を合わせ持つという。

「日本の精神」を『追憶と願望の間に生きて』に収録した理由について、高坂は「父のあり方をもっともよく現している」ためと記す。

私は父の遺した小品からひとつを選んで、父の原稿につけ加えた。それは「日本の精神」で、父が一九四五年末、進駐軍のためにおこなった講演の草稿である。それは講演の草稿であって、未完成度はたかい。しかし、逆境にあってあわてない父のあり方をもっともよく現していると思ったからである。

（「あとがき」）

数多い正顕の作品から高坂が「日本の精神」を遺稿集に加えたのは、公職追放になりながらも、左旋回《ひだりせんかい》しなかった愛国者としての父を肯定したからだろう。高坂も自分を愛国者と内心で自負していたことについては、終章で述べたい。

親子の違い

学者としての姿勢で、親子に異なるところはあっただろうか。大きな違いがあるとするなら、正顕が京都帝大で哲学を専攻し、京都学派であることを意識したのに対し、高坂が学問の系譜から比較的に自由だったことであろう。正顕には、『西田幾多郎先生の追憶』や『西田幾多郎と和辻哲郎《わつじてつろう》』といった著作があったほか、『明治思想史』でも西田に紙幅を割いている。

一方の高坂はイギリスびいきを公言しつつ、ドイツやフランス、アメリカなどからも自由に思想や理論を取り入れ、特定の学派に自らを位置づけようとはしなかった。国際政治学が学問として比較的に新しかったからでもあろうが、より根本的には高坂が自由を重んじたためである。

国内的にみても高坂は、同じ「現実主義者」とされる永井陽之助らと立場を異にしており、そのことが一九八〇年代に顕在化することについては第4章で論じたい。

ただし、高坂は「日本の思想家のなかで、和辻哲郎にいちばん親近感を持っている」（『昭和の宿命を見つめた眼』）と弟に語るなど、和辻を敬愛していた父に触発されている。もっともそれは、和辻が京都学派だったからではなく、和辻の著作に感銘を受けたためである。

高坂は学部生時代に奈良の寺をめぐり、和辻『古寺巡礼』と照らし合わせ、その巧《たく》みな描写に心を打たれた。和辻の『風土』や『鎖国』、「現代日本と町人根性」も意義深いと感じた半面、当時の知識人は「西洋の俗事にややうとかった」という「時代の共通の限界があったのではないか」（「日本の宿命を見つめた眼」）と高坂は論じている。

なお、母の時生は東京に住み続けた。高坂は母を気遣い、上京して編集者に原稿を渡したのちに母と会うようにしていた。『中央公論』編集長だった望月重威《もちづきしげたけ》によると、高坂は受け渡し場所に地下鉄茗荷谷《みょうがだに》駅を指定し、「東京にきたときはなるべく母親のところに泊まるようにしてるんや」（「鳩山薫女史の葉書とその前後」）と語っていたという。

その高坂には次章でみるように、研究者、教育者に加えて、歴代政権のブレーンという顔があった。

第3章　佐藤栄作内閣のブレーン——沖縄返還からノーベル平和賞工作へ

佐藤内閣のブレーンに

論壇デビュー後の高坂は、『海洋国家日本の構想』、『宰相 吉田茂』、『国際政治』、『世界地図の中で考える』、『一億の日本人』などを立て続けに執筆し、安全保障、国際政治経済、文明論に領域を拡げてきた。書くことに最も心血を注いだ高坂は、同時に実践の人でもあり、ブレーンとして歴代内閣に関与する。

高坂が深くかかわったのは、佐藤栄作、三木武夫、大平正芳、中曽根康弘の各内閣である。一九九三年の宮澤喜一内閣退陣まで続く五五年体制下では、自民党政権が三八年間も続いた。それは、高坂が活躍した時期とほぼ重なる。高坂が一九六〇年代末に執筆した「『権力なき国家』の幻想」によると、政権交代が起きにくいのは、産業国家では福祉の制度が定着し、国民が与党の社会政策と自己を同一化するようになったからだという。

高坂は一九六四年一一月に発足した佐藤内閣で、政治に初めて関与した。『産経新聞』記者から佐藤の首席秘書官となる楠田實は、政権のブレーンを探しており、高坂に注目する。

楠田 實（1924〜2003）首相秘書官，ジャーナリスト，政治評論家．1967年に産経新聞政治部次長から佐藤栄作首相首席秘書官に．研究者，若手官僚，メディア関係者らによる「Sオペ」の中心人物として政策立案など政権を支えた

楠田は、「佐藤総理とも個人的に面識があり、一九六三年に『現実主義者の平和論』で論壇に鮮烈なデビューをした高坂正堯教授〔助教授〕の門を、私はまっさきに叩いた」と記している。

佐藤が高坂に好意的だったのは、母の時生の兄、河合好人が鉄道省で佐藤と同期だったからでもあろう。

楠田が、「政策上の問題について、ときどきお知恵を借りたい。しかし、内閣の人気とりのために、お名前を利用するようなことは絶対に致しません」と述べると、高坂は、「あなたを信用します」と引き受けた。楠田によると、「佐藤内閣のブレーン・トラストの原点は高坂教授であった」（「見識と嗅覚《きゅうかく》」）という。

佐藤内閣の「ブレーン・トラスト」は佐藤オペレーション、略してSオペと称される。それを組織したのが、佐藤首相の首席秘書官となる楠田だった。楠田が残した「楠田實資料」と呼ばれる膨大な史料には、高坂関連の文書が多くある。佐藤の日記にも、高坂は頻出する。

Sオペには政治家も含まれており、そのキャップは愛知《あいち》揆一《きいち》、次いで西村《にしむら》英一《えいいち》という佐藤派だった。前尾《まえお》繁三郎《しげさぶろう》派の宮澤喜一もそこに加わっていた。Sオペの拠点は、永田町にあったグランドホテルの四一三号室である。これらのことは、佐藤に宛てられたSオペの提言書に残されている。

あるとき高坂は首相官邸をぶらりと訪ね、「楠田さん、これからのテーマは公害問題や。ヨーロッパを一回りして来たけど、どこの国も、これから公害問題で苦労することになるやろね。日本も早く手を打った方がええと思います」と告げた。

これを楠田から聞いた佐藤は、「そうか、高坂君がそう言われたか」（『見識と嗅覚』）と真剣な表情でうなずいた。そのことが一つの契機となって、やがて中央公害対策本部の設置につながったという。

また、高坂は、佐藤の非公式な朝食会にも定期的に出席していた。『楠田實日記』によると、赤坂プリンスホテルで開かれた朝食会の参加者は、高坂のほか、内田忠夫《うちだただお》（東京大学教授）、館龍一郎《たちりゅういちろう》（同前）、林周二《はやししゅうじ》（同前）、遠藤周作《えんどうしゅうさく》（作家）、佐々木直《ささきただし》（日本銀行総裁）、澄《すみ》田《た》智《さとし》（元大蔵次官）、原純夫《はらすみお》（東京銀行会長）、竹山道雄《たけやまみちお》（ドイツ文学者）、西村熊雄（元駐フランス大使）である。

佐藤の日記に初めて高坂が出てくるのは、一九六四年一二月一七日の朝食会であった。その後も高坂らは朝食会で、佐藤と経済や大学紛争について意見を交わしている。

高坂は一九六六年四月一六日、佐藤から鎌倉の別荘に招待された。佐藤日記には、「京都の高坂君と食事を共にして大いにかたる」とある。六月四日にも佐藤は鎌倉で「京都の高坂君を招き、中共問題その他で懇談する」。

プライベートでは長男の昌信に続いて、妻の恵との間に長女の珠生を授かったことも、高坂の励みとなったことだろう。珠生の誕生は、一九六七年七月である。

「総理と語る」

高坂は一九六七年一月一七日、六九年一一月一二日、七二年一月一八日にＮＨＫテレビ番組「総理と語る」で佐藤と対談している。いずれも楠田のアレンジによるものであり、「総理と語る」はＮＨＫ第一ラジオでも放送された。これらは純粋な対談というよりも、楠田によって仕組まれた広報の性格が強い。高坂の知名度も、メディアを通じてさらに上がったであろう。

とりわけ、一九六九年一一月一二日に録画され、一五日に放送される対談は、佐藤が訪米してニクソン大統領に沖縄返還を確約させる直前であった。国民の関心も高かったに違いない。滅多に本心を明かさない佐藤が、人生最大の正念場を前に高坂とテレビで対談したのである。高坂への信頼を端的に示すものであろう。

佐藤より三三歳も若く、親子ほどの年齢差だが、高坂は単なるインタビュアーではない。一九六九年一一月の対談では、日米安保体制の事前協議と沖縄返還という最もデリケートな問題を訪米直前の佐藤に問うている。

佐藤栄作（1901〜75）首相在任期1964年11月〜72年7月

高坂　事前協議の問題で、〔日本はアメリカに対して〕イエス、ノーと両方言えるわけですね。これはやはり沖縄が還《かえ》ってきてはじめてその条項が、実質的な意味を持ってくると思うのです。いままでは、沖縄をアメリカが持っていましたから、沖縄から好きな行動をアメリカがして極東の軍事情勢を作ってしまいました。今度は沖縄も含めて日本はイエス、ノーと言えるわけですから、はじめて実質的な発言力を持つし、その意味でやはり対等になるという感じがしますね。

佐藤　そうです。そのとおりです。

高坂　そのときに、イエスという状況はできるだけ作らないように努力すべきだと思うし、それから、アメリカのほうが状況判断を間違って、あるとき日本に頼んで、日本がノーと言うのもこれは嫌なことですから、そういう妙な、と言いますか、アメリカの判断を誤らないように、ノーと言うような提案を持ち出させないように常に、どうされますか、どういうことが必要でしょうかね。

佐藤　〔中略〕幸いにして沖縄も還ってくる、そしていままでのようなアメリカの施政権下にある地域がなくなって来る。そうするとアメリカも勝手にはやれない。さっき言われるように事前協議の話になる。これは日本が独自の立場で国益に合致するその観点でイエスまたはノーを言う。しかし、この安保の体制が必要だということはやはりわれわれが現実をみたときに、どこかにやはり緊張があるのだ、緊張を緩和して、そういうものをなくすることがわれわれのこれからの努力すべき点ではないかと思うのです。

（「特別番組 総理と語る 第一八回 戦後からの脱却」）

高坂の意図は、沖縄から韓国やベトナムへの米軍出撃を想定し、事前協議制度を沖縄にも適用して日本の発言力を確保することであろう。つまり、いわゆる沖縄の「本土並み」を実質化することである。口下手な佐藤の意を体した与党質問の感があり、佐藤に対する援護射撃といってよい。

一方の佐藤にとって、高坂はどのような存在であったのか。佐藤は高坂を信頼した半面、秘密主義者でもある。高坂は、朝鮮半島への出撃を事前協議の対象としないという「密約」があったこと、そして佐藤が沖縄への核再導入についてニクソン大統領と「密約」を交わすつもりであることを知らされなかっただろう。佐藤とすれば、高坂は重要であっても駒《こま》の一つであり、沖縄「核密約」や繊維交渉では京都産業大学の若泉敬を密使に多用した。

一九六九年一一月の「総理と語る」で高坂は、二年前の佐藤東南アジア歴訪を想起したのではなかろうか。二年前の一九六七年一〇月八日には、佐藤のベトナム訪問を阻止しようとした全学連の学生らが羽田空港付近で警官と衝突し、京大文学部一年生の山﨑博昭《やまざきひろあき》が給水車にひかれて即死していた（『読売新聞』一九六七年一〇月九日）。

今回の佐藤訪米でも同じことが起こりうる情勢だったので、佐藤は航空自衛隊のヘリコプターで官邸から羽田まで移動している。

なお、高坂は一九六九年一一月一日に佐藤とテレビの打ち合わせをしたとき、父の正顕の病気について伝えている。正顕は半年前の五月七日、中央教育審議会の委員の一人として佐藤に会い、大学紛争について意見を交わしていた。高坂は正顕没後の一九七〇年一月八日、母の時生を連れて首相官邸を訪れ、佐藤に母を紹介している。佐藤はこれらのことを日記に綴っていた。

「核抜き・本土並み」へ――沖縄基地問題研究会

佐藤訪米前のテレビ対談が象徴するように、佐藤内閣最大の功績である沖縄返還に高坂は一役買っていた。高坂が果たした役割について、少し時間をさかのぼって検討してみたい。

佐藤は一九六八年二月一七日、元早稲田大学総長の大浜信泉《おおはまのぶもと》を座長とする沖縄問題等懇談会の一環として、沖縄基地問題研究会を発足させていた。基地研と呼ばれる研究会の座長は軍事評論家の久住忠男《くすみただお》であり、高坂もそこに加わった。

基地研のメンバーは、久住や高坂のほか、林 修三《はやししゅうぞう》（首都高速道路公団理事長）、若泉敬（京

都産業大学教授)、神谷不二(大阪市立大学教授)、中村菊男《なかむらきくお》(慶應義塾大学教授)、永井陽之助(東京工業大学教授)、小谷秀二郎《こたにひでじろう》(京都産業大学教授)、小宮山千秋《こみやまちあき》(読売新聞国際情勢調査会幹事)、衛藤瀋吉(東京大学教授)、佐伯喜一(野村総合研究所所長)、岸田純之助《きしだじゅんのすけ》(朝日新聞論説委員)、三好修《みよしおさむ》(毎日新聞論説委員)、末次一郎《すえつぐいちろう》(南方同胞援護会評議員)であった。

基地研は、日米交渉の論点となる沖縄米軍基地の扱いを検討し、一九六九年三月八日までに二〇回の会合を重ねた。同年一月二八日から三一日にはアメリカからも参加者を得て、「沖縄およびアジアに関する日米京都会議」を開催した。そのうえで基地研は、三月八日に報告書を大浜座長に提出する。

報告書は、「施政権返還後は、沖縄に全面的に日米安保条約を適用する。したがってこの地域にある米軍基地は、同条約に基づく地位協定の適用を受け、同条約付属交換公文による事前協議条項も、当然適用される」と結論づけた。いわゆる「本土並み」の立場である。核については「沖縄への核配備の重要性はなくなった」(「沖縄基地問題研究会・報告」)とするものの、核の持ち込みが事前協議条項の対象となったときに、持ち込みを拒否するかどうかは明確にしなかった。委員の見解が分かれたためである。報告書は沖縄に対する事前協議制度の全面適用を主張しながらも、運用については弾力性を持たせることで、佐藤の対米交渉に裁量の余地を残したといえよう。

「核抜き・本土並み」の沖縄返還は、一九六九年一一月二一日の佐藤・ニクソン共同声明で確定する。この過程で高坂は、沖縄返還をどのように考え、行動したであろうか。高坂と沖縄のかかわりを掘り下げたい。

若泉との沖縄訪問

今日、沖縄返還を導いた学者として知られるのは、高坂よりも京都産業大学教授の若泉敬であろう。若泉は佐藤の密使として、沖縄返還の対米交渉に暗躍したからである。高坂と若泉の初対面がいつかは確定できないが、森田吉彦『評伝 若泉敬』（二〇一一年）によると、二人は一九六五年五月に開催された東大の五月祭で講演している。

したがって、沖縄返還交渉が本格化する前から、高坂は若泉を知っていたことになる。若泉は論壇で「現実主義者」と呼ばれる一人であり、高坂より四歳年長だが、まだ主著はなかった。

佐藤・ニクソン共同声明から約二年前の一九六七年一〇月一八日から二〇日、高坂は若泉とともに沖縄を訪れている。沖縄の復帰問題研究会から招待があったためである。

「設立趣意書（復帰研性格）」が示すように、復帰問題研究会は元沖縄群島知事の平良《たいら》辰雄《たつお》を会長とする民間団体であり、中立的立場から沖縄返還に伴う諸問題を調査研究していた。本土から専門家を招くのも、その一環である（『朝日新聞』一九六七年一〇月三、八、一六、一九、二一、二三、二五日、三〇日夕刊、一九六八年四月一一、二七日）。

若泉 敬（1930〜96）国際政治学者．1954年東大卒．防衛研修所員などを経て66年より京都産業大教授．沖縄返還交渉時，佐藤栄作首相の密使として対米交渉．事前協議による核持ち込みを認める密約を結んだ

高坂と若泉は沖縄に渡り、復帰問題研究会と意見を交わした。高坂は、「沖縄の戦略核基地としての価値はうすれている。しかし、〝柔軟即応の戦略〟から戦術核配備の必要性は残っている」のであり、「現時点で〝核付き〟〝核ぬき〟〝自由使用〟などを論ずることはあまり意味がない」と論じた。

高坂の考えでは、沖縄米軍基地は韓国や台湾に安心感を与えている。ベトナム戦争の先行きが見通せないことからしても、この段階で返還条件を絞り込めば、アメリカから返還合意を得にくくなる。

一方の若泉は、「日本は防衛面で米国に大きく依存しており、その面から対米折衝では強い態度でのぞめないのではないかと考えられる。したがって、佐藤・ジョンソン会談では沖縄住民の強い復帰への要求が武器となる」（『沖縄タイムス』一九六七年一〇月一九日）と説いた。国際情勢から判断する高坂とは対照的に、若泉は沖縄住民の意志が鍵になると強調したのである。

これに対して、復帰問題研究会委員で琉球大学助教授の宮里政玄《みやざとせいげん》らは、核兵器や基地の自由使用に反対の意向を表明した。

若泉の著作『他策ナカリシヲ信ゼムト欲ス』は復帰問題研究会について、「安里源秀《あさとげんしゅう》会長」と記しているものの、琉球大学教授で元琉球大学学長の安里が会長になるのは一九六八年四月からであり、一九六七年一〇月時点の会長は平良であった。

このとき佐藤は東南アジア歴訪の最中であり、高坂らに特段の指示を与えた形跡はない。むしろ、佐藤の日記を埋め尽くすのは、フィリピンのマルコス大統領らとの会談、そして吉田茂が一九六七年一〇月二〇日に亡くなったことの「ショック」(『佐藤栄作日記』第三巻)である。

沖縄返還を流動的にしたのが、一九六八年三月三一日のジョンソン声明である。アメリカ大統領のジョンソンは、北ベトナムでの戦闘停止と次期大統領選挙への不出馬を声明した。すると高坂はジョンソン声明に関連して、『中央公論』(一九六八年六月号)に「世界政局はどう転換するのか」を発表する。

高坂は、「アメリカはベトナムにおいて失敗したのである。そしてそれは、アメリカの歴史において最初の明白な失敗なのである」と位置づけたうえで、アメリカはタイ、フィリピン、台湾、日本、韓国への防衛から撤退しないであろうが、「台湾をどうするかという問題がある以上、それについて思い切った政策変更をおこなう以外にアメリカと中国との和解のための自動的な具体的措置は考えられない」(『高坂正堯著作集』第一巻)と主張した。

なお、『中央公論』では現実路線の粕谷一希が編集長になっていたところ、一九六八年一二月一二日に編集方針を左に振れというストライキが社内で起こっている。そこで粕谷は、高坂や山崎正和らをあるホテルに集めて対応を相談した。山崎によると、このとき高坂は不思議なほどに冷たく、「何も『中央公論』だけが雑誌ではない」(『舞台をまわす、舞台がまわる』)と言い残して帰ったという。

高坂は一九六九年以降、『中央公論』よりも『文藝春秋』や『諸君!』で執筆するようになる。

「外交らしい外交」を求めて――日米京都会議

沖縄返還に対する日米民間レベルの見解は、一九六九年一月二八日から三一日の「沖縄およびアジアに関する日米京都会議」で交わされた。会場は、国立京都国際会館である。

日本側の出席者は佐伯、久住、若泉、高坂、猪木らであり、アメリカ側からはハーヴァード大学教授トマス・シェリング、シカゴ大学教授アルバート・ウォルステッター、カリフォルニア大学教授ロバート・スカラピーノなどが参加した。核戦略論で知られるシカゴ大学のウォルステッター教授は、技術革新によって、沖縄に核を配備しておく意義は大きく低下したと論じている。

しかし、議長報告は玉虫色の表現となった。「基地の自由使用と武器に制限をつけることなしに返還する方法、核兵器に関する制限をつけ基地の自由使用を認めて返還する方法、日本本土に現在適用されている制限をつけての返還、という中間的で現在可能な代案に注意が集められた」（「日米京都会議　報告書資料　開会挨拶・問題提起・議長報告」）というのである。

高坂の役割は報告ではなく、最終日の総括に向けた草案の作成にある。草案の起草委員会は、高坂、小谷、神谷、岸田で構成された。最終日の会議では草案をめぐって日米委員間で議論が沸騰したため、総括を断念し、玉虫色の議長報告となったのである（『読売新聞』一九六九年一月三一日夕刊）。

草案で高坂がどのような意見を述べ、それがどこまで議長報告に反映されたかは不明である。ただし、高坂の文章は、「疑いもなく」という表現を多用する傾向にある。議長報告にも、「疑いもなく大きな変化が起こりつつあるときに、この会議は、その動向を決定するものといえる沖縄問題を中心として、真剣な討議を行なった」などの字句がある。高坂の意向は、議長報告の少なくとも一部に盛り込まれたであろう。

久住や高坂の基地研は三月八日、京都会議を踏まえ、一九七二年までに「本土並み」で返還すべきとの報告書を大浜経由で佐藤に提出した。報告書に「核抜き」と明記はしていないが、「沖縄への核配備の重要性はなくなった」（『沖縄基地問題研究会報告』）と指摘している。

これに勇気づけられた佐藤は三月一〇日、「沖縄に核は必要ないという主張も可能である」（『読売新聞』一九六九年三月九日、一〇日夕刊）として、「核抜き・本土並み」の方針を参議院予算委員会で示唆した。

この重要な時期に高坂は、『新聞研究』一九六九年六月号の「沖縄返還交渉と報道機関の役割」に私見を示している。『新聞研究』は、日本新聞協会の雑誌である。

そのなかで高坂は世論への影響を重視し、「『核つき自由使用』というようなしかたで返還されるならば、それはアジアの緊張の激化を恐れ『対米従属』をきらう日本の世論を激しく刺激するであろう。〔中略〕しかし、たとえ何年か後にではあっても、沖縄が『本土並み』で返還されることが決まるならば、事情は変わってくる。『対米従属』という性格が薄くなるからである」と予測した。

他方、アメリカにも世論があり、「戦争によって占領したものを手放したがらないのは、すべての国の習性であ」る。沖縄返還交渉は、「戦後初めての外交らしい外交になるであろう」。サンフランシスコ講和会議に向けた吉田は見事だったが、「彼がとった方法はアメリカに依存するということであった。それは『弱者』の立場を逆に利用するというものであった」。いまの日本は「弱者」ではなく、「独自の戦略理論を展開し、アメリカと激しく議論する」とともに、他国の主張も配慮する「深まりを持った世論」が必要である。しかし、「政府も野党も戦略問題に正面から取り組もうとせず、ある行為が合憲か否かということだけを議論して来た」（『高坂正堯著作集』第一巻）。日本はアメリカだけでなく、沖縄返還によって影響を受けるアジア諸国の動向も知らねばならないというのである。

先に触れたように「核抜き・本土並み」での沖縄返還は、一九六九年一一月二一日の佐藤・ニクソン共同声明で確定した。のちに高坂は当時を振り返り、「沖縄の返還交渉は政治的には重要な局面を迎えていたが、私には、理論的には一応片づいたように思われた。その予見は正しかった」（『高坂正堯外交評論集』）と記している。

京都会議から報告書の提出を経て、「核抜き・本土並み」返還に至る過程は、高坂にとってほぼ納得できるものだった。高坂によると、佐藤の「戦後初めての外交らしい外交」は、「弱者」としての立場を利用した吉田の講和よりも困難であり、佐藤の手腕を高く評価したのである。

しかし、佐藤は若泉を密使として用い、「核密約」をニクソンと交わしていた。そのことを高坂は知らなかったと思われる。沖縄が日本に復帰するのは、一九七二年五月一五日であった。

施政方針演説・国連演説・国際問題研究会

沖縄返還後の総選挙に勝利した佐藤は、一九七〇年一月一四日に第三次内閣を成立させた。楠田は施政方針演説の第一案を下書きすると、佐藤ブレーンのうち、まず高坂に原稿を見せることにした。高坂は一月二三日、楠田と演説原稿を検討している。高坂が大筋で賛成したうえ、国民生活の「内面の充実」というコンセプトを提起したところ、楠田はこれを取り入れた。

楠田は、「現在の若手の代表的な学者である高坂氏を参加させたことは、演説内容的にそうプラスにはならないにしても、政治的な意味があると思う」と日記にしたためている。一三〇頁で引用したように、かつて楠田は「内閣の人気とりのために、お名前を利用するようなことは絶対に致しません」と高坂に述べていた。しかし、それは建前であり、「政治的な意味がある」ことを楠田は自認している。

次いで楠田は二月四日、東大教授の京極純一を自宅に訪ねた。楠田日記によると、「三権分立の関係、農業問題の扱いについて有益な意見を聞くことができた。〔中略〕高坂さんも言っていたが、僕が京極さんの意見を聞いているということは、専門家筋では評価しているようだ」という。

政府関係者以外で施政方針演説に意見を求められたのは、高坂と京極だけのようである。京極も、自著『増補新装版 和風と洋式』（二〇一三年）で楠田のことを語っている。

実際に佐藤が二月一四日に行った施政方針演説は、「内面の充実」を盛り込んでいた。「第一の指針は、内面の充実を図ることであります。すなわち、世界のどの国にもさきがけて、経済繁栄の中で発生する人間的社会的諸問題に取り組み、これをみごとに解決して物心ともに豊かな国民生活の基盤を築くことであります」（『佐藤内閣総理大臣演説集』）というのである。

高坂は佐藤の国連演説についても、相談を受けていた。九月一三日の大阪万博閉会式後、高坂は大阪のホテルで佐藤と楠田に会い、一時間ほど演説内容を練っている。日本の首相として初の国連演説は、一〇月二一日に行われた。どこに高坂の意見が反映されたのかは不詳だが、外務省国際連合局「佐藤内閣総理大臣の国連創設二五周年記念会期出席」によると、佐藤は日本国憲法の平和主義やインドシナでの緊張緩和などを演説している。

この間の二月六日にも、高坂は楠田と会っている。このときの楠田日記は、意味深長である。

国際問題研究会のメンバーと「本如月」。高坂正堯、神谷不二、永井陽之助の三氏と愛知外相、村田良平《むらたりょうへい》、岡崎久彦《おかざきひさひこ》の両課長、牛尾治朗《うしおじろう》氏。学者同士の反目というのも相当なものらしく、話の間にそれが出る。しかし、高坂さんはさすがにその点をあまり気にしない方のようだ。京極純一氏を顧問か何かに加えるよう言ってみるつもりだったが、永井、神谷氏と研究室時代にあまりうまく行かなかったという話が出たので、その話は切り出さずじまい。

国際問題研究会とは、村田や岡崎のいた外務省国際資料部の研究会に学者を加えたものである。村田は外務省国際資料部企画室長と情報文化局書記官を兼任しており、国際資料部調査課長から昇格していた。岡崎は村田の後任の国際資料部調査課長と国際資料部分析課長を兼ねており、その前は『官報』一九六九年七月三日によると、国際資料部資料課長を務めていた。

したがって、「両課長」は不正確であり、このときの村田は室長である。また、「本如月」とは、愛知揆一外相が主催する外務省中堅との会合を指す。牛尾はウシオ電機社長だった。国際問題研究会の常連は、高坂、永井、神谷のほか、野村総研所長の佐伯喜一など約十名であり、テーマによっては、細谷千博、衛藤、山崎、東京都立大学助教授の岡部《おかべ》達味《たつみ》、広島大学助教授の矢野《やの》暢《とおる》も加わった。

京大法学部卒の村田からすると、高坂は田岡ゼミの四年後輩であり、「猪木正道先生をはじめ尊敬している先達も同じであったから気が合った」、「永井氏を理論派と呼ぶとすれば、高坂氏は同じ現実主義でも歴史派と呼んでもよいと思う」という。

村田は高坂など国際問題研究会のメンバーについて、「すべて所謂《いわゆる》『進歩的文化人』のカテゴリーに入っていない人々だった。この種『文化人』は誘っても参加しなかったと思うが、私は意識的に排除した」（『村田良平回想録』上巻）と記す。村田が「進歩的文化人」として名前を挙げているのは、丸山眞男や学習院大学講師の久野《くの》収《おさむ》、そして坂本義和であり、ここでも「現実主義者」との溝は深まっている。

論壇の主流、学閥の主流

以上のことから、佐藤のブレーン政治と高坂の役割は五点に要約できるだろう。

第一に、高坂と若泉は行動をともにしたこともあるが、佐藤は対米交渉の密使を若泉に託し、高坂には知らせなかった。

第二に、佐藤と楠田は施政方針演説の練り直しについて、ブレーンのなかでも高坂と京極を信頼していた。

第三に、高坂は佐藤や楠田だけでなく、愛知外相や外務省国際資料部ともつながっていた。

第四に、ブレーン同士の関係は必ずしも良好ではなく、とりわけ永井、神谷は京極と反目していたようである。

第五に、国際問題研究会などに「進歩的文化人」は排除されていた。

このうち第三の点について、高坂は遅くとも一九六八年七月までに愛知と会っており、「かっさいによる政治というものは本物じゃない。正規の選挙によるところの成果というものを、常に政治家はたっとんでいかなきゃならない」と強調していた。喝采《かっさい》を浴びなくとも、実績さえあれば支持率は上がるし、選挙にも勝てるという意味である。

愛知は高坂の言《げん》に共感し、「とにかくやってることをずっと振りかえってみれば、着実に国の勢いが伸びているということは、客観的に証明される。それに、選挙では明らかに勝ってる」（『愛知揆一』）と語った。

第四の点についても補足したい。京極は国際問題研究会には加わらなかったが、楠田日記によると一九七〇年一〇月九日に高坂、山崎、楠田とともに、都知事選の秦野《はたの》章《あきら》候補と会っている。だが秦野は、翌一九七一年四月一一日の統一地方選挙で、現職の美濃部《みのべ》亮吉《りょうきち》に敗れた。

仮に楠田が観察したように、永井、神谷が京極と反目していたとするなら、世間的な評判と東大内での評価はやや異なっていたということになろうか。

というのも、ほぼ同世代の三人のうち京極だけが、東大教養学部教授を経て東大法学部教授となっている。京極は政治意識や日本政治を専門とし、東京大学出版会や岩波書店から主著を刊行しており、岩波書店の雑誌『思想』にも書いていた。

一方、永井や神谷は『中央公論』に多く寄稿し、「現実主義者」として世間的にも注目され、主著は中央公論社から出していた。勤務先としては、永井が北大、東工大、青山学院大学、神谷は大阪市立大学、慶應義塾大学、東洋英和女学院大学となっている。いずれも一流の大学だが東大には戻れておらず、東大関係者からすれば、永井や神谷を学閥の本流とは見なしにくいのではなかろうか。

そのことは永井も自認している。永井は『平和の代償』のあとがきで、自分は「東大学派」の一人と目されているものの、「もし私が、いわゆる〝現実主義者〟であったなら、悪名高い防衛論議や戦略論など書かずに、米帝国主義を批判し、平和と正義の道徳感情に訴えるような理想主義的な一文を書いたであろう」と皮肉を込めている。「東大学派」の本流に

なるには マイナスと自覚しつつも、永井は自らの信条に従って「悪名高い防衛論議や戦略論」を発表したのである。

つまり、永井や神谷らの「現実主義者」が論壇で中心的存在になりつつあったとしても、母校の好感を得て凱旋《がいせん》できるかは別問題であり、むしろ不利に作用することもあった。論壇の主流になることは、学閥の主流になることとイコールではない。仮に学閥の主流になるとしても、大きな時差を伴うものである。

それでも、永井が不利益を承知で「現実主義者」を貫いたように、概して学問の歴史に名を残すのは信念を曲げなかった者たちに多い。

なお、京極は一九四九年に大学院の後期課程へ進学した直後、北大から専任教員に誘われた。京極によると、「閉口した私は、口からでまかせに、『母が反対です。』と逃げ口上を打っ」(「昔のこと」)て断り、一九五二年に東大教養学部へ就職している。その北大に永井が赴任するのは、一九五三年のことである。人事は紙一重ともいえる。

「現実主義者」とベトナム反戦運動の相克

佐藤ブレーンの多くが高坂をはじめとする「現実主義者」だからといって、「現実主義者」の社会的な影響力を過大に評価してはならない。当時、「現実主義者」よりも世間的に反響があったのは、作家の小田実《おだまこと》を代表とする「ベトナムに平和を！ 市民連合」、略してべ平連のような反戦活動であろう。

「理想主義者」もベトナム戦争に批判的であり、坂本義和は「佐藤首相が、沖縄返還交渉と引き換えに米国のヴェトナム政策に支持を与えるという姿勢を明らかにした」(「日米共同声明をこう見る」)と『琉球新報』に寄稿している。

坂本と同僚で東大法学部教授の福田歓一《ふくだかんいち》は「ヴェトナム問題講演会」で、「ヴェトナムはわれわれにとって何であるか」の題目で講演した。政治学史を専門とする福田は、作家の開高健《かいこうたけし》やシカゴ大学教授モーゲンソーの著作を参照しながら、「このエスカレイションがこのまま進みますならば、北はもちろん、緊張緩和のエアー・ポケットである極東において、米中の全面的な対決は避けがたいのであります」と説いた。

福田が手にした「開高健さんのルポルタージュのお仕事」とは、朝日新聞社から刊行された開高健『ベトナム戦記』(一九六五年)などを指す。すでに芥川賞を受賞していた開高は、朝日新聞社の臨時海外特派員としてベトナムに滞在したほか、べ平連の発起人の一人ともなっていた。市民、作家、メディアが融合して反対運動を長期に展開することは珍しく、高坂のような「現実主義者」の影響力は限定的とみるべきだろう。

したがって、やがて「現実主義者」が論壇や世論形成に主流の地位を確立するとしても、それは早く見積もってベトナム戦争の終結後と思われる。べ平連の解散は一九七四年一月である。高坂からすれば、のちの湾岸戦争での危機感が示すように、「現実主義者」は主流になっていないという感覚であろう。

「現実主義者」の学内的地位はどうだろうか。山崎正和は「現実主義者」が各大学では孤立していたと振り返る。

永井陽之助さんも高坂正堯さんも、みんな共通して、日本という存在が非常に薄い氷の上に乗っていて、いつひびが入るかわからないという印象を持っていました。

そもそも粕谷さんのグループに集まった連中は、どの大学でも孤立しているし、一匹狼を誇りにしているわけです。しかしジャーナリズムに出てくると、遠目には一派を成しているように見える。〔中略〕それぞれの大学に戻ると、まったくの少数派でした。

（『舞台をまわす、舞台がまわる』）

この点で高坂は、ほかの「現実主義者」よりも学内の環境に恵まれていた。高坂は自由な学風のもとで実力を認められ、京大内での異動すらなく教授ポストを約束されていたし、法学部には村松岐夫《むらまつみちお》のように体を張って学生運動から高坂を守った同僚もいたからである。

「有事協力」戦略——安全保障問題研究会

一九六九年一一月の佐藤・ニクソン会談で沖縄返還が確定してから、高坂らの基地研はどうなっただろうか。「本土並み」を佐藤に提唱した基地研は一九七〇年二月二一日の会合で、安全保障全般に取り組む安全保障問題研究会として再発足することを決めた。安保研のメンバーは久住、高坂など基地研から引き継がれており、沖縄米軍基地の整理縮小を最大の課題とした。

これについては、安全保障問題研究会「第一回安保研、議事要録」が「楠田實資料」に残されており、『朝日新聞』（一九七〇年二月二二日）などでも報道されている。

高坂は第五回の安保研で、自らの欧米視察を踏まえて国際情勢について報告している。「議事録（第五回）」によると、そこには外務省アメリカ局の松原進《まつばらすすむ》安全保障課長も出席していた。かねてから高坂は「アジアの勢力均衡の焦点と考えられる中国」（「アジアの安全と日米の役割」）に注目しており、「中国が核兵力の威嚇を冒険主義的に使用した場合にとるべき戦略が重要な問題として現れてくる」（「アジアの安定について」）と論じた。

安保研の議事録は、一一月二一日の第一五回まで「楠田實資料」に保存されている。安保研は会合を重ねた末に、「米軍基地問題の展望」と題する研究報告を一二月二九日に発表する。その内容は、最終的には米軍が常駐しない「有事協力」戦略に移行し、戦略調整のための日米協議体制を確立すること、返還後の沖縄基地再提供は自動的でなく、政府が必要と判断するものに限ることを説いていた（『朝日新聞』一九七〇年一二月三〇日）。

この有事駐留方式は、「日本本土の米軍基地はすべて引き揚げてもらう」、「〔アメリカ〕海軍の基地は必要であるが、それは日本本土にある必要はなく、またそうでない方がよい」という『海洋国家日本の構想』の提言に近い。高坂の見解は、少なからず「米軍基地問題の展望」に反映されたのであろう。

他方で「米軍基地問題の展望」が『海洋国家日本の構想』執筆時と異なるのは、アメリカがベトナム戦争での失敗から孤立主義に傾き、米軍の常時駐留がアメリカ側の事情で廃止される可能性を見込んだことである。それだけに「米軍基地問題の展望」は、「有事協力」を機能させるため、外交、防衛の閣僚級会議の制度化を提唱している。

当時の日米安全保障協議委員会では、日本側から外務大臣、防衛庁長官が出席したのに対し、アメリカ側からは駐日大使と太平洋軍司令官が参加していた。アメリカが構成員を国務長官と国防長官に格上げしたのは一九九〇年一二月二六日のことであり、2《ツー》プラス2《ツー》と呼ばれるようになった。有事駐留方式は実施されなかったが、閣僚級会議の制度化は「米軍基地問題の展望」から二〇年後に達成されたのである。

高坂は安全保障とともに、繊維製品の対米輸出によって生じる日米経済摩擦を懸念した。『文藝春秋』（一九七〇年九月号）の「七〇年代の日米関係を考える」で、アメリカとの協力関係を重視しつつ保護主義の台頭を防ぐため、「輸出力を持った国が自制するのがもっとも望ましい」（『高坂正堯著作集』第一巻）と高坂は論じた。

のちに高坂は見解を微調整し、「後から考えると、一九七〇年の繊維問題は、アメリカの

『利益集団政治』への配慮から、多少理屈は通らなくても日本が譲らなくてはならないという現象の始まりであった、と言えよう。そのことを認識していたら、私はもう少し強硬な議論を展開していたかも知れない。しかし、そうはせず、譲歩を説いたことが大筋としては正しかった、と思う」（『高坂正堯外交評論集』）と回想している。

高坂は沖縄や日米繊維摩擦だけでなく、ヨーロッパにも目を向けていた。西ドイツでは、社民党のウィリー・ブラント政権がソ連や東欧と和平交渉を開始したのである。その方策は東方外交と呼ばれ、世界的に注目されていた。そこで高坂は一九七〇年夏、西ドイツの首都ボンを訪れている。ある新聞社のボン特派員によると、「私の知る限りそのため〔東方外交を間近で見聞するため〕にわざわざボンまでやって来たのは高坂さんだけだった」（「弟子思いの大家」）という。

米中接近と日本

沖縄、日米繊維摩擦と並ぶ重要課題が中国との関係であろう。高坂は日中関係をどうみていたのか。高坂は、まだ参議院議員だった石原慎太郎と『諸君！』一九七〇年七月号で対談し、対中政策が「ヌエ」としての自民党政治で混乱していると述べた。

自民党というのは、良きにつけ悪しきにつけヌエ（鵺）みたいな政党ですね。どこに尻尾《しっぽ》があって、どこに頭があるのかわからない。こんどの「日中覚書貿易」などのケースはその適例ですね。政府というのは、議院内閣制である以上、自民党を主体とした政府でしょう？

ところが、政府のやっていることと、自民党のやっていることは全く違う。訪中議員団が交渉しているのに、岸信介は韓国にいって、改憲論などをいっている。日本にとって、非常に関係の深い中国と韓国で、同じ党の人間が全く別のことをいう。たしかにある程度の多様性を持つことは必要ですが、自民党の場合、原則の問題について一致していない。

（「自民党ははたして政党なのか」）

米中関係についてはどうか。ニクソン大統領は一九七一年七月、日本の頭越しに中国訪問を発表した。高坂は予測を誤ったと認めている。「〔一九六九年一一月の沖縄返還交渉妥結後に〕新たな問題はすぐには現れないように思われた。その点で、私はいかに間違っていたことか。一九七一年夏には二つのニクソン・ショックがあり、ついで一九七三年秋にはオイル・ショックがおこって、日本は当面の問題に忙殺されることになった」（『高坂正堯著作集』第一巻）というのである。

「二つのニクソン・ショック」とは、ニクソン大統領が一九七一年七月に中国訪問を電撃的に発表したことと、八月に金とドルを交換停止にした新経済政策のことである。頭越しのニクソン訪中は日本に対中方針の再検討を迫り、新経済政策は固定相場制から変動相場制への移行をもたらした。

他方で高坂は一九七〇年一月に続いて、翌年一月にも佐藤の施政方針演説に手を入れていた。一月八日の楠田日記には、「高坂正堯氏来たり、四一三号で演説の検討。あまり意見なし。一カ所だけつけ加えた。あと、岡崎久彦氏と三人で飯」とある。

「四一三号」とはグランドホテルの四一三号室を指す。そこはSオペの拠点にほかならず、政治家や秘書官以外にも外務官僚の岡崎や村田、学者では若泉や神谷が出入りしていた。特に岡崎と若泉が多く足を運んだ。グランドホテルの取り壊しに伴い、一九七一年五月から赤坂東急ホテルの一〇〇二号室にSオペ事務所を移してからも、高坂はそこを訪れている。

七月二四日の楠田日記によると、「一〇〇二号室で中嶋嶺雄《なかじまみねお》、高坂正堯両氏と会う。懇談会の名前を『国際関係懇談会』とすることとした。衛藤さんを入れることについて、神谷さんあたりは大分難色を示しているらしいが、そうとも言っておれない。学者の世界もまた難しいものだ」とある。

高坂は一二月三日にも同室で、中嶋や楠田と佐藤訪米について意見を交わしている。

国際関係懇談会

佐藤は竹下登《たけしたのぼる》官房長官の非公式諮問機関として、一九七一年八月二六日に国際関係懇談会を発足させた。ここで高坂は、佐藤政権への関与を再び強める。懇談会のメンバーは高坂のほか、石川忠雄（慶應義塾大学教授）、梅棹忠夫（京都大学教授）、衛藤瀋吉、江藤淳《えとうじゅん》（東京工業大学助教授）、神谷不二（慶應義塾大学教授）、永井陽之助、中嶋嶺雄（東京外国語大学助教授）、山崎正和（関西大学助教授）ら一三人であった。

その多くは「現実主義者」と呼ばれる者たちであり、中国問題が最大のテーマとなる。なかでも高坂は、山崎に近しかった。山崎とは、二〇歳代の末から粕谷のサロンで交流がある。山崎によると、「〔高坂〕氏との関わりが本当に深くなったのは、一九六〇年代の後半、佐藤栄作政権の最盛期であった」（『歴史の真実と政治の正義』）、「〔国際関係懇談会の〕雰囲気は、ちょうど粕谷さんがつくっていた知的サロンの延長のようなものでした。ですから高坂さんや私も、そこでは気を許して話ができました」（『舞台をまわす、舞台がまわる』）という。

とはいえ、国際関係懇談会は一枚岩ではない。一九七一年七月一五日の楠田日記には、「中嶋嶺雄、高坂正堯両氏と会う。中嶋氏と衛藤瀋吉氏の会談で、衛藤さんもかなり折れてきた模様なので、大同団結の兆しが見えてきた。神谷不二氏が衛藤排除の急先鋒らしい」とある。

すると高坂は一九七一年九月三〇日の第二回国際関係懇談会で、「日本と中国の国交回復の問題についてみんなでシナリオを書いたらどうだろうね」（「第二回国際関係懇談会速記録」）と提案した。

高坂は一一月一日、第三回国際関係懇談会で自らシナリオを語った。高坂によると、「中華人民共和国を承認するという声明を行なうことはできる」し、「外交関係を設定するために、外相の話し合いをするという提案もできる」。

しかし、「中国がいままで述べている条件というものは、たとえ平和五原則でも、〔中略〕のむわけにいかない」。「逆に日本側の側から〔国交樹立の原則を〕つくってみても、あまり値打ちがな」く、「相手が交渉に応ずるという気配がなければ、中国との関係では何もしないほうが、あとの内閣が仕事をやりやすい」（「第三回国際関係懇談会速記録」）という。

この頃、中国は日中国交正常化の五原則を掲げていた。この五原則は、もともと公明党が中国側の主張を踏まえ、一九七一年六月一五日から七月六日に竹入義勝《たけいりよしかつ》委員長を団長に訪中した際に提示し、周恩来《しゅうおんらい》総理らと合意したものである。

第一に、中華人民共和国は中国人民を代表する唯一の合法政府であること、第二に、台湾は中国領の不可分の一部であること、第三に、「日蔣《にっしょう》条約〔日華平和条約〕」（『日中関係基本資料集 一九七〇―一九九二年』）は不法で廃棄されるべきこと、第四に、アメリカ軍は台湾から撤退すること、第五に、中国が国連安保理入りすることだった。

このうち第四原則はアメリカの専権事項であり、第五原則は一九七一年一〇月二五日の国連総会で確定していた。残る三つが中国にとって日本との復交三原則であり、これらを分析し、いかに対案を練るかが高坂に求められた役割であろう。かつて中国が強く求めた日米安保条約の破棄は中ソ対立のため五原則から外され、中国の対日方針は柔軟になっていた。

しかし高坂は、それらをあまり分析しておらず、中国側の原則に対する日本側の方針について具体的な試案を示さない。先に引用したように、高坂は一一月一日の国際関係懇談会で「日本側の側から〔国交樹立の原則を〕つくってみても、あまり値打ちがな」いと報告しているものの、それこそが有識者に求められる知恵ではなかろうか。

高坂は、「台湾というのは徐々に朽ちはてる以外にしかたがないと思います」と諦観しており、日中国交正常化と日華平和条約の整合性、日中国交正常化後の日台関係、台湾が日米安保条約の適用範囲になるかなどについて、十分に考察していない。

その根底にあったのは、「中国との関係では現内閣では何もしない方があとの内閣が仕事がやりやすい」(「国際関係懇談会第三回総会　高坂正堯氏の発表」)という認識である。つまり、国連中国代表権などで台湾に肩入れしてきた佐藤内閣では日中国交正常化が難しく、次期政権にフリーハンドを残すべきという立場であろう。

佐藤内閣は政権末期に差し掛かっており、ニクソンが一九七二年二月に訪中する前の懇談会であったため、流動的な情勢下で先を見通せなくてもやむを得ない。その点を差し引いたとしても、高坂の報告は深慮を感じさせる内容とは言い難い。第1章でも触れたように、中国に関しては苦手意識があったのではなかろうか。

高坂の発言とは裏腹に、佐藤は水面下で中国と接触を試みている。しかし、佐藤の対中接近は失敗に終わった末に、一九七二年七月には田中角栄内閣が成立する。

「新外交時代の構想」

「二つのニクソン・ショック」後の国際政治について見解をまとめたのが、『諸君!』一九七一年一二月号の「新外交時代の構想」である。ここで高坂は、米中接近など緊張緩和の進展につれて「経済上の諸問題は、国際政治上の問題としてその重要を増して来た」のであり、「東南アジアに対する日本商品の進出はすでにその限度に達しており、アメリカに対するそれも限度に近い」と指摘する。

また、「日本が文化交流の努力を怠って来たが故に、日本という存在がよく理解されていない」し、「日本外交は対米協力か中立かという二元論に煩《わずら》わされて、協力関係を多角化するという仕事を怠って来た」という。

高坂は「地理的に近いという理由だけでアジア諸国との関係に力を注ぎすぎることは、日本の優越する体制を作り上げる結果になってしまう」とアジア主義を退け、「日本とヨーロッパとが協力の度合いをたかめる」ことを説いた。

「新外交時代の構想」は先に触れた「七〇年代の日米関係を考える」とともに、文藝春秋から刊行された高坂の論文集『政治的思考の復権』(一九七二年)に収録される。

高坂は一九七二年二月下旬のニクソン訪中時にアメリカやカナダを訪問しており、北米から帰国後の二月二九日に国際関係懇談会で再び報告している。そのなかで高坂は、アメリカの新聞がステレオタイプで日本の反応を記事にしていると論じた。

高坂によると、アメリカの新聞はニクソン訪中について「全部、日本人がおこっているとか、困っているとか、苦悶《くもん》しておるいうやつだけ」だった。これに対して高坂は、「おかしいじゃないか、日本政府がそんなこと一つも言うておるわけではないから、もう少し態度は分かれておる」(「国際関係懇談会(速記録)」)と指摘している。

「大学の中央集権化を排す」——大学紛争

佐藤政権の後半は、大学紛争の時代でもある。猪木の回想によると、京大では代々木派と呼ばれた日本共産党系と反代々木派の二大勢力のうち、蜷川虎三《にながわとらぞう》知事のもとで共産党の影響力が強かったという。第1章でも述べたように、構内には、「京大をアメリカ帝国主義に売り渡した猪木教授、高坂助教授を追放せよ!」(『私の二十世紀』)という立て看板が並ぶようになった。

学生運動が最高潮に達したのは一九六九年である。その象徴が一月一九日、東大安田講堂の陥落であろう。捜索と検証には、坂本義和法学部教授など教員三〇人が立ち会った(『朝日新聞』一九六九年一月二〇日)。東大紛争で東京地検は五〇九人を起訴したが、そのうち東大生は六五人に過ぎなかった(『読売新聞』一九六九年二月一一日)。

すでに論じたように、高坂や猪木らは一月二八日から三一日にアメリカからも参加者を得て、「沖縄およびアジアに関する日米京都会議」を開催する。

高坂と猪木は、ライシャワー元駐日大使らアメリカ側参加者と一月二八日午前に都ホテルで会ってから、会場に移動することになっていた。すると警察から連絡があり、学生らの暴徒が二人の都ホテル行きを阻止しようとしているという。やむなく高坂と猪木は、二七日の深夜に都ホテル入りし、会議当日の昼過ぎにライシャワーらとともにバスに乗り込み、国立京都国際会館へ向かったのである。

大学紛争について、高坂はどう考えただろうか。佐藤内閣は大学教育を正常化するため、「大学運営に関する臨時措置法案」を八月三日に成立させた。高坂は八月八日、首相官邸で楠田秘書官に会うと、大学立法という佐藤の決断に敬意を表している。

佐藤総理はこれまで政治家として①二・一スト〔一九四七年二月一日に予定されたゼネストで、GHQの指令で中止された〕②吉田政権時代におけるサポートの仕方（抜打解散など）③沖縄問題――と重大な決断をしてこられたと、自分はみていますが、今度の大学問題は、四番目の重大決断だったと思います。国民の秩序に対する信念を支えたものであり、日本のためによかったと思います。

さらに高坂は、「早急に二つ以上の大学をスタートさせるべきだと思います。〔中略〕京大でも、五、六人はすぐ引き抜けます。要するに停滞する大学の空気を打ち破らなければ、いつまでも紛争は終わりません」（「高坂正堯氏（京大教授〔助教授〕）の意見」）と新大学の創設を提起している。

楠田はそれをまとめて、軽井沢の別荘で静養中の佐藤に送った。楠田日記によると、高坂は「総理の伝記を書く構想を持っている」、「〔自民党総裁の〕四選には反対だ」と述べている。この時点で四選反対ということは、佐藤の後継首班には福田赳夫がふさわしいと高坂は思っていたのかもしれない。ただし、福田は日中国交正常化に慎重であり、この点は高坂の思惑《おもわく》と異なる。

高坂が大学について問題視したのは、学生運動だけではない。大学の競争なき序列化や東京一極集中に危機感を抱き、「大学の中央集権化を排す」（高橋義孝《たかはしよしたか》ほか『私の大学再建案』一九六九年）という論文で大胆な案を発表した。「すべての学問について、東京大学が最優秀というイメージが存在する限り、受験生は東大に殺到するだろう。大学を分解して、焦点がいくつもできれば事情は別になる」というのである。

固定化された大学の序列や東京一極集中は、社会や経済の活力を奪う。高坂の構想は、国立大学のうち実学的な工学部、農学部、医学部、薬学部などを独立させ、「単科大学にして小廻りが効くようになれば競争もおこる」というものであった。それは東京一極集中を是正するものでもあり、「現在大学生の半分が東京に居るという異常な現象を考えるとき、研究所を東京以外に置くべきことは当然のこと」だと主張する。

「大学の中央集権化を排す」という発想は、晩年の高坂が静岡県の新大学構想に加わり、京大退官後には浜松の静岡文化芸術大学で初代学長に就任予定だったことにつながる。

静岡県知事だった石川嘉延《よしのぶ》によると、「高坂先生は、この大学が建つ浜松市という土地を大変気に入られ、自ら法被《はっぴ》姿になって浜松まつりの勇壮な凧《たこ》上げ合戦に飛び入り、将来、学生がこの街の人たちとの触れ合いで人間的に成長していく姿を思い描いていらっしゃいました」(「高坂先生と静岡文化芸術大学」)という。

大学紛争下、学生への対応

長引く大学紛争は、高坂を疲弊させた。白髪も増えた。しかし、過激な学生は一部であり、高坂は勉強熱心な学生に親切だった。高坂が通院していた糸井歯科医院の院長は、こんなエピソードを紹介している。

　大学紛争(昭和四十三、四年)で高坂先生の頭髪には白いものがめっきり増え、心労のあとが窺《うかが》われた。〔中略〕

　待合室で待っておられる時も原稿を書いたり、論文を読んだりと時間を大切にしておられたが、ある時治療を終えた大学生の患者が先生に気付き、どのような本を読むべきかアドバイスを欲しいと希望したところ、まったく初対面にもかかわらず希望の進路等を聞かれ丁寧に教示されていたのが印象に残っている。（「高坂先生との思い出」）

大学紛争の心労にもかかわらず、高坂は学生に対して親身になっている。この挿話が同時に示すのは、高坂が原稿用紙を常に持ち歩いており、寸暇を惜しんで執筆を続けたことである。

大学紛争が予期せぬ出会いをもたらすこともあった。学生のなかには高坂の真価を見抜き、国際政治学に挑む者が現れたのである。その典型が、中西輝政だろう。

中西によると、「三年生までは民法のゼミに属し司法試験をめざしていた私は、もしあの大学紛争があのタイミングで起らなかったなら、国際政治の勉強を志すこともなかった」という。中西は高坂の印象をこう振り返る。

当時の高坂正堯先生は、まだ三十代半ばを過ぎたばかりの新進気鋭の助教授であった。あの頃の「目から鼻に突き抜ける」ような鋭さを満身に漂《ただよ》わせた高坂先生と出会えたことは、今から考えると実に幸運であった。おそらく多くの人が覚えているはずだが、後年テレビのコメンテーターとしてあの好々爺然《こうこうやぜん》とした高坂先生のイメージとはまさに対極的な、刀の刃のような辛辣《しんらつ》さと背中合わせの厳格さに震え上がったことも一度や二度ではなかった。以後、三十年近くにわたり師弟としての関係が続くのだが、私にとって今でも高坂先生はあのバリバリの助教授時代の姿である。

高坂の指導方針は中西によると、「自分の学問は自分でつくるものだ」、「それがない、というなら私のところに来なくてよろしい」というものであり、「自分の体系」や「自分の方法」を弟子に受け継がせようとする一般的な学者とは正反対の「稀有《けう》な存在」（「わが師・高坂正堯と江藤淳」）だったという。

中西が述べるように、「師の人生のどの時点で巡り合うか」によって高坂のイメージは異なってくる。弟子が多くなる一九七〇年代後半頃から、高坂の門下生に対する態度は温厚になった。そのことは、第4章で論じたい。

「理屈では負けへん」――沖縄国際海洋博覧会テーマ委員

高坂は大学紛争に際して、広報の面から学部長の加藤新平《かとうしんぺい》らを助けていた。一九七〇年代に高坂は学部の経理主任になり、膨張する経常費問題を克服してもいる。

猪木が一九七〇年七月に防衛大学校校長に転出すると、高坂は学生運動の矢面に一人で立つようになる。同年の安保反対運動が終わってからも、学生運動家たちは、一九七五年の沖縄国際海洋博覧会でテーマ委員だった高坂に公開討論を強要するなどした。公開討論の時期は確定できないが、沖縄海洋博でテーマ委員会、事業計画委員会、観客対策委員会の三委員会設置が決まったのは一九七二年二月二二日であるから、それ以降ということになる（『毎日新聞』一九七二年二月二三日）。

高坂より六歳年少の同僚で、行政学者の村松岐夫はこう回顧する。

　高坂さんは、京大の正門前に引っ張り出された。高坂さんは、二ヵ月以上にわたって、炎天下で、何回もの討論をたたかった。高坂さんがここで頑張ったのは、〝学生に誠実に対応する〟という趣旨よりも、言論の人として責任を果たすというつもりであったと思われる。気迫のある公開討論で、この努力が同僚の協力を引き出したことを思い出す。三回目か四回目の討論の時、心配して見守っていた同僚の十数人は腕を組んで、学生を押し返し、物理的に高坂さんを守った。

村松によると、「思い切り、キャンパスの外で活躍した人だが、同僚や大学運営に鈍感な人ではなかった」（「同僚としての高坂さん」）というのである。

産経新聞取材班によれば、学生運動家は沖縄海洋博が「資本主義、大企業を喜ばせるにすぎない」と高坂に公開討論を要求し、「応じた教授は、時計台広場でマイクを持って討論に臨み、堂々と彼らを論破した。ところが、その翌日、学生らはゲバ棒を手に研究室を襲撃、使い物にならなくなった部屋を見て、高坂教授は『卑怯千万《ひきょうせんばん》』と悔しそうにつぶやいた」（『総括せよ！　さらば革命的世代』）という。

しかも左翼学生は、高坂の授業を妨害した。高坂が学生に囲まれ、詰問を受けるのは日常茶飯事である。そんなとき高坂は、逃げることなく自説を語る。あまりに正鵠《せいこく》を射《い》た反論に対して、遠巻きに見ていた人たちから拍手が起こったという逸話もある。

節三によると、警察は活動家の襲撃に備え、高坂の家に防犯カメラを設置した。二四時間の監視体制である。戦時中には特高から監視された高坂邸が、今度は警察に監視されることになった。

のちに高坂は、「理屈では負けんけど、集団暴力すれすれの威迫を繰り返されると、物理的に体に来るし、神経が高ぶって夜中に目が醒める。紛争中の学部長が胃ガンで倒れるんは、よう分かった」（「高坂正堯の戦後日本」）と五百旗頭《いおきべ》真《まこと》に語っている。

日本占領期の研究などで知られることになる五百旗頭は、一九六九年に京大大学院法学研究科の修士課程を終えて広島大学に赴任していた。五百旗頭の指導教授が猪木だったため、高坂からすれば九歳年少の同門になる。

五百旗頭によると、同期で政治学系の院生は六人で、「四人は共産系で一人は全共闘、私だけがノンポリでした。研究室ではお前だけがプチブル的な研究者で、デモにも出ない、戦いを捨てたダメな学生だ、ベトナム戦争をいい戦争だと思っているのか、とお叱りを受けたりしました」(「いま、なぜ高坂正堯を読み直すのか」)という。

一九七〇年代半ばになると、大学紛争は下火になっていく。『読売新聞 大阪版』(一九九六年五月二〇日夕刊)によれば七〇年代中頃、高坂はヘルメット姿の学生に取り囲まれると、「まじめに誠実に、ユーモアも交えながら、きちんと答えていた。その対応には、どこか余裕すら感じられた」というのである。

外交的「自立」のジレンマ――一九七〇年代の課題

佐藤内閣ブレーンとして頻繁に上京し、学内では学生運動家に悩まされながらも、高坂の知的活動は続けられていた。高坂は大学紛争の最中に、村松らと数名で法学部内に研究会を立ち上げた。村松は、研究会で高坂に励まされたと記している。

> 高坂氏は、他人の研究に対しては、面白い、面白いと言って、報告を丹念にノートする方であった。〔中略〕
>
> 一九七〇年代になって、私が日本の政治行政について書き始めたとき、「戦後政治学では丸山眞男が偉いのだろうが、日本の政治行政を研究したのは、蠟山政道と辻清明《つじきよあき》などの行政学者である、面白いね」とよく言っておられた。これも励ましである。

高坂は月一回の研究会で、当初、ニクソン政権についてキッシンジャー大統領補佐官の外交政策を報告しており、やがてイギリスやオランダの盛衰を論じるようになった。

高坂は、多極化の進む一九七〇年代をどう見通しただろうか。高坂は『中央公論』一九六九年六月号の「自立への欲求と孤立化の危険――一九七〇年代の日本の課題」で、国民総生産で世界第三位となった日本は自信を深めており、「中立論について自衛中立の議論が強まり、非武装中立論よりも多くの支持者を得つつある」と述べている。

しかし、高坂は日本の「自立」に慎重だった。「日米間の軍事的協力関係を弱め、アジアにおける米軍の存在を縮小することを考える場合に、単なる一般論ではなく、そうした動きがアメリカに対抗する勢力の増大を生み出しはしないかという可能性を検討してみなくてはならない。そうした検討を含まない議論は甘い理想論か、無責任な宣伝にすぎない」というのである。

高坂が「自立」に消極的なのは、安全保障上の理由からだけではなく、日米が「文明を異にする」からである。「日本は、アメリカとイギリスのように、提携しながら言うべきことは言い、すべきことはしなければならない、という議論がよくなされた。しかしそれは英米両国の文明の同一性と、それゆえに存在する基本的な信頼関係という重要な事実を見逃している。〔中略〕日米両国間の基本的信頼関係は、はるかに脆弱《ぜいじゃく》なのである」。

また、安全保障は経済関係と切り離せるものではない。「相当多数の人々が日米関係について日米安保体制だけをみて、安全保障以外の関係の重要性を見失ったり、経済関係を自動的なものであるかのようにみなしている。しかし、それはとんでもない間違いなのである。日米間の経済関係は決して自動的なものではない」という。

こうした議論の根底にあるのは、「各国家は力の体系であり、利益の体系であり、そして価値の体系である」という複合的な国際政治観だろう。やがて日米経済摩擦が日本異質論にエスカレートすることに鑑みれば、高坂の指摘は慧眼《けいがん》といえる。

ただし、「協力関係は支配＝従属の関係になりやすい」との批判に対しては、「日米安保体制以外の安全保障体制を探し求めること」を説くものの、十分な回答にはなっていない。その背景には、「日本はその文明の生い立ちと性質において西洋ではない。しかしまた、日本は工業化に成功したことによって、アジアでもない」（『高坂正堯著作集』第一巻）という日本のジレンマがある。

「日米安保体制以外の安全保障体制を探し求めること」は、やがて大平内閣のブレーンとして参画した総合安全保障論につながっていく。

教授昇格と研究指導

佐藤政権に人脈のある高坂は、猪木が防衛大学校校長の候補となっていることを猪木本人よりも早く知った。「防衛庁は、先生を防衛大学校校長に招こうとしているようですよ」と高坂は猪木に電話した。すると、小幡久男《おばたひさお》防衛事務次官が猪木と京都で面会し、中曽根防衛庁長官も猪木を訪ねて説得した。

迷う猪木は長野の善光寺《ぜんこうじ》に詣《もう》で、おみくじを引く。「よろず移る吉」という大吉だった。猪木によると、「お、み、く、じを運命として受け入れ、〔一九七〇年〕五月一〇日ごろ、『お引き受けする。学究としての生活は続けたい』という意思を表示した」という。

七月一五日の教授会で猪木が行った最後の仕事は、矢野暢の学位論文審査報告だった。「彼は後年失脚するが、この論文は第一級の出来栄えだった」（『私の二十世紀』）と猪木は述懐《じゅっかい》する。猪木は同日に京大を退職し、翌日付けで防衛大学校校長に就任した。

猪木と入れ替わるように、高坂は一九七一年四月一日、三六歳で教授に昇格した。その数日前の三月二七日、高坂は七〇歳となる佐藤首相の古稀《こき》祝いに参加している。

佐藤の日記には、「京都の高坂〔正堯〕助教授が八時すぎかけつけてくれた。この人僅《わず》かに卅《さんじゅう》六才だがいよいよこの四月一日附で教授になる由。而《しか》してその祝ひには是非とも官邸で御馳走してくれとの事。先生よりも奥さんの方が希望の由」（『佐藤栄作日記』第四巻）とある。

同日の楠田日記にも、「総理誕生日、約五〇〇人集まる。高坂正堯氏が遅れてきたので一〇時ごろから二人で飲む」とある。五月二六日の楠田日記には、「高坂正尭夫妻を公邸によんで夕食会。教授昇進祝い。よい会だった」とある。佐藤は高坂夫妻のリクエストに応えたのである。

教授となった高坂は、戸部良一《とべりょういち》らの指導を猪木から引き継いだ。戸部は日中戦争初期の戦争指導や和平工作を研究していた。やがて高坂の学部ゼミは人気となり、高坂門下の大学院生も増えていく。

佐藤政権末期の高坂は、国際交流基金の創設に関与した。一九七二年二月一四日、三月八、九日の楠田日記によると、高坂は中嶋、山崎らとともに国際交流基金の設立準備委員を人選している。国際交流基金は同年六月に発足する外務省所管の特殊法人であり、日本文化の紹介や諸外国との交流を行うこととなる。

佐藤との〝キャッチボール〟

佐藤内閣は一九七二年七月六日に総辞職した。国会で首班指名されたのは、田中角栄である。『佐藤栄作日記』第五巻によると、佐藤と妻の寛子は退任後の一〇月三日に京都を訪れ、都ホテルで高坂夫妻と会食している。この頃までの高坂は、妻の恵と良好な関係にあったようである。一方の高坂も一九七三年上半期にイギリス留学する直前に佐藤を訪れ、三月の一時帰国でも佐藤に挨拶した。

その佐藤を高坂はどうみていたのか。高坂は一九九五年に「佐藤栄作――『待ちの政治』の虚実」という佐藤の小伝を書いており、のちに同稿は渡邉昭夫《わたなべあきお》編『戦後日本の宰相たち』（二〇〇一年）に収録される。

ブレーンの一人だったことにさりげなく触れたうえで、高坂は政権と知識人の関係を〝キャッチボール〟にたとえている。

佐藤内閣は学者・知識人の言動を政治的説得の手段として利用するのではなく、好きなことをさせ、立派な出番を与え、政策に言葉と形を与えることに満足したように思われる。大体、学者・知識人の考えたことを政治家が実行するというのでは、現実に巧〔うま〕くいくわけがない。しかし、政治家が目指していることの正当化あるいは理論づけを学者・知識人に依頼してもその持ち味は活かされない。〝キャッチボール〟とは言いえて妙で、両者がそれぞれ独立に考え、行動しながら、お互いに啓発されるというのがあるべき姿なのである。

このうち〝キャッチボール〟とは、楠田實『首席秘書官――佐藤総理との十年』（一九七五年）に出てくる表現である。楠田によると、「日本の政治は、政府と新聞、政党と新聞のキャッチボール」であり、「学者や文化人といわれる人たちは、いつまでも〝プールサイダー〟に甘んじている」という。高坂とすれば、楠田の手引きによって、佐藤内閣との〝キャッチボール〟に自分を含む学者が加わったという意味であろう。

楠田が学者を助言者に取り入れたことについて、高坂は『首席秘書官』の解説「楠田實氏の佐藤内閣論に寄せて」で、「非公式なブレインもしくはシンク・タンクは、ある程度の成功を収めたと言ってよいであろう」と記している。解説では「待ちの政治」と称された佐藤のスタイルについて、「賢い人は、いろいろやろうとしすぎて失敗するものでね」と佐藤が語ったことにも論及している。

高坂が「佐藤栄作」を執筆した前年の一九九四年には、若泉敬『他策ナカリシヲ信ゼムト欲ス』が刊行されており、若泉が「核密約」の密使であることは広く知られた。これについて高坂は、「佐藤は核兵器の再持ち込みに必ずしも反対しないことを個人的に約束した。それは戦略的には無意味なものであったが、〔アメリカ側の〕官僚制の一部を説得するには必要であったのだろうと思われる」と理解を示している。

若泉に比べれば、高坂の意見が佐藤内閣の政策に直接反映されることは多くなかった。もっとも、そのことは高坂にとって必ずしも不本意ではない。むしろ、「独立に考え、行動しながら、お互いに啓発されるというのがあるべき姿」であり、佐藤とはそのような信頼関係にあったことに納得していた。

のちに高坂は、「学者という者は自分がいちばん偉いと思い、自分のいうことをすべて聞いてもらわないといかんようなことをいうが、政治とはそんなものではなく、学者の意見は二、三割通ればいいもんだ」（『昭和の宿命を見つめた眼』）と節三に語っている。

その後も高坂は、いくつかの自民党政権にかかわるが、佐藤のとき以上に踏み込むことはなかった。蜷川虎三知事のもとで革新府政が続くなか、京都の首長選挙に出馬を打診された際にも、高坂はきっぱりと断っている。

佐藤栄作ノーベル平和賞授賞工作

高坂は、佐藤が一九七四年一二月にノーベル平和賞を受賞するに際して、推薦者に名を連ねていた。羽生浩一《はにゅうこういち》「外交機密文書から見た佐藤栄作」によると、推薦者は田中首相、福田赳夫蔵相、大平正芳外相など一七人であり、そのうち学者は高坂、衛藤瀋吉、若泉敬の三人だった。佐藤は、高坂、衛藤、若泉を評価していたのであろう。

のみならず高坂は、推薦文の原案を書いていた。できあがった推薦文には佐藤の業績として、非核三原則や沖縄返還が盛り込まれている。受賞を聞いた高坂が、「たいへん結構なこと」（『朝日新聞』一九七四年一〇月九日夕刊）と記者に語ったのは当然である。

佐藤が沖縄返還を目標に掲げたことについて、高坂は先に引用した「楠日實氏の佐藤内閣論に寄せて」で、「吉田茂の忠実な弟子であった佐藤首相には、吉田茂のやりのこした課題を片づけて、日米関係をよりたしかなものにしたい、という気持があったことだろう」と推測している。

『楠田實日記』の「あとがきに代えて」によると、佐藤がノーベル記念館で講演したスピーチにも、高坂は意見を述べていた。受賞スピーチは元首席秘書官の楠田が下書きしたものであり、楠田は梅棹に手を入れてもらったうえ、高坂、京極、山崎、漢学者の安岡正篤《やすおかまさひろ》、駐韓日本大使館参事官となっていた岡崎からも協力を得た。

どの部分に高坂の見解が反映されたかは確認できないが、格調高いスピーチに一役買ったことは間違いない。オスロに向かう一二日前に当たる一九七四年一一月二四日の佐藤日記にも、「夜は千茂登〔ふぐ料理店〕で、オスロ行きの打合せをする。〔学界からは〕高坂正堯、梅棹忠夫、京極〔純一〕博士等で、〔官界、政界からは〕加瀬《かせ》〔俊一《としかず》元国連大使〕、楠田、本野《もとの》〔盛幸《もりゆき》元総理秘書官〕等で、いゝ会であった」とある。

つまり高坂は、佐藤内閣が退陣してからも、授賞工作からスピーチに至るまでブレーンであり続けたのである。

また、佐藤内閣期について付言するなら、高坂や梅棹は『文藝春秋』の田中健五《たなかけんご》、『中央公論』の粕谷一希ら出版界の知人を楠田に紹介するなど、佐藤内閣のネットワーク拡張に寄与していた。楠田によると、「こうした突破口を開くことができたのは、梅棹忠夫（文化人類学）、高坂正堯（国際政治学）、山崎正和（美学）氏ら、京都学派といわれる人々の〝ものごとにこだわらない気風〟によるところが大きかった」(『楠田實日記』)という。

岡崎は外務省国際資料部資料課長のときから、楠田とともに高坂や京極、山崎らと佐藤をつないでいた。岡崎は、「あの世代で切れるのは高坂氏と佐藤誠三郎〔さとうせいざぶろう〕・東京大学教授でしたが、私は今でも佐藤氏のほうが断然上だったと思っています。高坂氏は長屋のご隠居さんみたいに、何でももっともらしいことは言いますが、足を引っ張られるようなことは言わない人でした」(『国際情勢判断・半世紀』)と批評している。

これらを考え合わせると、「独立に考え、行動しながら、お互いに啓発される」という〝キャッチボール〟は表向きであり、高坂はSオペの実質的なメンバーだったと解したほうが実態に近い。

ただし、佐藤派の松野頼三《まつのらいぞう》によると、高坂はいわゆる「御用学者」ではなかったという。松野は、「高坂、いた、京都の。あれは必ずしも御用〔学者〕にならなかった。私たちとも、ときどきぶつかっていましたよ。だから、ああ、これは学者だなと思った。ぶつからなければ学者じゃないんだ」(『松野頼三オーラルヒストリー(追補)』)と語っている。

御用学者という表現になるかはともかく、高坂にとって最も親近感の持てる政権が佐藤内閣であったことは間違いない。ならば高坂は、佐藤以降の政権をどうみただろうか。そして、いわゆる「三角大福中」の時代に、いかなる政策に関与したであろうか。

第4章　「三角大福中」の時代――防衛政策と『古典外交の成熟と崩壊』

田中内閣との距離

佐藤首相は一九七二年六月一七日に退陣を表明した。ここから一五年間は、「三角大福中」の時代となる。「三角大福中」は、三木武夫、田中角栄、大平正芳、福田赳夫、中曽根康弘の俗称である。なかでも、田中派と福田派のいさかいは、「角福怨念《かくふくおんねん》の対決」と呼ばれた。派閥抗争が最も激しい時期である。

一九七二年七月七日に田中内閣が誕生してからも、官房長官の非公式諮問機関だった国際関係懇談会は八月二二日に開催され、衛藤瀋吉が対中政策について報告した。その次は法眼《ほうげん》晋作《しんさく》外務事務次官の出席のもとで、九月一六日に開催が予定されていた。しかし、九月一六日の会合は流れてしまった。

高坂とともに、年少者ゆえに世話人となっていた中嶋嶺雄によると、「田中訪中直前の肝心の時期に会合が開かれなかったことに関しては、この期に及んでは『しゃないやないか』と時流に乗った方がベターだと考えを変えたと思われる高坂氏の意向も作用した」(『中嶋嶺雄著作選集』第三巻）という。

しかし、日中国交正常化は「現実主義者の平和論」以来、高坂の持論であり、「時流に乗った方がベターだと考えを変えた」というのは当たらない。国際関係懇談会が開催されなくなる根本的な原因は、田中が知識人よりも官僚を信頼しており、佐藤内閣の楠田實首席秘書官のように学者と政権をつなぐ仲介役が不在となったためである。高坂らの学者が政府に提言することは激減した。

ただし高坂は、外務省調査部調査室の研究会には参加していた。調査室長は、有馬龍夫《ありまたつお》である。高坂は外務省所管の財団法人日本国際問題研究所で、永井陽之助、神谷不二とともに特別研究員を務めたこともある。

有馬によると、「私のこのポストにおられたことのある村田良平さんと岡崎久彦さんとの御縁で、神谷、永井、高坂の三教授が特別研究員として各々部屋をお持ちで、研究会の主催などをしておられました。これも経費の関係で私の時退いていただきましたが、皆さん事情をよく御理解下さいました」（『対欧米外交の追憶』上巻）という。

その関係もあってか、大平外相の秘書官だった森田一《もりたはじめ》の『大平正芳秘書官日記』によると、高坂、永井、神谷は、大平と一九七三年一月三一日に会っている。おそらく、外交全般について意見を交わしたのであろう。

「奇妙な感じ」の日中国交正常化

田中首相は官僚を使いこなすタイプであり、学者をブレーンに抱えようとはしない。日中国交正常化では、公明党の竹入義勝委員長を周恩来とのパイプ役とした。田中や大平は一九七二年九月下旬に訪中し、中国との国交を正常化させる。

日中国交正常化は、高坂の持論だったはずである。にもかかわらず、高坂は福田恆存と対談し、四つの点で「非常に奇妙な感じ」にとらわれたと述べている。

第一に、日本の新聞は日中国交正常化の「キャンペーンを展開してきた」のであり、「新聞のあり方としては邪道であった」。そのことは、「去年、林彪《りんぴょう》失脚事件があって、世界の新聞が全部報道したのにもかかわらず、日本の新聞だけが報道しなかったという奇妙きてれつな状況に現れている」。

第二に、財界は「ムードに流されて、ひとが中国に傾斜するからオレの所も、という態度で行動した」。

第三に、「いろんな野党がでかけていって、中国と国交回復する時の条件をきめて帰ってきた。復交三条件にしても、四条件にしても、みんな日本側がいいだしているんですね。自分で自分を縛っているわけです」。

第四に、「世論の中に、一部ではあるけれども、アジア主義的なムードがみられた。日本と中国とが共同してやっていくのがいいというムードですが、これは歴史が示しているように危険です。それは、日本が強い場合には、日本主導型になって、中国にいうことをきかそうとするし、向うが強い場合には、向うのいうことをきいてもよろしい、ということになる」。

このうち「復交三条件」とは、一五八頁で記した五原則のうち、中国の国連安保理入りなどによって、第四、第五原則が抜け落ちたものを指す。つまり、中華人民共和国は中国人民を代表する唯一の合法政府であること、台湾は中国領の不可分の一部であること、日華平和条約は不法で廃棄されるべきこと、の三条件である。

福田が「復交三原則を全部のんで帰ってきた」(「条約が破られるとき」)と述べたのに対して、高坂は、日本が日華平和条約を不法であったとは認めていないと反論している。この点は、高坂の言う通りであろう。

田中角栄への批評

よく知られているように、田中の国内構想はベストセラーとなった『日本列島改造論』である。他方で田中内閣は、一九七三年秋の石油危機に見舞われ、資源外交に奔走している。

そんな田中を高坂はどう評価しただろうか。

時期はさかのぼるが、佐藤内閣期の一九六八年に高坂は、「一九八〇年の自民党」と題して自民党都市政策調査会長の田中と対談していた。高坂が自民党の長期的展望を問うと、田中は、住宅問題の解消、産業の地方分散、高速道路や新幹線の建設などを力説している。その構想は、『日本列島改造論』の原型にほかならない。
だが、高坂は田中の弁に納得できなかった。高坂は対談後にこう記している。

> 田中氏は人口の都市への過度の集中を排し、日本各地に産業が適当に分散されている状況を理想とされた。しかし、新産業都市の例から明らかなように、それは多方面にわたる施策によって始めて可能になるのであり、経済計画につきるものではないのである。単に産業の中心にとどまるのではなく、文化的な機能も果たさなくてはならない。〔中略〕
>
> しかし、自民党は余りにも経済中心主義的になってしまったので、こうした多面的な考慮を払う能力を持っていないのではないだろうか。

つまり、自民党は経済政策に注力し、外交を含むその他の問題にも、経済の見地から対応してきた。自民党の政策は経済発展をもたらした半面で、「彼らは政治を他の視角から見る能力を失ってしまった」というのが高坂の危疑《きぎ》である。高坂にとって田中は、その象徴的な存在であった。

ここで注目すべきは、高坂が「自民党は余りにも経済中心主義的になってしまったので、こうした多面的な考慮を払う能力を持っていない」と論じていることである。かつて『宰

相　吉田茂』では、「経済中心主義というユニークな生き方を根づかせた」と吉田の「商人的国際政治観」を評価する意味で「経済中心主義」を用いていた。しかし田中との対談では、「多面的な考慮を払う能力を持っていない」（「一九八〇年の自民党」）というマイナスの文脈に変わったのである。

高度成長を経て国力が向上し、社会的要請も変化してきたにもかかわらず、自民党が依然として「経済中心主義」でしか発想できないことへの苛立ちであろう。

「つむじ曲がりのナショナリズム」とインドネシア反日暴動

「経済中心主義」は対外関係に何をもたらすだろうか。高坂は田中内閣成立とほぼ同時に、「つむじ曲がりのナショナリズム」を『諸君！』（一九七二年八月号）に寄稿している。

それによると、日本は大国にばかり関心を示すが、権力政治には関与したがらない。そのような「つむじ曲がりのナショナリズム」は、最強国家アメリカへの根強い反感につながりやすく、対米協調を軸とする日本政府にも反発しつつ、「現実を無視し、ことばの世界に逃避する傾向を生み出す」、「『自主外交』という言葉が、深い考えもなしに、決まり文句のように語られる」という。

ここで想起されるのは、かつて幣原喜重郎が、「やれ自主外交、やれ協調外交と区別することほど無意義なことはない。〔中略〕外交とは自主的であって、同時に協調的たるべき性質のものだ。単純に自主的外交なるものは存在せず、又単純に協調的外交なるものも存在しない」（『幣原喜重郎』）と語っていたことである。「ことばの世界に逃避する傾向」という意味で、高坂の懸念と共通するところがある。

高坂のいう「経済中心主義」や「つむじ曲がりのナショナリズム」は、アメリカとの摩擦を生んだだけではない。そのことは、実業之日本社から刊行した『地球的視野で生きる――日本浮上論』（一九七五年）に示される。

同書で高坂は、「日本の評判は東南アジアにおいても急速に悪化した。しかも、そこでの反感は先進工業諸国におけるそれよりも激烈なものである。そのことは、一九七四年の初め、田中首相が東南アジア諸国を訪問したとき、インドネシアにおける『反日運動』という形で劇的に示された。現地の日本人は死の恐怖さえ味わった」と論じている。

高坂の意図は、ニクソン・ショックや石油危機で流動的となった国際情勢下でも、日本は「国益中心主義」を見直しつつ国際社会に適応すれば、危機を克服して再浮上できるというものである。「恐ろしいのは、過去のように経済が伸びているときには過剰に未来先向型であったものが、反動として、悲観的になりすぎ、視野が狭くなることである」という。

一九七四年に日本経済がマイナス成長となったことに対して、「世界の工業文明と日本が、このままだめになって行くとは思わない」（『高坂正堯著作集』第二巻）と高坂は読者を勇気づけている。高度成長期に公害など負の側面に目を向けた高坂が、マイナス成長時には再浮上のために知恵を絞る。高坂は慎慮あるバランサーを心掛けたといえよう。

高坂が指摘するように、田中の東南アジア歴訪がインドネシアで反日暴動を招いたのは事実である。ただし、須之部《すのべ》量三《りょうぞう》駐インドネシア大使の報告によると、暴動は純粋な反日というよりも、「〔インドネシア〕上層部の権力の角逐との関係がある」、「スハルト大統領の下には、アリ・ムルトポ及びスジョノ大統領特別補佐官を中心とする勢力と、スミトロ陸軍大将を中心とする国軍勢力、それに経済諸閣僚を中心とする官僚勢力があり、その対立が高まっている」とされる。

首相期の田中と高坂の間に、どこまで接点があったかは分からない。ただ、高坂が後年、ジャーナリストの田原総一朗《たはらそういちろう》に語ったところによると、高坂が田中にレクチャーしたときの謝礼は、国際政治について佐藤首相に助言したときよりも一桁《ひとけた》多かったという。

佐藤のときは「知識という芸を売ったんだ」と納得した高坂だが、田中については「私は魂を買われたくはない」（『サンデープロジェクト』時代の高坂さん」）と反感を覚えた。この話が田中の首相期かは不明である。

いずれにしても、高坂は田中をあまり評価していない。松下幸之助《まつしたこうのすけ》との対談では、「田中（角栄）さんはやる気があったけれども、あの〝日本列島改造論〟では、あまりにも物質主義的で、国民のニーズに応えていない。むしろ問題を引き起こしてしまった。そして政界は荒れる」（「歴代宰相を語る」）と高坂は批判的だった。

シビリアン・コントロール

田中内閣とは距離があったものの、高坂は佐藤内閣末期から防衛庁の久保卓也《くぼたくや》防衛局長と意見を交わすようになっていた。高坂は一九七二年四月二〇日、久保、三原朝雄《みはらあさお》官房副長官との非公式な勉強会に出席している。かつて三原は一九六七年一一月から約一年間、防衛政務次官を務めており、のちの福田内閣で防衛庁長官となる。

久保は、「どんなに自衛隊が強くなっても、国民に防衛意識がないと国は大変弱い」のであり、「国民に受け入れられるような防衛力というか、防衛理論をつくること」を主張した。三原は、防衛政務次官のとき防衛費の枠として、対GNP比で何%にするかという議論をしたものの、結論を出せなかったと述べている。

高坂は、「久保さんなんかの考えられることからは、逆になるかもしらんけれど、つまりコンセンサスの必要ということはなくて、ある程度、国際的に通用する軍事理論をやらんことにはね、日本の対外行動は誤解を招いてしょうがない」、「日本はこれだけの、防衛に関心を持つということを言うことによってですね、それ以上は持たないんだということを、明白にすべきだと思いますね」（「久保防衛局長の意見」）と語った。

また、高坂は一九七二年五月二三日、シビリアン・コントロールに関する座談会に出席した。座談会の主催者は三原のほか、もう一人の官房副長官の小池欣一《こいけきんいち》である。そこには高坂、京極純一、憲法学の芦部信喜《あしべのぶよし》東大教授が招かれていた。座談会が開かれたのは第四次防衛力整備計画、いわゆる四次防の策定に際して、内閣の諮問機関である国防会議の役割など、文民統制の強化が国会で議論となっていたためである。

高坂は、「国防会議の事務局が強くなり過ぎると、防衛庁が二つできるようになる」として、事務局長に官僚ではなく、官房長官など政治家を任命することを提起している。しかし、国防会議の事務局長は、広岡謙二《ひろおかけんじ》、北村隆《きたむらたかし》、海原治《かいはらおさむ》、内海倫《うつみひとし》、久保卓也、伊藤圭一《いとうけいいち》、塩田《しおた》章《あきら》と、警察官僚や防衛官僚に占められ続けた。

他方で高坂は、「シビルミリタリーの各国の歴史について簡単に書いた本を読んだことがあるんですよ。それで得た非常に強烈な印象は、シビリアンコントロールというけれども、実際は具体的な戦争のケースで政治家がしっかりしておったかしっかりしていなかったかによって、シビルコントロールになりもするし、なりもせぬ。制度的なきめ手はないということですね」（「座談会　シビリアン・コントロールについて」）とも述べている。

文民統制は政治家の力量次第であり、制度の問題は二の次だというのである。座談会の話題は、防衛力の限界をいかに定めるかにも及んだが、議論はまとまらなかった。

「抵抗力」と「中級国家」

四次防が田中内閣期の一九七二年一〇月九日に国防会議で決定されると、田中は増原恵吉《ますはらけいきち》防衛庁長官に「平和時における防衛力の限界」を研究するように指示した。田中の意図は、四次防のような防衛力強化ではなく、むしろ防衛力の限界を定めることで国民的コンセンサスを得ようというものである。

その背景には、日中国交正常化に象徴される緊張緩和があった。この課題は次の三木内閣に引き継がれ、「防衛計画の大綱」と防衛費対GNP比一％枠につながる。

防衛力の限界を定める作業を田中から任されたのが、防衛庁の久保防衛局長と伊藤圭一防衛課長であった。そこで久保は、限定的かつ小規模な侵略には独力で排除できる基盤的防衛力構想を理論化した。GNP比一％論の原型も、久保によるものである。久保は一九七五年七月一五日から防衛事務次官となり「防衛計画の大綱」を策定する際、そこに基盤的防衛力構想を取り入れる。

伊藤によると、「久保さんの発想が出るときに高坂さんの影響を受けていると思います」（『伊藤圭一オーラルヒストリー』下巻）という。つまり、久保の基盤的防衛力構想には「拒否力」という概念が用いられており、そこに高坂の「抵抗力」論が影響したのである。

高坂は一九七二年秋に久保と対談し、「ミリタリ・バランスのなかで、どちらも攻めることもできない、という意味で最小限攻めにくいような状況をつくる、簡単に言えば抵抗力をもつ、それも一種のミリタリ・バランスだろうと思うんです。こういう論拠にたてば、抵抗力は日本にとっても必要だ、ということが言えると思う」（『四次防』）と述べ、久保の賛同を得ている。

高坂の考えは、一九七三年一月から六月に高坂がロンドンで国際戦略研究所の客員研究員を務めたときの論文にも示される。高坂によると、日本の防衛方針は「ある程度の〝拒否〟力」を持つにとどまっており、核武装できない日本は「中級国家」（*Options for Japan's Foreign Policy*,『豊かさの試練』）とされる。

このときに限らず、高坂は毎年のように国際戦略研究所の総会に出席し、高く評価されていた。猪木によると、「高坂さんはやがて、抑止力の中に、相手方からの侵略を拒否する力（denial capability）と、相手方に報復・粉砕する力（retaliatory capability）とが分けられ、歴史的背景から、日本の防衛力は、当分の間、前者すなわち拒否力だけに限定したほうがよいと説くようになった」（『私の二十世紀』）という。

それとは別に、高坂は国内での科学研究費共同研究「国際環境に関する基礎的研究」にも熱心だった。高坂が執筆した「実績報告書」を読むと、当時、広島大学講師だった五百旗頭真を支援しようとする姿勢がうかがえる。高坂は京大の研究会に五百旗頭真を呼び出し、さらにアメリカへの調査旅行に送り出すことで、五百旗頭が占領期研究に進む機会を提供した。

高坂は、一九七四年度の文部省科学研究費助成金の報告書で、「五百旗頭真が本科学研究費でアメリカに渡航し、ナショナル・アーカイブズ等で研究したことにより、また同氏が集めた資料をわれわれが一九七五年初めに検討した」（「実績報告書」）ことで、アメリカの対日政策を掘り下げたと記す。

さらに高坂は一九七五年度の報告書「日本の政治外交に対する国際環境の衝撃とそれへの対応」でも、五百旗頭が研究していたアメリカの日本占領政策に紙幅を割いている。高坂は実証的な外交史研究を手助けし、学界の底上げと日米間の知的対話を進めたかった。

「防衛を考える会」――三木内閣

田中内閣が金脈問題で退陣すると、一九七四年一二月九日成立の三木武夫内閣が四次防以後の防衛政策の検討を引き継いだ。

坂田道太《さかたみちた》防衛庁長官は私的諮問機関として「防衛を考える会」を設置し、高坂、外務省顧問の牛場信彦《うしばのぶひこ》、野村総研所長の佐伯喜一、評論家の平沢和重《ひらさわかずしげ》など計一一人をメンバーとした。「防衛を考える会」は、一九七五年四月七日から六月二〇日に六回開かれ、各地の陸海空自衛隊も視察している。

メンバーのうち三木に近かったのは平沢であり、高坂と三木の接点は多くなかっただろう。ただし三木は、佐藤内閣の外相期に高坂を呼び、外交について話を聞いていた。

三木の秘書だった岩野美代治《いわのみよじ》によると、外相期の三木が頼った学者は、外交では坂本義和、神谷、高坂であり、防衛に関しては猪木、佐伯だったという。リベラルな三木は、思想的に異なっても高坂や猪木らの意見に耳を傾けた半面で、現実の問題では学者よりも官僚を重んじたのである。

高坂らの「防衛を考える会」は六回の討議を行ったが、会としてのまとまった結論は求められておらず、事務局が討議の内容を整理して坂田に提出した。その力点は「必要最小限の防衛力」の保持と日米「相互の信頼関係を高める努力」にあり、抑止力は日米安保体制に依存するというものであった。

日本の防衛力には、小規模の侵略に対処できる「拒否能力」ないし「防止力」があればよく、「その規模等を具体的な数量で表すことはむずかしいが、GNP一%以内で今後の情勢に適応させていく」(『防衛白書』一九七六年版)というのである。

高坂は、防衛を考える会事務局編『わが国の防衛を考える』(一九七五年)所収の個別所感として「わが国の防衛力の目的」を執筆している。

そのなかで高坂は、「自衛隊はGNPの一%という枠内で、ともかく軍事力を備えるという態度をとってこなかったであろうか。そして、日本の諸条件――政治的、経済的、地理的――に、真実に適した防衛力のあり方を追求することを怠ってきたのではなかろうか」と論じ、自衛隊が「逆境」に置かれてきたため「小さく固まるという危険」を説いた。

「防衛を考える会」としてはともかく、高坂自身は「真実に適した防衛力のあり方」を度外視して「一%という枠内」を決め込むことに疑問を抱いていたのである。そのうえで高坂は、「自衛隊はその中心機能を『防止力』(denial capability 拒否能力とも訳する)とし、その目的に沿って必要な種類の軍事力を備えるべきである」と論じた。

つまり、「防衛を考える会」の討議内容には、「拒否能力」ないし「防止力」という表現で、高坂理論が反映されていた。高坂理論は「防衛を考える会」の主な意見として、「限定的かつ小規模な侵略までの事態に有効に対処し得る」という基盤的防衛力構想に大きく影響したのである。防衛事務次官となる久保卓也だけでなく、もともと文教族で、防衛には素人の坂田も高坂理論に共感していた。

「防衛計画の大綱」とGNP一%枠

三木内閣期に防衛庁防衛審議官から防衛局長となる伊藤圭一によると、「〔高坂の考えでは〕抑止力なんていうのは日本は持てないと言うんですね。せいぜい持てるのは抵抗力であり、そして阻止力だというような言い方をしている」のであり、「久保さんが先に言い出したのか、高坂さんが先に言い出したのか、ちょっと分からないんですけど、非常にそういう点は似ていますね」という。

ただし、高坂や久保の理論が、そのまま「防衛計画の大綱」に反映されたわけではない。高坂・久保理論に対して制服組は、「考えられる脅威というものに対して、それに対抗できる力を持つべきだ」と反発し、「久保さんと『制服』との葛藤があった」(『伊藤圭一オーラルヒストリー』下巻)。

真田尚剛《さなだなおたか》の論文「『防衛計画の大綱』における基盤的防衛力構想の採用」によると、脱脅威論の久保とこれに反発する制服組の調整役となったのは、夏目晴雄《なつめはるお》課長らの防衛局防衛課である。防衛課や各幕で構成される研究会は、夏目の頭文字からN研究会と呼ばれた。

その調整の末、「防衛計画の大綱」には「情勢に重要な変化が生じ、新たな防衛力の態勢が必要とされるに至ったときには、円滑にこれに移行し得るよう配意された基盤的なものとする」と盛り込まれた。有事には防衛力を増強できるという意味であり、エクスパンド条項と呼ばれる。夏目らによる調整もあったにせよ、「防衛を考える会」の報告書は、脱脅威論に反発する制服組を懐柔するうえで有益となった。

その後に七回の国防会議を経て、基盤的防衛力構想を軸とした「防衛計画の大綱」は一九七六年一〇月二九日の三木内閣で閣議決定された。一一月五日には「当面」の「めどとして」(『防衛白書』一九七七年版)、防衛費対GNP比一%枠を閣議決定している。

猪木によると、「〝防衛計画の大綱〟という日本の防衛力の基礎理論らしいものが生まれた背景には、高坂正堯教授の拒否能力理論があった。実務面で高坂教授に協力したのは、防衛庁の久保卓也防衛局長・事務次官である。私も、高坂教授を支持する立場から、この作業にはいくらか協力した」(『私の二十世紀』)という。

ただし、高坂執筆の「わが国の防衛力の目的」から推測するに、一%枠が「日本の諸条件」を十分に研究しないまま閣議決定されたことは、高坂の意図と異なっていただろう。高坂理論を敷衍した「防衛計画の大綱」の前提には国際的緊張緩和があり、一九七九年末のアフガニスタン侵攻が象徴するようなソ連の軍拡や米ソ新冷戦を想定していない。

高坂は一九七三年の論文「デタント〔緊張緩和〕政策」で、「〔ブラント西独首相の東方外交に代表されるデタント政策が〕今後どのような成果を生み出すかは未知数であ」り、「対立点を残したままの安定であるがゆえに、不完全で長期的には不安定なものである」と分析していた。

にもかかわらず、「当面」の「めど」だった防衛費対GNP比一％枠は、三木内閣以降の福田、大平、鈴木内閣にも引き継がれる。

「自民党に投票したことがない」

高坂が三木内閣期に防衛政策以外で憂慮したのは、金権政治の行き詰まりである。その象徴が、一九七六年二月に発覚したロッキード事件であった。東大助教授の佐藤誠三郎との対談「保守政権の再生は可能か」で、高坂は「自民党支持の人々が、少なくとも次の選挙については離れる可能性がある」、「金権政治をやりすぎた方には御引退願うということでなければいけない」と語っている。

さらに高坂は、「支持政党は自民党ですが、衆議院の選挙では自民党に投票したことがない。私が住んでいる選挙区には投票したい候補者がいませんでしたから。たしかに〝政党よ

り も人〟というのは、案外重要なポイントだと思いますね」と述べた。自民党政権のブレーンと目された高坂が、総選挙で自民党に投票したことはないというのである。

高坂の住む京都市左京区下鴨泉川町は、定数五人の京都府第一区だった。直近の一九七二年一二月総選挙での候補者は、得票順に谷口善太郎《たにぐちぜんたろう》（共産党）、永末英一《ながすええいいち》（民社党）、梅田勝《うめだまさる》（共産党）、竹村幸雄《たけむらゆきお》（社会党）、田中伊三次《たなかいさじ》（自民党）、樋上新一《ひがみしんいち》（公明党）、小川半次《おがわはんじ》（自民党）、鈴木広（無所属）の八人である。二人を当選させた共産党が強い選挙区であった。自民党の田中や小川でないとすれば、このうち誰に高坂は票を投じたのか。

上位七人の六、七万票に対して、最下位の鈴木は七六八しか得票しておらず、まず除外してよい。また、〝政党よりも人〟とはいえ、高坂が共産党、社会党、公明党に票を入れるとは考えにくい。棄権の可能性もゼロではないが、高坂は民社党の永末に投票したのではなかろうか。

この推測には、傍証がある。高坂の同僚だった村松は、「蠟山政道さんとか猪木正道さんは〔民社党初代委員長の〕西尾末広《にしおすえひろ》と仲がよかったでしょう。〔中略〕京都大学にも民主社会主義研究会という組織があったんです。猪木さんが顧問で、矢野暢さんとか、何人かつながってやっているんです。高坂さんはどう関係していたか知りませんが、西尾末広インタビューをやりたいと言っていたことがあるんです」（『戦後とは何か』上巻）と回想している。

猪木も回想録『私の二十世紀』で、自分が民社党に影響力があったことを認めている。猪木は防衛大学校校長時代に、「友人の永末代議士に電話して、『防大の卒業式には、今まで自民党の国会議員だけが来ていたが、今年は公明党も加わるそうだ。民社党も来てくれないと、評判を落とすよ』と注意を喚起した」という。

これらのことから、高坂は民社党の永末に投票していたとみてよさそうである。

福田内閣と高坂

一九七六年一二月から二年間は、福田赳夫内閣期となる。この二年間、高坂はブレーンとしての役割を果たさなかった。福田『回顧九十年』（一九九五年）にも、高坂は出てこない。福田に特定のブレーンはおらず、福田派幹部は「官僚組織が最大のブレーン」と語っていた。福田は長男の康夫《やすお》を首相秘書官に就任させ、娘婿《むすめむこ》の越智通雄《おちみちお》を総理府総務副長官に起用するなど、「福田ファミリー」（『朝日新聞』一九七七年一二月二六日）を手足として使う傾向にあった。福田の用心深さは大蔵省主計局長時代、昭和電工の疑獄事件に巻き込まれた経験に由来する。

したがって、高坂の側から福田を軽視したのではないだろう。第2章で論じたように、高坂は一九六六年秋から、福田にもインタビューしていた。『宰相 吉田茂』には、「自民党の危機感をもっとも強く打ち出した福田赳夫が、現在の世相を『元禄調』として批判した」、「彼は、〔中略〕昭和三十九年初夏、池田勇人の総裁三選に反対した」とある。

他方で高坂は、福田を含む田中以降の首相が、大平と中曽根を除いて安全保障政策に不熱心であることに失望していた。元国防会議事務局長の海原治、元統合幕僚会議議長の中村《なかむら》龍平《りゅうへい》らとの対談で、「日本の役割の限界を一応専守防衛という形で言い表すことは、政治的な知恵」(「専守防衛下の政治と軍事を考える」)であり、政治上の概念にすぎないと高坂は論じている。福田には言及していない。

福田内閣期の防衛問題で高坂が注目したのは、水戸地裁が航空自衛隊百《ひゃく》里《り》基地の訴訟で、自衛隊について実質合憲と判決を下したことである。

高坂は、「学説としても故佐々木惣一京大教授らがこの解釈をとっておられた。私もこの判決は妥当なものだと思う」、「改憲しなくても、いまの憲法で一定の軍備(防衛措置)が持てる、ということはすでに専門家の間でかなりコンセンサスが得られていると思うが、そうした考えがこの判決でより定着し、極端な改憲論を抑える効果を生むのではないか」(『朝日新聞』一九七七年二月一七日朝刊)とコメントしている。

『外交感覚』の一八年間

当時の国際情勢では、中ソ対立が顕著だった。福田内閣が一九七八年八月一二日に締結した日中平和友好条約ですら、第二条には覇権に反対するという反覇権条項が盛り込まれた。明らかにソ連を意識したものである。

それでも、世論はデタント時の感覚にとどまっており、高坂の意図とは逆にGNP一%枠の厳守を求めるなど硬直的だった。日本は単なる経済大国の域を超え、自由主義陣営の柱の一つとして行動すべき段階にきていたが、相変わらず経済中心の発想から抜け出せなかったのである。

そこで高坂は、啓蒙的な時評を継続的に執筆する。一九七七年四月から月一回のペースで外交評論を『中日新聞』や『東京新聞』に発表したほか、『中央公論』の巻頭言や『日本経済新聞』の政治評論などを書き続けたのである。

それらの寄稿は他界前年の一九九五年三月まで一八年間も続けられ、『外交感覚――同時代史的考察』(一九八五年)、『時代の終わりのとき――続・外交感覚』(一九九〇年)、『長い始まりの時代――外交感覚・3』(一九九五年)の三冊に結実した。いまでは三冊が合本とされ、『外交感覚――時代の終わりと長い始まり』(二〇一七年)として読める。

その内容は、ソ連の動向、サミット、選挙、第二次石油危機、日米経済摩擦、アジア外交、湾岸戦争、カンボジア和平など、多岐に及ぶ。なかには、高坂が重大事件で見通しを誤ったこともある。

例えば、一九九〇年一〇月の時評ではソ連が「やがてその力を取り戻してくるだろう」と述べており、同年一二月には湾岸危機について、「イラクは国連決議の期限が切れる一月十五日までに、クウェートから〝無条件〟に撤退するであろう」と記している。

『外交感覚——同時代史的考察』（1985年）

それらの予測が間違いといえるのは後知恵であり、高坂の論考は、いくつもの可能性が歴史に埋もれていったことを示唆している。だとしても、判断ミスが続けば、これまで築き上げてきた国際政治学者としての見識が疑問視される可能性もあった。なぜ高坂は誤謬《ごびゅう》のリスクを冒《おか》してまで、晩年まで時評を書き続けたのか。

この点について高坂は『外交感覚』の序文で、「資料が出揃ってから判断することの許されない外交や政治の営みにおいては、感覚による判断が、ある程度まではどうしても必要」であり、「努力の効用」によって「感覚が呼びさまされる」と説く。

『外交感覚』などに収められなかった時評も多い。とりわけ自民党の雑誌『月刊自由民主』には、一九七五年一二月の「シュレジンジャー国防長官の解任と大統領選挙」から一九九〇年一〇月の「冷戦の終結と新しい秩序づくり」まで、少なくとも七三本の論考を掲載している。そのなかには講演や対談も含まれるが、多くは二、三頁ほどの月評である。

ここで想起されるのは、晩年の著作『日本存亡のとき』（一九九二年）で高坂が吉田茂を論じ直したくだりである。

理論に基づかない断固たる行動は吉田茂の特徴かもしれない。彼が理論より勘を重んじたことはあきらかである。回想録は〝外交感覚（ディプロマティック・センス）〟の重要性を強調することから始まっているし、会話では、「鼻のきかない犬と同様、鼻のきかない奴はだめだ」と公言していた。

（『高坂正堯著作集』第三巻）

この「回想録」とは、吉田茂『回想十年』全四巻（一九五七年）を指す。かつて吉田が一九一九年のヴェルサイユ講和会議に出席したとき、アメリカ大統領ウッドロー・ウィルソンの顧問だったエドワード・ハウス大佐から、「ディプロマチック《ママ》・センスのない国民は、必ず凋落《ちょうらく》する」と聞かされていた。高坂は『外交感覚』三部作の長期執筆に際して、戦前の日本がハウス大佐の助言に反し、戦争に突入した敗北の教訓を活かそうとしたのであろう。

たゆまぬ文筆は、吉田を知る最後の世代としての使命感といってもよい。外交感覚を研《と》ぎ澄《す》ますには、限られた情報と時間のなかで最適解を模索する以外にない。そのことを高坂は一八年もの間、身をもって実践したのである。

にもかかわらず高坂は、日本人の意識改革に手応えを得ていない。湾岸戦争後の一九九一年一一月時点ですら、「敗戦から今日に至るまでの日本の外交政策は、基本的に孤立主義であった」し、「平和主義」の名のもとに国際的関与を避けていると憂慮した。

そこへ拍車を掛けたのが、テレビでニュースが世界同時中継されるようなメディア革命であろう。「現代人は、今のニュースを見て心を動かすが、一、二週間もすれば次のニュースが飛び込んでくるので、前の出来事を忘れてしまう。だから、少々長い目で世界の中の出来事を捉え、判断することができないのではなかろうか」(『外交感覚』)というのである。

情報の伝達が速くて大量になるあまり、関心は一過性のものとなる。このため、外交感覚の根底にあるべき判断力や思考力はかえって育ちにくい。いわば情報化社会の逆説とでもいえようか。そのことを高坂は危惧しながらも、休むことなくペンを走らせた。

『古典外交の成熟と崩壊』

高坂は時評を続けながら、助手論文以来の課題だった一九世紀ヨーロッパ外交史研究をようやく完成させる。新聞や雑誌への寄稿が多くなると、学術的な論文は書けなくなりがちだが、高坂は例外だった。また、研究者は社会的活動を重んじるとしても、一般には学術書で学界の評価を得てから論壇に進出する。高坂は学術論文も書いていたが、論壇デビューが早く、博士号の取得は遅れていた。

高坂は助手時代からのテーマをまとめあげ、一九七八年五月に中央公論社から『古典外交の成熟と崩壊』として刊行した。高坂が最も時間と労力を費やした主著であり、学位論文でもあることから、各章の概要を跡づけたい。

全六章は、ウィーン体制の形成を扱った第四章までの前半と、古典外交の崩壊を扱った第五、六章、エピローグの後半に分けられる。

このうち、「第一章　近代ヨーロッパの勢力均衡」、「第二章　ウィーン会議と『ヨーロッパ』」、「第四章　イギリスとウィーン体制――国益と会議外交」は、『法学論叢』と『国際法外交雑誌』に掲載された論文を下敷きとする。最初期に書かれたのは第二章であり、第二章の原型となった論文は一九五九年初出となっている。

三九頁に記したように、高坂は「ヨーロッパ」を勢力均衡と道徳的文化的紐帯の融合した概念として用いており、「ほぼ同一の水準の文化と教養」が勢力均衡政策と共振してウィーン体制という「欧州協調（Concert of Europe）」を可能としたと見なす。

ウィーン体制形成期を描いた前半のなかで、「第三章　会議はなぜ踊りつづけたか」は、前後と文体を異にする。というのも、第三章の初出は一九七一年六月の『中央公論　臨時増刊　歴史と人物3』であり、学界ではなく一般の読者を想定していた。

第三章では、ウィーン会議でオーストリアのリーニュ老公爵が発した「会議は踊る。されど進まず」という言葉を取り上げる。オーストリア軍の元帥だったリーニュは、八〇歳を過ぎて第一線から退いていたものの、社交好きで知られていた。

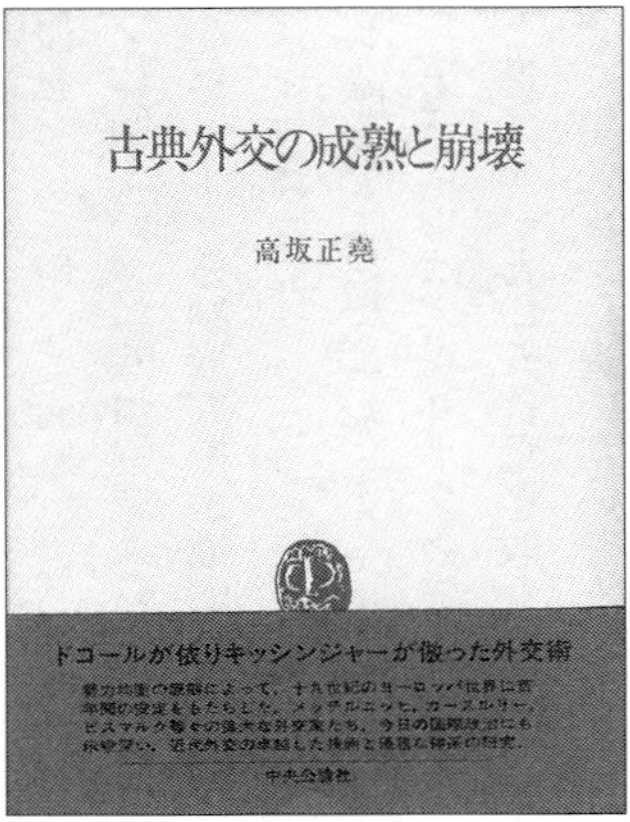

『古典外交の成熟と崩壊』（1978年）

高坂はリーニュについて、「踊っているだけでいっこうに進行しない会議を、しかめ面で見ていたのではなく、率先して踊り、恋をし、それを楽しみつづけて、会議が終る前に、幸福に死んで行った」と評する。時間をかけながら、会議を円満に進めるうえで、踊ることには意味があった。

つまり、「会議は踊る。されど進まず」は、長期化する会議に苛立つウィーンの人々には批判の意味と受け取られたが、オーストリア外相のメッテルニヒなどからすれば、舞踏会で踊り続けたことが会議の成功につながったというのである。

この点は、現代人に分かりにくいだろう。なぜなら、「二世紀足らずの間に、遊びと仕事の関係についての理解が著しく変ったから」である。当時としては、コンセンサスを作るうえで「外交はつねに時間がかかるものだし、それゆえ『待つ』ことがきわめて重要な美徳」とされたという。舞踏会と仕事は別物ではなかったのである。

性急に答えを求めがちな現代からすれば、待つことの美徳を説いた第三章こそが本書の「白眉《はくび》」（「ウィーン会議にみる外交の極意」）という見方もありうる。

それでも、一九世紀後半には、外交様式が変化する。「外交の営みをゲームとして楽しむ感覚なしに、外交という複雑で微妙な技術はありえない。実際、十九世紀の後半から、外交は単純で粗暴なものになって行った。軍事力に頼るところが多くなった。イタリアとドイツの統一はその典型であった」という。

「中原の国の問題」——ドイツ

『古典外交の成熟と崩壊』の「第五章『コンサート』なき均衡」、「第六章 政治術の衰退と均衡体系の崩壊——第一次世界大戦の勃発」、「エピローグ——古典外交と現代外交」は書き下ろしである。

第五章で一九世紀後半に「欧州協調」が弱体化したことを論じるうえで、高坂はクリミア戦争のほか、ドイツ近代歴史学の父と称されるレオポルド・ランケを取り上げている。ランケは国家間の力関係を重視し、「欧州協調」に二義的な価値しか与えなかった代表格であり、ドイツの政治家ビスマルクのような「リアル・ポリティカー」に影響したというのである。

第六章は古典外交の崩壊過程と第一次世界大戦の起源を扱う。古典外交の崩壊については、こう述べられる。

古典的勢力均衡体系の終りについて語ることは容易ではない。それは一見終るべくして終ったという様相を呈してはいないからである。古典的勢力均衡体系は、明らかに、第一次世界大戦と共に終ったが、その第一次大戦は唐突におこったものであった。

別の言い方をすれば、第二次世界大戦の前には、E・H・カーの言う『危機の二十年』があったが、第一次世界大戦の前には「四十年の平和」があった。

「四十年の平和」とは、一八七〇年から翌年の普仏戦争以降、大規模な戦争がなかったことを指す。「一八七一年の国際体系は、力の配分（the configuration of power）についてよく均衡のとれたものであった」としながらも、「ドイツ帝国の出現がヨーロッパの勢力均衡に好ましくない影響を与えるものであった」という。このドイツ問題について高坂は、「国家体系（ステート・システム）の中央部に位置する国の問題、すなわち、『中原《ちゅうげん》の国の問題』」と称する。

そこで高坂は、ドイツの動向を追う。一八七一年以降、ビスマルクは「正直な仲介者」として野心を示さず、「複雑で神経の疲れる均衡術」を駆使したものの、ビスマルクの後継者たちは「外交の拙劣さ」を露呈した。そのドイツがヴィルヘルム二世のもとで「世界政策」を意図したとはいえ、ドイツの歴史家フリッツ・フィッシャーのように、第一次世界大戦の主因を「世界政策」に求めるのは単純すぎるという。

高坂は、ドイツで盛んに読まれていた「空想戦争物」に示される国民感情の高まりにもかわらず、英独対立は「妥協不可能なものではなかった」と解する。そして、イギリスのロバート・ソールズベリー首相にドイツへの不信感が強すぎたこと、イギリスのエドワード・グレイ外相が第一次世界大戦前のバルカン戦争でドイツと協力し、オーストリアの国益を犠牲にしたため、オーストリアの立場が悪化したことを指摘する。

そのうえで、オーストリアのセルビアに対する最後通牒《つうちょう》、ドイツのオーストリア支持、ロシアの軍隊動員など各国は「戦争への過程を進める行動をとった」が、「彼らはそれが戦争に導くとは考えずに、そうしたのである。したがって政治指導者としての彼らの責任は、なによりもその判断の誤りにある」と論じた。

また、大戦への「地すべりが起こり易い状況にあった」ことへの認識が欠けており、「そうした構造を作り上げたことについての責任」もあるという。

とりわけ、オーストリアの強硬策に対するドイツの支持は、外交的勝利を目的としたものであり、戦争のリスクは小さく、せいぜい局地戦争にしかならないとドイツの政策決定者は考えていた。ロシアはオーストリアに圧力をかけるため軍隊の動員を行い、大戦への「地すべりの始まりとなった」ものの、開戦を意図してはいなかったとされる。

さらに高坂は、ドイツ陸軍参謀総長だったアルフレート・シュリーフェンの軍事作戦、いわゆるシュリーフェン・プランの問題点にも論及している。そのうえで高坂は、ドイツのベートマン・ホルヴェーク宰相らの責任を重くみて、「ドイツの政治家たちは軍事への理解力がなく、また軍事を統御しようとする意思に欠けていた」し、「皮相的な論理的志向」に陥っていたドイツ外務官僚に外交を任せすぎていたと主張する。

同様な「政治術の衰退」はイギリス外相グレイにもみられ、開戦までの外交でイギリスの影響力は弱くなっており、グレイの外交は「古典的外交の崩壊を象徴している」という。

第一次世界大戦の原因論

以上のような高坂の論考は、サラエボでのオーストリア帝位継承者の暗殺後、オーストリアの宣戦布告が大戦につながる主因として、とりわけドイツとイギリスの「政治術の衰退」を重視し、錯誤の連鎖が生じたと解する立場といえるだろう。

ここでは学説史に立ち入らないが、仮にグレイらの外交が巧妙であれば大戦を避けえたのかは、第一次世界大戦の起源をめぐって論争的なテーマである。

やや釈然としないこともある。高坂自身が「古典的勢力均衡体系の終りについて語ることは容易ではない」と認めているように、古典外交がいつどのように終焉《しゅうえん》したのかが、ウィーン体制形成期の記述と比べると不鮮明なことである。明記されてはいないが、古典外交はビスマルクの退陣とともに曲がり角を迎えたと見なしているのであろう。他方で高坂は、古典外交の系譜が完全に途絶えたわけではないと考え、ドゴールやキッシンジャーのルーツを古典外交に求めている。

これは私が以前に一九二〇年代のワシントン体制を研究したときにも感じたことだが、一般に国際秩序は形成よりも崩壊を描くほうが難しい。体制内の各国に生じる政治変動や秩序構想の乖離とともに、体制外の動向を含めた複雑な相互作用も分析せねばならないため、どれが決定的な要因かを絞りにくいからである。

なお、高坂はウィーン体制から現代への示唆を引き出している。ウィーン会議での「遊びと仕事の関係」に理解を示す高坂は、現代人が忙しすぎることを危惧した。高坂は、「二一世紀への提言」を特集した雑誌『Voice』(一九八〇年一月号)に「上級管理者に閑暇を与えよ」を寄稿している。

同稿は、「外務省において参事官、他の省ではそれにあたる人が忙しすぎるようになったことは、そうでなくても貧弱な総合政策立案機能が一層低下する」と多忙さの弊害を危ぶんだ。

高坂によると、「ひとつの省庁のなかをとっても、非公式で突っ込んだ意見の交換の機会は減少してきているように思われる。まして、さまざまな種類の人との間のそうした機会は減少している。だからこそ、この小論で私は閑暇のすすめを行ないたい」というのである。

「『ディレッタント』でありつづけたい」

『古典外交の成熟と崩壊』は、助手時代から一九七八年にかけて約二〇年間、断続的に書きため、思索を重ねた代表作である。

高坂はその意図について、「この書物は歴史的考察を行っているが、歴史の研究書ではない。なにがヨーロッパの外交史においておこったかについてはすでに多くの研究書がある。それになにものかをつけ加えるのは容易ではない。この書物の意図するところは、あくまでもヨーロッパの外交の基本的様相を捉えること、いいかえればそれがなにであったかを考察することにある」とエピローグに記す。

同書によって高坂は、吉野作造賞を受賞した。受賞に際して、高坂は研究のスタイルについて語っている。

私は本格的な歴史書を読むのが好きだ。しかし、私は到底歴史の研究者にはなれない。生きて、動いており、今後どうなって行くか判《わか》らないことの方が私には面白い。その反面、現在のことだけを専攻することも私を満足させない。そうすると、事実をよく知ることはできるが、イマジネーションが湧《わ》いて来ず、自分なりの読みもできなくなってしまう。

だから私は、現実の国際政治をフォローしながら、その合間に歴史のやや本格的な研究をするという方法をとって来た。しかも、その際、私は現代の問題に光を当てようという目的意識を持って、歴史を研究したわけではない。それが好きだからやったので、いわば趣味として合間に歴史研究をやって来たのである。奇妙な仕事のスタイルと思われるかも知れないが、私にとっては、それが歴史研究からもっとも多くのものを得ることができるものであった。

大体、私は昔から「古典」ということで、ある本を読んだりするのが嫌いだった。自分が読みたいと思ったときに読まなくては、「古典」でも得るものは少ない、と考えて来た。なんでも、「ディレッタント」という言葉は、元来ものごとに関心を持ち、喜びを見出す人というくらいのことであったらしいが、私は今後もその意味での「ディレッタント」でありつづけたいと思っている。

（『高坂正堯著作集』第六巻）

「読書は楽しみがなくてはならない」というのが高坂の読書法であり、ノートをとるのは最小限にしていた。静岡文化芸術大学の高坂文庫にも、一部を除いて下線や書き込みは多くない。

そこで重要なのが「高級なものを楽しむ能力」であり、それを身に付けるには「読書について他人と話し合うこと」、「つまり読書友だちが大切なのである。もっとも、読書友だちはまじめすぎてもよくない」（『京大学生新聞』一九八一年三月二〇日）という。

後述のように高坂が大学院の授業後、院生たちと会食することにしていたのも、一つには読書について語り合う楽しさを共有するためだろう。

また、高坂は現代国際政治における古典外交の意義について、「よかれあしかれ脱イデオロギー的になってきたという意味では現実主義的であり、古典外交の作用する余地がふえたと言っていいと思います。それを証明したのがキッシンジャーだったといえるでしょう」(『京大学生新聞』一九七八年一二月五日)と学生に語っている。

高坂は『古典外交の成熟と崩壊』で、一九八四年三月二三日に法学の博士号を取得する。一九七八年五月の刊行から六年近くを要した理由はよく分からない。推測にすぎないが、この間の離婚問題が一因であろうか。

一九八四年四月一日の『京大学生新聞』によると高坂は、学部卒から二七年目の学位取得について「これまで怠けていたから」と照れながらも、「うれしいですね」と喜んだ。高坂と同じ時期に法学部で博士号を授与されたのは、村松岐夫、木村雅昭《きむらまさあき》、山川雄巳《やまかわかつみ》である。

『古典外交の成熟と崩壊』は初版三〇〇〇部であり、第六刷まで増刷されて計六〇〇〇部となった。二〇一二年には中公クラシックスとして、初版三五〇〇部で復刊されている。学術書としては広範な読者を得たといえよう。

独自のスタイル

高坂の執筆と行動のスタイルは独自なものだった。一九世紀ヨーロッパの古典外交を研究の起点としながら、歴史からイマジネーションを得つつ時評を書き、自ら現実政治にもかかわったのである。

現実の国際政治をフォローしつつ、「ディレッタント」たる「古典」との間を逍遥《しょうよう》する高坂の姿は、『古典外交の成熟と崩壊』第三章で「踊る会議は決して異常なことではなかった。それは当時のごく普通の仕事のスタイルだったのである」と描かれたウィーン会議を彷彿《ほうふつ》させる。

そのような手法を可能にしたのは、高坂の多才さに加えて、国際政治学という領域が形成期にあり、父や恩師を含めてヨーロッパ重視という戦前来の伝統がまだ残っていたからであろう。高坂は口癖のように「英国史は私の趣味なんや」（『粕谷一希随想集　1』）と粕谷らに語っていた。

坂本義和も助手論文はイギリス保守思想家のエドマンド・バークであり、メッテルニヒについても研究しており、留学先がアメリカという点も高坂と共通していた。高坂以降の世代になると学問は細分化し、ヨーロッパに専念するか、ヨーロッパの歴史や思想に深い関心を示さないか、どちらかになりがちとなる。

政治史の分野でいえば、東大教授だった岡義武《おかよしたけ》がヨーロッパ政治史から研究を始めて日本政治史にも対象を拡げ、『山県有朋《やまがたありとも》』（一九五八年）のような名著を残している。しかし、各分野で膨大な先行研究がある今日では、例えばある時代の日欧関係史を専攻することはできても、日欧の政治史を個別に究めることは至難だろう。高坂の時代には、まだ学問の住み分けが進んでおらず、「ディレッタント」でいられた。

「自分は公共財だ」

順風満帆にみえる高坂だが、一九七〇年代後半には離婚問題で苦しんでいた。吉野作造賞の受賞から二ヵ月後の一九七八年一二月、高坂は正式に離婚した。高坂は弟の節三に『古典外交の成熟と崩壊』を謹呈したとき、「ここ三、四十年にわたるさまざまな思い出とともに」(『昭和の宿命を見つめた眼』)と添え書きしている。高坂が家庭内の不幸を乗り越えたばかりの時期であった。

もっとも、高坂は近しい山崎にすら、「ちょっとおもろないことがあったもんでな」(『歴史の真実と政治の正義』)と電話した程度である。山崎が離婚を耳にしたのは、のちのことだった。高坂は山崎と研究会後の酒杯だけでなく、テニスや海外旅行でも交遊があったものの、私生活や人間関係について語ることはなかったのである。

長年、付き合いのあった作家の塩野七生《しおのななみ》は、こう述べている。

高坂さんは京都弁で話されるでしょう。それで一見、柔らかい気がしますけど、胸の奥はそんな簡単に人に見せませんでしたね。私生活も。表に出さないということは、彼がそれを人に知らせる必要はないと思っていたからで、そういう場合、こちらも知らないというのが礼にかなっているので、私から聞いたこともありませんでしたが。

塩野によると、古代ヨーロッパの哲学になぞらえるなら、ストイックな高坂は「公のことに自分の生涯を捧げる」ストア学派だったという。院生にも私生活を口にしなかった高坂は、ある編集者に「自分は公共財だ」(「高坂正堯 高貴なる情熱家の肖像」)と語ったことがある。「公共財」としての使命感と家庭の間で苦しみ、それを克服した高坂は、ブレーンとしての役割をこなしながら文明論を発展させていく。

のみならず、高坂は吉野作造賞を受賞した一九七八年の九月から八六年まで、ロンドンの国際戦略研究所で理事を務めている。一九七九年二月一日には、山崎らとともに大阪でサントリー文化財団の創設に携わる。

他方、『粕谷一希随想集 3 編集者として』(二〇一四年)によると、粕谷は一九七八年三月に中央公論社を退社し、文筆活動に入っていた。そこで山崎は粕谷をサントリー文化財団に誘った。粕谷はサントリー文化財団評議員となり、同財団の雑誌『季刊アステイオン』編集長に就いた。粕谷が中央公論社を退職したこともあり、高坂は新潮選書や『諸君!』などに寄稿を増やしていく。

総合安全保障——大平内閣

大平が自民党総裁選で福田を破り、内閣を成立させたのは一九七八年一二月七日のことである。大平は福田と異なり、ブレーンを用いた。大平ブレーンとして著名なのは、東大教授の佐藤誠三郎と公文俊平《くもんしゅんぺい》、学習院大学教授の香山健一《こうやまけんいち》であろうが、高坂もブレーンに加わっている。

大平の総理秘書官だった森田一にインタビューしたところ、大平は首相就任前から高坂から助言を得ていたことがあり、「その三人〔佐藤、公文、香山〕の中では、佐藤誠三郎先生を一番評価していたけれども、それより高坂先生の方が上ですよ」（『心の一燈』）とのことだった。高坂は一九七九年一月二二日、NHK「総理にきく」（『大平正芳全著作集』第五、七巻）で大平と対談しており、大平は田園都市構想などを語っている。

高坂は一九七九年四月から翌年七月にかけて、大平内閣の政策研究会である総合安全保障研究グループで幹事を務めた。大平首相は総合安全保障のほか、田園都市構想、環太平洋連帯構想など九つの政策研究会を設置していたのである。

大平は総合安全保障について、「資源と市場のほとんどを海外に求めなければならないわが国にとって、世界のどのような紛争もその存在を脅かす」のであり、日米安保体制を補完するものとして、「経済・教育・文化等各般にわたる内政の充実をはかるとともに、経済協力、文化外交等必要な外交努力を強化して、総合的にわが国の安全をはかろうとするもの」

（『大平正芳全著作集』第五巻）と自民党総裁選のときから標榜《ひょうぼう》していた。

もっとも、総合安全保障という概念は目新しいものではない。個人としては、元空将の奥《おく》宮正武《みやまさたけ》が一九七四年の論文「総合安全保障への提言」でその用語を使っていた。一九七七年一二月には、佐伯喜一を取締役社長とする野村総合研究所の報告書『国際環境の変化と日本の対応——二一世紀への提言』が、「総合セキュリティー」という視点を提起している。

野村総研の報告書によると、石油・原材料・食糧の備蓄、石油・ウラン探鉱開発、新エネルギー研究、ODA、文化交流、防衛という六つの「総合セキュリティー・コスト」は対GNP比一・六％にすぎず、一九八五年には三％ないし三・五％程度に上げるべきだという。

このように総合安全保障というアイデアは、一九七〇年代に普及したとみられる。だが、高坂の理解は少し異なる。高坂によると、『総合安全保障』という用語は、一九七〇年代末、

大平正芳（1910～80）首相在任期1978年12月～80年6月

大平内閣時代に一般に広く使われるようになった。しかし、その基本的考え方自体は、一九五〇年代初期から存在していた」（"Theater nuclear weapons and Japan's defense policy"）という。総合安全保障の考え方は、すでに一九五〇年代の初頭からあったというのである。

一九五〇年代初期といえば、吉田内閣の時代である。高坂の言によると、吉田は「軍事力の効用を全面的に否定す

るものではないが」、「経済関係というものもそれと同じ程度に重要だ」と考えていた。大平内閣期の総合安全保障で「一番重要なことは、アメリカとの協力を推し進めていかないと、日本の安全保障の前提もあやしくなるかもしれないという問題に、初めて本格的に手をつけた」（「経済貢献は免罪符にならない」）ことだという。

高坂がいうように、総合安全保障が新しい考え方ではないとしても、研究グループを通じて体系化しようとしたのは大平内閣である。九つあるグループのうち、総合安全保障研究グループの座長は、平和・安全保障研究所の初代理事長となっていた猪木である。平和・安全保障研究所は防衛庁と外務省を主務官庁とする財団法人であり、調査研究や政策提言、国際交流を行うほか、年報『アジアの安全保障』を刊行している。猪木のもとで高坂は、名古屋大学教授の飯田経夫《いいだつねお》とともに総合安全保障研究グループの幹事に就いていた。

さらに、東工大教授の江藤淳、北大教授の木村汎《きむらひろし》、防大教授の佐瀬昌盛《させまさもり》、東大教授の佐藤誠三郎、東京外大教授の中嶋嶺雄、防衛庁人事教育局長の佐々淳行、外務省大臣官房参事官の渡辺幸治《わたなべこうじ》らが政策研究員として参加した。奥宮は、ゲストスピーカーとして出席している。

佐々によると、「長期に亘《わた》る防衛論議を一つの献策にまとめたのが高坂正堯氏だった。〔中略〕高坂氏は調整役として大きな役割を果し、個性派の同研究会メンバーたちも書記役としての高坂氏の貢献を高く評価したものだった」（「京都弁の効用」）という。

しかし大平は、一九八〇年六月一二日に他界してしまう。『大平正芳全著作集』第七巻の年譜によると、高坂が猪木らとともに最後に大平と会ったのは、二ヵ月前の四月二日の朝食会である。

報告書と「三つの努力」

高坂らの報告書は大平没後の一九八〇年七月二日、首相臨時代理の伊東正義《いとうまさよし》に提出された。報告書には、「本報告は、研究グループ会合における討議を基礎として、幹事の高坂教授が中心となってとりまとめたものです」と明記されている。八七頁に及ぶ文章は、高坂によるものとみてよいだろう。「組〔与〕みしやすい」という表記上の誤りも、『世界史を創る人びと——現代指導者論』（一九六五年）と共通している。

高坂の報告書は、冒頭の「安全保障政策の総合的性格」で「三つの努力」を説く。

> 安全保障とは、国民生活をさまざまな脅威から守ることである。そのための努力は、脅威そのものをなくするための、国際環境を全体的に好ましいものにする努力、脅威に対処する自助努力、及び、その中間として、理念や利益を同じくする国々と連帯して安全を守り、国際環境を部分的に好ましいものにする努力、の三つのレベルから構成される。
>
> このことは、狭義の安全保障についても、経済的安全保障についても、妥当する。

この三つの努力は、相互に補完すると同時に、矛盾もするので、そのバランスを保つことが重要である。

安全保障問題は、以上の意味のみならず、対象領域と手段の多様性という意味でも、総合的性格を持つものである。

その背景にあるのは、アメリカのヘゲモニーがソ連の軍拡などにより明白でなくなり、同盟国には通常兵力での自助努力が求められるとともに、日本は途上国の経済発展と南北間の秩序形成に役割を果たすべきという認識である。「アメリカによる平和」の時代が終わり、「責任分担による平和」の時代に変わったため、日本は経済的利益だけを追求するのではなく、「国際システムの維持・強化に貢献するとともに、自助努力を強化することが必要」だという。

日本の防衛政策は日米安保体制を基軸として、核抑止力や大規模侵攻への対処ではアメリカに依存し、小規模かつ限定的な侵攻については「拒否力」を持たねばならない。しかし、自衛隊は「拒否力」を十分には備えておらず、装備購入費を現在の二〇％から三〇％に高めても、GNP比一・〇％から一・一％の枠内に収まるという。

他方で、「いわゆる『自主防衛』は、相当巨額の出費を必要とし、しかも、他国の反発を招くことを通じて、日本の自衛能力を超える脅威を出現させる可能性を増加させるという意味で、かえって日本の安全性を低下させるので、とるべきではない」とされる。

当面唯一の脅威となりえるソ連との関係では、弱小と見なされることと、孤立感や脅威を与えることの双方が回避されねばならないという。ほかにも報告書は、エネルギー安全保障や食糧安全保障、大規模地震対策を課題として挙げる。結語では、「形骸化している『国防会議』に代え、安全保障政策を総合的、有機的に推進していくための機構として、『国家総合安全保障会議』を設立することを提案」(『大平総理の政策研究会報告書―五』)した。

高坂の対ソ観

以上が、報告書の概要である。ならば高坂は、どのような着想から報告書を執筆したであろうか。結論からいうなら、高坂はかねてより総合安全保障に近い観点を持ち合わせていた。

もともと高坂は著書『国際政治』で、「各国家は力の体系であり、利益の体系であり、そして価値の体系である。したがって、国家間の関係はこの三つのレベルの関係がからみあった複雑な関係である」と説いていた。その発想は、総合安全保障と整合的である。安全保障政策が総合的であるべきことは、高坂にとって必ずしも新しい観点ではない。

「拒否力」という概念も、先に述べたように、高坂が「防衛計画の大綱」の基盤的防衛力構想で久保卓也と共有していたものである。久保は総合安全保障研究グループの一員でないものの、猪木を初代理事長とする平和・安全保障研究所の常務理事になっていた。久保は『国防論――八〇年代・日本をどう守るか』(一九七九年)で総合安全保障に紙幅を割き、「現在の防衛力は多くの欠陥を抱えている」と論じており、高坂と意見を交わしていたであろう。

また、報告書のうち経済的安全保障政策は、雑誌『国際問題』(一九七八年四月号)に発表した「経済安全保障の意義と課題」を敷衍したものである。その目的は、「経済生活への脅威の除去」とされる。この論文では、「日米の安全保障上の協力関係が、経済安全保障のうえでも、きわめて大きな意義をもつ」とも強調されていた。

狭義の安全保障で、最大の課題は対ソ政策である。高坂の対ソ観は、『諸君!』(一九八〇年二月号)で永井陽之助と対談した「ロシアは没落する」によく表れている。

デタントをやってみたキッシンジャーの感想がまた面白いですよ。キッシンジャーはデタントをやってみても向こうは軍事強化のテンポを緩めなかったということで、やはりショックをうけている。ソ連とのつき合いが難しいのは、こちらがタフに出ると向こうも強く出る、こちらが弱く出ても向こうはやはり強く出る、それが厄介だといってますね。

つまり、国内に困難を抱えているがゆえに、ソ連は対外的に強硬姿勢となりがちだというのである。高坂によると、「沖縄の次は北方領土だというのは間違いだといったことがある。

没理性的なことをくり返していくと局地限定戦略で、北海道は完全にとられることになる」という。それゆえに報告書では、弱小と見なされないことに加えて、脅威を与えることは避けねばならないと説いたのであろう。

他方で高坂は、「ソ連はパーセプションというか、イマジネーションの中で彼らの認識が非常にアンバランスなのではないか。たとえば対中関係ですが、ソ連は中国を不当に恐れている」とも述べている。

なお、高坂は一九八〇年一一月二一日、日本国際連合協会関西本部主催の講演「緊張する米ソ関係と世界」で、米ソ対立の激化はソ連のアフガニスタン侵攻をきっかけとするものの、アメリカは一九七〇年代半ばからソ連の軍拡に嫌悪を感じていたと説いている（『京大学生新聞』一九八〇年一二月二〇日）。

総合安全保障関係閣僚会議――鈴木内閣

高坂は総合安全保障研究グループの報告書に心血を注いだが、報告書の完成時に大平は他界していた。次期首相には、本人すら予期しなかった鈴木善幸《すずきぜんこう》が就任する。鈴木は大平と同じ宏池会《こうちかい》であり、総合安全保障政策を継承すると思われた。

実際、鈴木内閣は一九八〇年一二月二日、高坂の報告書で提言された「国家総合安全保障会議」について、総合安全保障関係閣僚会議という名称で発足させている。

同日、宮澤喜一官房長官の主催で開催された総合安全保障関係閣僚会議では、伊東正義外相、田中六助《たなかろくすけ》通産相らが出席し、中東情勢を討論した。といっても、外務省調査企画部「総合安全保障関係閣僚会議（第一回会合――中東情勢）について」を読む限り、各大臣は省で作成された発言要領を読み上げているようであり、論点整理にとどまった感がある。

総合安全保障関係閣僚会議の特徴としては、自民党三役の出席が挙げられる。櫻内義雄《さくらうちよしお》幹事長は第一回会合で、「党の方でも安全保障調査会を中心として強力にバックアップするので、今後政府与党が一体となって安全保障問題を推進したい」と述べている。

しかし、高坂らの報告書で「形骸化している」と酷評された国防会議が存続したこともあり、総合安全保障関係閣僚会議は重視されなかった。総合安全保障関係閣僚会議で、外相や蔵相、農水相、通産相、運輸相、防衛庁長官らが報告することはあっても、あくまで連絡や協議の場である。決定機関としての閣議に代わるものではない。

また、総合安全保障関係閣僚会議担当室が作成した「総合安全保障関係閣僚会議について」によると、開催の頻度は一九八〇年に二回、八一年に三回、八二年に二回と少ない。しかも、「総合安全保障関係閣僚会議議事運営要領」によって、会議は一時間程度と定められている。これらを勘案すると、総合安全保障関係閣僚会議は、せいぜい情報共有の場にとどまったのではなかろうか。

他方、高坂の意図とは裏腹に、総合安全保障の名のもとに、狭義の安全保障を軽視する向

「総合安全保障関係閣僚会議と国防会議との差異等について」

	関係閣僚会議	国防会議
設置根拠	閣議決定	防衛庁設置法第62条
構成メンバー	外務大臣、大蔵大臣、農林水産大臣、通商産業大臣、運輸大臣、内閣官房長官、防衛庁長官、経済企画庁長官、科学技術庁長官	内閣総理大臣を議長とし、議員は、内閣法9条の規定によりあらかじめ指定された国務大臣、外務大臣、大蔵大臣、防衛庁長官、経済企画庁長官ほかに、常時出席メンバーとして、内閣官房長官、通商産業大臣、科学技術庁長官
性　格	内閣の一体性を図るための協議機関	内閣総理大臣の諮問機関
目　的	諸施策について、安全保障の視点から総合性及び整合性を確保するため協議すること。	政治の軍事に対する優先と国防に関する諸方策の総合調整とを確保するため審議すること。
対象となる事項	経済、外交等の諸施策のうち、安全保障の視点から調整を要する重要事項全般。 (国防に関する事項についても、その一環として協議の対象となることがありうる。)	国防に関する重要事項に限定。 1. 国防の基本方針 2. 防衛計画の大綱 3. 前号の計画に関連する産業等の調整計画の大綱 4. 防衛出動の可否 5. その他内閣総理大臣が必要と認める国防に関する重要事項
両者の関係	国防会議がすでに審議した事項についても協議の対象とすることはありうる。	関係閣僚会議の協議結果を事実上尊重する。 (法的に拘束されるものではない。)

出典:「総合安全保障関係閣僚会議（第8回）」(2014-1645、外務省外交史料館所蔵)

きもみられた。その曲解ないし誤用が最も当てはまりそうなのは、ハト派で知られる鈴木首相にほかならない。「伊藤圭一オーラルヒストリー」下巻によると、鈴木は報告書を手にしたとき、得意とする食糧政策に比重を置いて読んだようである。

鈴木は報告書を読んだにしても、ブレーンを大平から引き継いではおらず、報告書の趣旨を大平ブレーンから聞こうとはしなかった。鈴木は「僕は、学者は苦手で、ちょっと虫が好かないのだよね」（『心の一燈』）と森田一に語っている。大蔵省出身の森田は大平の娘婿であり、大平の地盤を引き継いで衆議院議員になっていた。

日米「同盟関係」の齟齬

ジミー・カーター政権期からアメリカの議会などでは、日本の安保「ただ乗り」に不満が高まっていた。鈴木はロナルド・レーガン政権誕生後の一九八一年五月七、八日にレーガンと会談し、「米国が、大統領の下で、軍事力強化の決意を固めておられることには、敬意を表するが、同様のことを日本でやろうとすると、自民党は選挙に勝てないであろう」（「第二回首脳会談」）と強調した。防衛協力を求めるレーガンと鈴木の間には、明らかな温度差があった。

それでも五月八日の鈴木・レーガン共同声明では、第一項に「同盟関係」という文言が日米関係史上初めて盛り込まれた。この点は画期的といえる。

他方で第七項には、「総理大臣は、先進民主主義諸国は、西側全体の安全を総合的に図るために、世界の政治、軍事及び経済上の諸問題に対して、共通の認識を持ち、整合性のとれた形で対応することが重要であるとの考えを述べた」とある。日本側は総合安全保障の方針を打ち出したものの、アメリカ側は日本が狭義の安全保障に消極的となることを懸念していた。そのことは、大河原良雄《おおかわらよしお》駐米大使から伊東正義外相に伝えられていた。

アメリカの懸念を裏書きするかのように、鈴木は会談直後の記者会見で、「同盟関係」は「軍事的な意味合いを持つものではない」と説明した。防衛分担を含むと解するレーガン政権との相違を早くも露呈したのである。そのことを各紙は五月九日夕刊で大きく取り上げた。

また、伊東外相は大臣レベルと事務レベルによる安全保障問題の会合について、共同声明では論及したくないとアメリカに伝えていた。鈴木内閣は「同盟関係」を認めつつも、総合安全保障を非軍事的側面の文脈でとらえていたからである。しかしレーガン政権は譲らず、安全保障問題の会合は共同声明の第八項に組み込まれた。大河原や本野盛幸ニューヨーク総領事と伊東の電文にも示されるように、安全保障政策に関する齟齬《そご》が日米間にはあった。

「日本的な歪み」

こうした鈴木首相の言動をみて、高坂は猪木との共編『日本の安全保障と防衛への緊急提言』（一九八二年六月）で「安全保障政策のあり方」を執筆し、「日本的な歪《ゆが》み」を指摘した。

大平前首相は「総合安全保障」を唱えたし、鈴木首相は、日本が軍事力によって世界に貢献することはできないとし、したがって、日本の貢献は経済力、技術力によるものである、という立場をとっている。

それは抽象的にはかなり正しい立場である。しかし、そこには日本的な歪みも存在する。その結果、日本の安全保障政策は真実の意味で総合的であるとは言えない。

その歪みとは、安全保障の軍事的側面の軽視、または嫌悪ということである。それは、言うまでもなく、歴史的事情によって説明されるところが少なくない。

さらに高坂は一九八二年一一月、日本国連協会関西本部での講演「最近の国際情勢と日本」でも歪みを指摘する。ソ連のレオニード・ブレジネフ書記長が死んだ直後であり、高坂はユーリ・アンドロポフ新書記長の就任によるデタントの可能性について語った。

高坂によると、「西側がデタントという場合、基本的にアメリカとソ連の対立、あるいは東と西の対立がなくなるわけではないということを前提にして」いる。しかし、「みんなが平和になっていく」と考えがちな日本は、デタントについて「一番甘い使い方をしている」という。「体制がちがうのに話しあって仲良くできたら、それはまるでおとぎ話ですよ」(『京大学生新聞』一九八三年四月二〇日、五月二〇日)と高坂は手厳しい。

情勢判断の誤り

もっとも、高坂が「日本的な歪み」を正そうとし、狭義の安全保障を重視したからといって、国際情勢の判断を見誤らなかったわけではない。それどころか、高坂が予測を間違うことは少なくなかった。高坂門下で大阪大学教授となる坂元一哉《さかもとかずや》は、次のように振り返っている。

予測の間違いとして、私が具体的に知っているのは、第一に中越紛争です。授業で中越紛争の解説をしていて、結局これは戦争にはならないだろうと言われた。ところが、そのあとすぐ戦争が起こった。そうしたら、「中越戦争はなぜ起こったか」という問題が試験に出ました（笑）。

つぎはソ連のアフガン侵攻。先生は、あれは早くかたづくとおっしゃった。山岳地帯で見晴らしがいいから——あとから考えると悪かったんですけど——ベトナムと違ってジャングルでも何でもないから、簡単に制圧できるだろうとおっしゃった。ところが、そうではなかった。

もう一つは湾岸戦争です。湾岸戦争が始まった九一年一月の前年の十二月に、戦争が起こるか起こらないかで賭が流行っていると誰かが言うと、先生はそんなものは起こらんに決まっとるとおっしゃいました。だからその時私は逆に、これはひょっとしたら起こるかもしれないと思ったんです（笑）。

同じく高坂門下で、京大教授となる中西寛もこう語っている。

ものを書くときは慎重でしたが、我々に対しては、かなり放言されていた。それで間違っても、べつに気にもとめていなかったような気がします。

先生が、完全に予測を誤ったと認めていたのは、ニクソンの訪中発表と、ベルリンの壁崩壊だとおっしゃっていましたけどね。ベルリンの壁の崩壊は、世界中の人間が分からなかったからしゃあないけど、米中和解に関しては、後から考えれば友人である英米の専門家たちが、サインを出してくれていたような気がするから、予測可能だったのに外してしまったと言っていましたね。

時系列で並べると、ニクソン訪中、中越戦争、アフガン侵攻、ベルリンの壁崩壊、湾岸戦争について、高坂は見通しを誤ったことになる。第6章の冒頭で扱うように、高坂は米ソ二極体制の終焉についても予測を外している。

とはいえ、ほとんどの国際政治学者がそうであったように、これらを正確に予見し続けることはまず不可能である。ニクソン訪中の発表は、外務省ですら数時間前に通達されたことはよく知られている。むしろ、坂元や中西が恩師のミスを敬意と愛惜の念で追憶する言葉からは、自由な学風が感じられる。

しかも、これらは学内の会話であり、高坂は自信が持てないときは学外であまり発言しなかったし、書かないようにしたようである。坂元によると、「ただテレビなどでは、間違った時には自分は間違ったとはっきりおっしゃっていました」（「静かなる思索は時代を超えて」）という。

ここまで京大について、自由な学風という言葉を四回使ってきた。それは事実だと思うが、京大だけの伝統かどうかは別問題である。村松岐夫によると、「かなり多くの大学で、『学問に指導無し』という言い方が通っている。もっと積極的に『指導無きをもって良しとする』という考え方もある。私がいま教えている京都大学は、その典型である」という。

村松は、「やや自嘲《じちょう》もこめて言えば、指導教授の方にも方法的に確立したものがあるわけではないということもあった。元来、以心伝心くらいの表現しかできなかったのかもしれない」（「政治学の窓から」）とも書いている。これは多分に謙遜《けんそん》だろう。

京極純一も東大の政治学について、「政治学に先生はない。それが小野塚《おのづか》〔喜平次《きへいじ》〕先生以来の伝統である」という南原繁の言葉を引用し、「最後のところは自分で考えなければ駄目である」（『増補新装版　和風と洋式』）と述べている。

第5章　国際政治の地平と中曽根康弘内閣——文明論と「日本異質論」

高坂文明論の系譜

高坂には論壇デビュー以来、「現実主義者」やブレーンとしての印象が付きまとう。他方、『世界地図の中で考える』（一九六八年）で示したように、高坂には文明史家としての顔がある。したがって、「現実主義者」やブレーンとしての役割に注目しすぎると、高坂の多面的な活動を捨象しかねない。

高坂は『世界地図の中で考える』以降も、文明史に関心を抱き続けた。「海洋国家は衰亡する」と題された『諸君！』（一九七五年七月号）の座談会で、高坂は作家の小松左京《こまつさきょう》、山崎正和とともに、ローマ帝国からオランダ、イギリス帝国などの衰亡を語り合っている。

高坂によれば、「海を越えて貿易に出かけた国というのは、どういうわけか嫌われる」、「嫌われた典型的な例はベニス人です」、「活動範囲をどんどん拡げていきますとね、ある地域のひろがり、ある時間的な段階まではプラスなんです。ところが、その一定点を通過すると、必ずコストの方がふえるという現象が起こる」、「やはり日本も衰弱していくでしょう」

という。

超大国のアメリカにすら、衰亡の兆《きざ》しがみられた。高坂はカーター政権期に「アメリカを励ます会の提唱」を『諸君！』（一九八〇年一月号）に発表し、「現在のアメリカについてまず目につくのは政治、経済の混乱がカーター大統領の言う『信頼の危機』に根ざしており、したがってかなり深刻なものだ」（『高坂正堯著作集』第二巻）と論じている。

『文明が衰亡するとき』と『現代史の中で考える』

高坂文明論の代表作は、新潮社から刊行された『文明が衰亡するとき』（一九八一年）である。『文明が衰亡するとき』は、古代ローマ帝国、中世のヴェネツィア、現代アメリカの盛衰をたどり、終章で日本を扱う。

『文明が衰亡するとき』の原型は、新宿紀伊國屋《きのくにや》ホールでの講演にある。高坂は一九七九年七月一三日から一二月七日にかけて、計六回の連続講演を行った。それは書き下ろしのためのスケッチでもある。高坂は新幹線と地下鉄丸ノ内線を使い、新宿三丁目駅で降り、紀伊國屋ホールに通い続けた。

講演時の肉声は、新潮社の関連会社によって運営されるLisBo《リスボ》というインターネット上のメディアで聞ける。ローマ帝国から現代までの連続講演は聴衆を魅了しており、ときに高坂は軽妙な話術で笑いを誘う。その臨場感が、講演の録音から伝わってくる。

高坂の話しぶりは平易だが、内容は高度である。そこで高坂は丁寧にも、年表的なレジュメを配り、理解を助けている。レジュメがあるにしても、聴衆がすんなりと内容を理解していたとしたら、かなりの教養人といえるだろう。かろうじて教養主義が残っていた時代なのかもしれない。

六回の連続講演を何度も聞いているうちに、気づいたことがある。ローマ帝国やヴェネツィアについては淡々としていた高坂の声が、一九七九年一一月二日の第五回講演「イギリス病と大英帝国」では快活なのである。

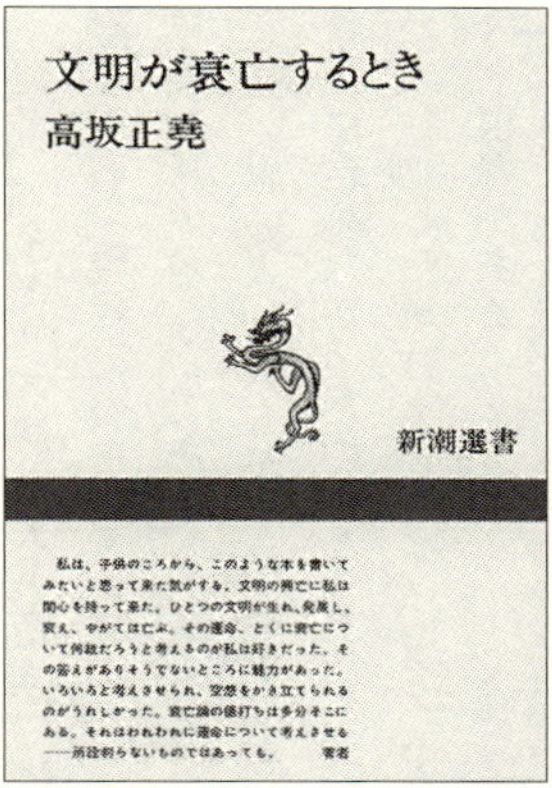

『文明が衰亡するとき』(1981年)

イギリスを語る高坂は楽しげであり、その口調はハイトーンになっている。マーガレット・サッチャー首相が出てきたことは保守党の人材不足だなどと言いながらも、イギリスびいきを隠さない。「イギリスはきれいに年をとった」と評し、イギリスで「地下鉄を運転した」というジョークまで飛び出す。

「運転した」といっても、実際に運転したわけではもちろんない。車両のドアが自動で閉まらず、電車が動かないでいたので、高坂が手でドアを閉めたら自動制御が解除され、電車が発進したという話である。

だが、「イギリス病と大英帝国」は『文明が衰亡するとき』に含まれることなく、同じ新潮社から『現代史の中で考える』（一九九七年）の一章として刊行される。高坂が他界して一年五ヵ月後のことである。

強い思い入れにもかかわらず、高坂が「イギリス病と大英帝国」を『文明が衰亡するとき』に含めなかったのはなぜだろうか。高坂にとってイギリスは別格であり、その愛情ゆえに、独立した単行本としてイギリス衰亡史を描きたかったからではなかろうか。この推測には、根拠がある。

その根拠とは、高坂が一九八五年九月にNHK教育テレビ特別番組「新・文明が衰亡するとき」のために、「衰亡は繁栄の絶頂にはじまった」を書き下ろしたことである。史上初の万国博覧会となった一八五一年のロンドン万博から筆を起こし、イギリスの基幹産業である製鉄で、最優秀賞をドイツのクルップ社に奪われた事実によって将来を暗示する。

同稿も『現代史の中で考える』に収められており、『文明が衰亡するとき』の続編としてイギリス衰亡史を書くアイデアであったのだろう。

しかし、その早すぎる死によって、高坂が『現代史の中で考える』を手にすることはなかった。新潮社の編集者によると、高坂が雑誌原稿の締め切りに遅れたことは一度もなく、「単行本の書き下ろしも、内容の熟成までに時間を要したが、いざ書き始めると原稿は早かった」（「軽やかで手のかからぬ人」）という。

「成功のなかに衰亡の種子がある」

高坂は衰亡論に高い関心を示したが、それは現代人に限られたことではない。衰亡論は古代から人間の好奇心をかき立ててきた。そこには根源的な理由がある。『文明が衰亡するとき』によると、「人間はだれでも、自分の死んだ後、自分のしたことはどうなるだろう、と考える。そして、自分のしたことが受け継がれ、世の中がよくなることを期待しながら、他方よいものはこわれるのではないかという不安をぬぐい去ることはできない。文明の衰亡の物語はこうした心情あるいは関心に訴える」という。

のみならず、「衰亡の原因を探求して行けば、われわれは成功のなかに衰亡の種子《しゅし》があるということに気づく」、「だから、衰亡論は、なによりもまず、成功した者を謙虚にする」という効用もある。

しかも、「衰亡の過程は一直線ではない。衰えを見せた文明がまた活力を取り戻すことは何回もあるし、解き難い問題をかかえ、力に衰えを示しながら、長期にわたって生き長らえることも少なくない」。したがって、「衰亡論はわれわれに運命のうつろい易さを教えるけれども、決してわれわれを諦《あきら》めの気分におとしいれることはなく、かえって運命に立ち向うようにさせる」。

具体的にいうなら、「第一部　巨大帝国ローマの場合」では、蛮族侵入説、人種混淆《こんこう》説、気候悪化説、専制政治説、経済要因説などを検討し、経済要因説を衰亡の支配的な解釈と見なしている。

「第二部 通商国家ヴェネツィアの栄光と挫折《ざせつ》」によると、ヴェネツィアは、一六世紀に地中海経由の香料貿易、輸送船の改良、織物業、印刷業などで逆境から脱出し、衰退を遅らせたという。ヴェネツィアの衰亡が明白となったのは、オランダやポルトガル、スペイン、イギリスなどの海軍が地中海に現れた一七世紀のことである。

「『アメリカの時代』の終り」

『文明が衰亡するとき』に違和感を覚えるところがあるとすれば、それは現代文明を論じたくだりであろう。序章では、「日本の興隆とは逆に、ヨーロッパ文明、あるいはアメリカをも含めて西欧文明が、衰頽《すいたい》期に入ったと思われる節がある」とされる。西洋文明の衰亡をやや過大に解してはいないだろうか。

現代文明は、「第三部 現代アメリカの苦悩」と「終章 通商国家日本の運命――衰亡論から学ぶもの」でも扱われる。第三部によると、ニクソン・ショックの一九七一年は「『アメリカの時代』の終りを画する年」であり、「アメリカはたとえその意欲があっても、『世界の警察官』とはなりえなくなっていた。そして、その意欲もベトナムでの失敗以来、急速に低下していた」という。アメリカ経済は低落し、外交でもソ連の台頭を許したという。

歴史の後知恵にすぎないが、アメリカはその後も唯一の超大国であり続けている。ストックホルム国際平和研究所によると、二〇一六年にアメリカの軍事費は世界の三六％を占めており、中国の一三％、ロシアの四・一％を大きく引き離していた。また、IMFのデータでは、二〇一八年のアメリカ経済成長は二・七％の見通しであり、先進国の平均値二・三％を上回る。

現在、アメリカのGDPは世界の二割台にまで落ちているものの、世界工業生産のうち約半分を担った第二次世界大戦直後が異常であった。アメリカは、先進国では数少ない人口増加国でもある。

これらを勘案すると、「アメリカの時代」の終焉という高坂の解釈が説得的とはいえないだろう。「都市の荒廃」や「労働の質が低下したこと」が今日的に当てはまるのは、アメリカよりも日本かもしれない。

しかし、未来予測は同書の目的ではなく、一九八一年にはそうみえたという時代の皮膚感覚を伝えるものとして意味がある。予測の一部が当たっていなくても、同書の価値を大きく下げるものではない。

「歴史散歩」

高坂は『文明が衰亡するとき』の終章で、「この書物は、言ってみれば歴史散歩である。

文明の衰亡について、一般法則を探し求め、それを現代にあてはめようなどと、私は考えていない」と述べている。

これについて一九八二年七月二〇日の『京大学生新聞』では、「ここが高坂氏一流の展開法なのだが、それ程気負って文明論を説いていない。無理にこじつければ、逆に本質が見えなくなってしまうことを承知しているのだろう」と書評されている。学生と思われる評者にも意図は伝わっていた。

また、『文明が衰亡するとき』では「アメリカがもっとも香《かぐ》わしい時期を過ぎた」にしても、「アメリカがこのまま衰頽の道を歩みつづけるとは考えられない」、「文明は、直線的には衰亡に向わず、衰亡の兆が現れた後、何回かの浮沈をくり返した後始《ママ》めてそうなる」とも書かれている。

衰亡は免れないとしても、それに抗《あらが》うのが人間の本性である。そこに高坂は希望を見出そうとした。

さて、『文明が衰亡するとき』の比較文明論は、高坂の学問体系にどう位置づけられるだろうか。「あとがき」によると、国民学校のとき古代ローマの衰亡に「多大の興味を感じつつも、もう一つ満足がいかなかった。〔中略〕だからいつか、自分なりに解明してみたいと思って来た」という。父から手渡された『ポエニ戦役』が文明論の原点になっていたのである。その遠い記憶には、戦争末期の疎開体験も含まれていただろう。

高坂は、「昔から書きたいと思ってきた本である。漠然としたものとはいえ、子供のときから思ってきたことを実現できたのだから、私は幸せだと思う。そして、今後また何年か経た後、再びこの題材を扱ってみたいと思う。なにしろ、一回でその印象を書きつくすには、壮大で複雑すぎる題材であり、テーマなのだから」と同書を締めくくる。

つまり高坂は、特段の目的がない「歴史散歩」にたとえながらも、再び取り上げるテーマだと記している。実際、かつて『国際政治』の三体系論で「各国家は力の体系であり、利益の体系であり、そして価値の体系である」と説いており、『世界地図の中で考える』ではタスマニア人の滅亡を追っていた。文明論は、ライフワークの一つにほかならない。

ライフワークとしての文明論

高坂の文明論は、『文明が衰亡するとき』や『世界地図の中で考える』だけではない。異色な文明論として、ＰＨＰ研究所から刊行された『近代文明への反逆――社会・宗教・政治学の教科書「ガリヴァー旅行記」を読む』（一九八三年）がある。『ガリヴァー旅行記』の第四篇には日本も出てくるが、日本で有名なのはリリパットという小人《こびと》の国についての第一篇だろう。

絵本にもなっていることから、子供向けの冒険記と思われがちな『ガリヴァー旅行記』だが、「基本的には大人の読み物なのである。それは当時のイギリスの社会を諷刺《ふうし》し、それを通じて人間のみにくさを抉《えぐ》り出している」と高坂は見なす。

高坂によると、作者のスウィフトは「明らかに変人」であり、「近代の始まる頃に生きた近代嫌いの人間であった。彼はほとんどすべての近代的なものに反抗し、否定的評価を下した」という。それがなぜ文明論になるかといえば、「今やわれわれは近代文明にひそむ根本的問題に直面して」おり、「スウィフトの書いたものは、われわれに深く反省をさせる」(『高坂正堯著作集』第五巻)からである。


やがて高坂は、日米経済摩擦が高まるとアメリカの日本異質論に対して自説を展開し、最晩年の一九九五年に刊行された『平和と危機の構造』では「文明の衝突」を考察する。最初の著作も、海洋国家という国家のあり方をテーマとしていた。

したがって、文明論は高坂にとって余技などではない。高坂は文明論を通じて、国際政治の地平を拡げ続けたのである。それでもあえて「歴史散歩」という表現を『文明が衰亡するとき』で用いたのは、体系性よりも自分の興味を優先しているほか、多くは二次文献に依拠したためであろう。その手法は広範な領域を対象にできる半面、一次史料から紡《つむ》ぎ出すわけではないので、狭義の意味での実証的な歴史研究とは言い難い。

私は一九九〇年度に高坂の授業で、『文明が衰亡するとき』が自分の最も売れた本だと聞いた。その数年後に高坂が亡くなり、さらに高坂の没後一六年を経た二〇一二年には、同書の新装版が新潮社から刊行されている。新潮社ホームページによると、二〇一六年四月で累計五七刷、二〇万部以上の販売部数となっている。没後数十年を経ても、新しい世代に読者層を拡げる稀有な研究者であることは間違いない。

なお、個人的には高坂文明論のなかでは、『文明が衰亡するとき』もさることながら、『世界地図の中で考える』のほうが印象に残っている。『世界地図の中で考える』では辺境の地に分け入り、タスマニア人滅亡の悲劇を解き明かしていくフィールド・ワーク的要素があり、オリジナリティを発揮しているためであろう。もちろん、高坂は『文明が衰亡するとき』を書く前にも、ヴェネツィアなどを訪れている。

「『大綱』見直し論を検証する」――中曽根内閣

『文明が衰亡するとき』刊行から一年後の一九八二年一一月二七日には、中曽根内閣が成立している。中曽根は、高坂が総合安全保障について執筆した報告書を丹念に読んでいた。しかも中曽根は、総合安全保障だけでなく、大平没後に出そろう全九冊の報告書に目を通した。

中曽根は、大平首相の首席秘書官だった森田一議員を官邸に呼び出すと、「これを見てくれたまえ、私は全部読んだのだ」と九冊の報告書を示した。森田がそれを手に取ると、全冊に赤線が引いてある。

中曽根が、「これを中曽根内閣で使わせてもらいたい」と述べると、森田は、「これは大平総理が、大平内閣のためのものではない、大平内閣のマイナスになることでもどんどん議論

中曽根康弘（1918～）首相在任期1982年11月～87年11月

してください、と言って作らせた報告書なのだから、それはもう十分ご活用ください」と賛同した。

さらに中曽根は、「佐藤誠三郎君、公文俊平君、香山健一君の三人を引き継がせてくれないか」と問うた。森田は、「それは私がイエス、ノーと言うことではありません。それより総理がご自分で三人の先生にお話すれば、私は喜んで協力すると思います」（『心の一燈』）と答えている。

ここで中曽根は大平ブレーンの代表格として佐藤、公文、香山を挙げており、高坂の名前は入っていない。だが、中曽根の得意分野は外交や安全保障である。中曽根の念頭には、総合安全保障の報告書を執筆した高坂もあったに違いない。しかも中曽根は、防衛費対GNP比一％枠を突破しようとしており、高坂ならば一％枠が三木内閣で設定されたときの経緯も熟知している。

『中曽根内閣史 首相の一八〇六日』上巻によると、高坂が首相としての中曽根と初めて会ったのは一九八二年一二月二三日である。このとき高坂は、千代田区三番町にあった霞《か》友《ゆう》会館で、中曽根、加藤寛《ひろし》慶應義塾大学教授、由《ゆ》井《い》常彦《つねひこ》明治大学教授と夕食をともにした。

「大統領的首相」を自負する中曽根は、防衛費対GNP比一％枠の突破だけでなく、七年前に策定された「防衛計画の大綱」の見直しも模索していた。防衛庁も一％枠の撤廃を「高坂さんあたりにインプットする」（『宝珠山昇《ほうしゅやまのぼる》オーラルヒストリー』下巻）ことで、首相の私的諮問機関によるアナウンスメント効果を期待したのである。

一方の高坂は、中曽根の構想をどう考えたであろうか。高坂が執筆した『大綱』見直し論を検証する――雰囲気的論議より冷静な情勢分析を」（『国防』一九八三年九月号）から探ってみたい。

同稿によると、「防衛計画の大綱」の前提には米ソ間の緊張緩和があったものの、ソ連のアフガニスタン侵攻などでデタントが崩れた。このため、「防衛計画の大綱」と同じ時期に閣議決定された防衛費対GNP比一％枠を含めて、見直し論が高まった。

しかし、高坂によると、「GNP一％以下という枠は『大綱』とセットになったものではなく、しかも〝当分〟という但し書きがつけられている。だから、『一％以内』という枠の見直しは『大綱』の見直しを必要とするものではない」という。また、一％は「合理的根拠のない枠」であり、政治指導者は「その枠さえ十分に使わなかった」とされる。

その半面で、「『大綱』について言えば、いたずらにその見直しを叫ぶよりは、『基盤的防衛力』という性格を一層重要視することが必要なのではなかろうか」と高坂は説く。つまり高坂の考えは、一％枠の撤廃について中曽根に近いが、「防衛計画の大綱」見直しを不要とする点では異なっていた。

平和問題研究会

中曽根は一九八三年八月五日、高坂など次頁の表に掲げたメンバーを集め、首相の私的諮問機関として平和問題研究会の第一回会合を首相官邸で開催する。中曽根が「防衛、経済、外交などの広い立場からの総合的な安全保障政策の推進による平和の確保という目標に向かって、日本の今後の努力のあり方について意見を述べるよう」（『中曽根内閣史 資料篇』）要請した。高坂は、メンバーの互選という形で座長となった。

ここで中曽根は「総合的な安全保障政策」という言葉を使っており、大平、鈴木、中曽根の三内閣は総合安全保障の概念を共有したことになる。しかし、この用語は多義的なため、各内閣で力点は異なっていた。中曽根は一％枠の突破と「防衛計画の大綱」見直しを意図している。

高坂とすれば、各メンバーの意見を取り入れながら、報告書の原案を書かねばならない。大平の総合安全保障研究グループでは座長の猪木が仕切り役であり、高坂は報告書の執筆に専念できた。しかも、大平は自由な議論を重んじ、持論の押し付けを慎んだ。

だが、今回は違う。高坂には仕切り役と執筆の二役が課されたうえに、中曽根は側近を通じて介入してくる。中曽根との会食もあり、それは佐藤との食事と比較にならないほど重い。また、メンバーには元関東軍参謀で、シベリアで一〇年以上も抑留された瀬島《せ》龍三《じまりゅうぞう》のような強者《つわもの》もいる。

平和問題研究会メンバー

高坂正堯	京都大学教授
大慈弥《おおじみ》嘉久《よしひさ》	元通産事務次官、アラビア石油取締役相談役
佐藤欣子《きんこ》	弁護士、扶桑社取締役
佐藤達郎《たつろう》	時事通信社顧問
瀬島龍三	伊藤忠商事相談役、総理府臨時行政改革推進審議会委員
竹内道雄	東京証券取引所理事長
中山素平《そへい》	元日本興業銀行頭取、国際大学理事長
中山賀博《よしひろ》	元駐仏大使、青山学院大学教授
並木《なみき》正吉《まさよし》	食料・農業政策研究センター食料政策研究所長
宮田義二《よしじ》	日本鉄鋼産業労働組合連合会最高顧問
向坊《むかいぼう》隆《たかし》	元東大総長、原子力委員会委員長代理

出典：世界平和研究所編『中曽根内閣史 資料篇』（世界平和研究所、1995年）552頁などから作成

一％枠と「防衛計画の大綱」見直しという二大争点をめぐり、平和問題研究会は一九八四年に入っても意見を集約できなかった。『中曽根内閣史 首相の一八〇六日』上巻によると、高坂が平和問題研究会の中間報告を中曽根に提出したのは、一九八四年三月一四日の参議院内大臣室である。

大詰めを迎えつつある同年一二月七日の第二三回会合後、高坂は記者会見した。「現状では一％枠を守っていくのは困難だ。この点では一致したが、これからどうするかは、新しい歯止めが固まらないと決まらない。新しい歯止めを平和問題研究会としてまとめることができれば一％枠撤廃という提言になり、それができなければ当面一％は維持することになる」というのである。

「防衛計画の大綱」については、「専守防衛、

非核三原則、周辺諸国に脅威を与えない、などの基本政策は維持しながら、大綱が前提にしている限定的小規模侵略への独力対処を少し広げたシナリオを設定するなどを考えている。しかし委員の間に、国際情勢の変化に関する認識の軽重、財政事情の悪化、武器技術の進歩、日本の国力の増大などについて複雑なニュアンスの違いがある、いちがいに大綱見直しと言い切る提言にはならない」(『朝日新聞』一九八四年一二月八日)と説明した。

一方の中曽根は特に一％枠問題について、一一月頃から水面下で動いていた。中曽根の意向は側近らを通じて、「一％枠をはずし、数字によらない新しい歯止めを」、「両論併記ではなく、枠撤廃の方向で意見一本化を」と中枢メンバーに伝えられた。

しかし、高坂の基本線は、一％枠は非合理的だが「何らかの新しい歯止めをつくらないと無責任。つくるべきだ、というのが私の考え方だ。それができなかったら、当面一％を保つ」(『朝日新聞』一九八四年一二月一二日)というものである。「防衛計画の大綱」見直しについては、不要としていた。

高坂の奮闘、中曽根の介入

委員の見解は、一％枠の完全撤廃派、部分撤廃派、維持派の三つに分かれた。

佐藤欣子は強硬な一％枠撤廃派であり、「新しい歯止めは数字では出さず、国民の選択、国会の審議、それに結局は政府にまかせること」を主張していた。歯止めに数字を用いないという意味で、事実上の完全撤廃といえるだろう。中山賀博らも、佐藤に近い見解である。

だが、委員のなかには数字でないと、歯止めにならないという意見も根強い。瀬島は金丸《かねまる》信《しん》幹事長を訪ねて、「何らかの数字的な新しい歯止めを準備すべきだ、と思う。それが無理なら、『ほぼ一％』とするのはどうか」と持ち掛けている。中山素平もほぼ同意見だった。

瀬島、中山を部分撤廃派とするなら、宮田や竹内は維持派であった。宮田らは一％枠が歯止めとして機能してきたと評価しており、「いくら防衛費を増やしたからといって、脅威に対抗できるわけではない」との立場である。

高坂は完全撤廃派と部分撤廃派、維持派、そして中曽根の四者間でとりまとめに苦慮し、何度も原案を書き改めていた。主なものだけでも、一九八四年一一月七日会合での第一次素案、一一月二七日の第二次素案、一二月四日の第三次素案がある。高坂が一％枠に触れたのは、第三次素案になってからのことである。

すると中曽根は、その都度に案文を取り寄せて精査する。問題は新たな歯止めであり、中曽根は「文民統制、専守防衛、非核三原則など防衛の基本方針を貫き、財政事情や他の政策との調和を図る」（『朝日新聞』一九八四年一二月一二日）のような表現を期待した。これでは漠然としており、新たな歯止めにならないと高坂は思ったであろう。

しびれを切らした中曽根は一二月四日、執務室にこもって、自ら第三次素案に赤鉛筆で手を入れた。その入朱《にゅうしゅ》とは、防衛力整備に制約は必要だが「定性的」であるべきで、「防衛計画の大綱」は再検討すべきというものである。「定性的」とは定量的の反対語で、数値を掲げないことを意味する。これを受けた事務当局は、中曽根の朱入れを反映させ、一二月五日の会合に配付したようである。

だとすれば高坂は、座長であり、起草者でもある面子《メンツ》をつぶされたと感じたのではなかろうか。こんなとき、椅子は蹴《け》らないまでも、内実を暴露したいような衝動に駆られても不思議ではない。しかし、温厚な高坂は、そんなことを考えもしなかった。少なくとも公的な場では愚痴をこぼすこともなく、表情にも出さなかっただろう。

ここで重要なのは、高坂が新たな歯止めや「防衛計画の大綱」をめぐって、中曽根と水面下で衝突したことである。それは部外者には見えにくい形であったが、互いに持論を譲らない者同士の綱引きだった。もしも見識のない単なる御用学者であれば、唯々《いい》諾々《だくだく》と中曽根の意見を報告書に取り入れただろう。しかし、高坂はそうしなかった。だからこそ中曽根は、最終段階で自ら朱を入れるという非常手段に訴えたのである。したがって私は、高坂が御用学者だとは思わない。

高坂は一二月一四、一六日にも会合を開いたが、そこでは自説を展開するよりも、撤廃派と維持派の調整に心を砕いた。具体的には、維持派の意向に配慮して非核三原則など平和原則を強調するのと引き換えに、一％枠の撤廃を受け入れもらうことである。

その半面で「防衛計画の大綱」については撤廃派に配慮し、「再検討」をやや強めて「慎重に見直す」（『朝日新聞』一九八四年一二月二一日）と踏み込んだ。官僚用語では、再検討だと玉虫色だが、見直しであれば変更の意思表示とされる。

一％枠の突破へ

一年四ヵ月の間に二五回の会合を重ねた末に、高坂は一九八四年一二月一八日に最終報告書を中曽根に提出する。一％枠を撤廃して新しい歯止めは数値化せず、「慎重に『大綱』を見直す作業にとりかかるべきである」という結論であった。報告書を通読すると、高坂の文章にしてはバランスが悪い。木に竹を接《つ》いだ感すらある。

というのも、前半では、「多角的国際体系」や「環太平洋時代」など変化する環境のもとで、国際国家を目指す日本の総合安全保障政策として、政治的役割の増大、経済面からの対外開放政策、エネルギー政策、途上国との食料増産協力などが広範に論じられる。ここまでは、高坂本来の情勢判断であろう。

しかし、後半の提言になると、防衛努力の強化に焦点が絞られ、「慎重に『大綱』を見直す作業にとりかかるべきである」、そして一％枠も見直すとやや性急に結論づけられる。防衛費の歯止めについては、「国家予算の適正な配分という見地から防衛費が定められ、世論が健全で抑制作用を果すことなど定性的なものであるべき」という。最大の論点だった一％枠に代わる新しい歯止めについては、「定性的」という中曽根の表現が使われたのである。

たしかに、国際情勢と無関係にあらかじめ上限を一％に決めるのは、合理的とはいえない。だとしても、新たな歯止めとして「世論が健全で抑制作用を果す」ことを持ち出すのは、論理の飛躍ではなかろうか。

一％枠は国民に定着していたし、一九八四年一二月二〇日の『朝日新聞』によると、世論調査では七四％が防衛費の増大に反対であった。世論の反対を軽視して一％枠を撤廃しておきながら、新たな歯止めは世論の抑制作用だという言い回しは、国民には理解し難かっただろう。

また、報告書では、「日本経済が今日よりはるかに貧しく、弱体であった一九五〇年代に、日本はGNP二％に近い防衛費を支出していた」(『中曽根内閣史 資料篇』)とされている。しかし、そのことは「防衛計画の大綱」策定時に分かっていたことであり、そのうえで一％枠を閣議決定したのである。

総じて鈴木前首相とは逆の意味で、総合安全保障の概念が歪められており、報告書の行間から高坂の苦悩が伝わってくる。メディアや野党が結論の二大争点に注目するあまり、高坂が心血を注いだ前半の多角的分析は顧みられなかった。

高坂とすれば不本意であろうが、中曽根にとっては思惑通りの報告書であり、防衛費対GNP比一％の突破に向けた施策に用いられていく。海上幕僚長となる佐久間《さくま》一《まこと》は高坂の平和問題研究会について、中曽根が「防衛力の増強にしてもイメージを持っていて、それを支える手段としてこういったもの〔平和問題研究会〕をやっているな」と感じていた（「佐久間一オーラル・ヒストリー」下巻）。

中曽根が佐藤、大平と異なるのは、ブレーンを活用するといっても、あらかじめ方向性を決めていることである。戦略的思考の強い中曽根は、意向に沿う答申が出てくるように諮問機関を組み、側近を使って介入し、最終的には自ら筆を入れる。

一％枠突破は中曽根の信念であるとともに、応分の防衛費を負担することでアメリカの「ただ乗り」批判に応え、鈴木内閣期に停滞した日米関係を修復するという狙いもある。中曽根は日本の政治家にしては珍しく、外交や安全保障を本領としていた。そのことに高坂も注目した。

したがって、防衛問題の背後には、アメリカの影がちらつく。中曽根は一九八四年一月一五日の段階で、ホテル・ニューオータニの料亭でアメリカ大統領特別補佐官のガストン・シグールと会っていた。そのとき中曽根は、「一％という『不思議な数字』を打ち破る（break the "magic figure" of 1%)」（"Further on Japan Mission of January 13-17, 1984"）と明言している。高坂の中間報告が出される二ヵ月前のことであった。

「中曽根方式」と「吉田ドクトリン」

かつて佐藤や大平はブレーンに自由な議論を行わせ、それを踏まえて最後は自分で決断していた。その場合、ブレーンの意見が政策にあまり反映されなかったり、後継者に誤用されたりすることもありうる。だとしても、高坂は「独立に考え、行動しながら、お互いに啓発されるというのがあるべき姿」(「佐藤栄作」)と考えていたことは前述の通りである。

とりわけ佐藤のブレーンとしては、沖縄返還の達成感もあった。したがって高坂は、結論ありきの中曽根ではなく、自由な議論を認めてくれた佐藤や大平に好感を抱いたに違いない。高坂は中曽根の諮問機関について、「強い政治主義に辟易《へきえき》した」(「高坂正堯の戦後日本」)と五百旗頭真に語っている。

もっとも、現代政治では「中曽根方式」が一般的であり、高坂は座長を引き受けた時点で、中曽根の含意を察知していたであろう。高坂は助教授時代から中曽根と付き合いがあり、加藤寛らとともに勉強会を開いていた(『朝日新聞』一九九六年五月一六日)。中曽根とは佐藤内閣期の防衛庁長官として、恩師の猪木を防大校長に引き抜かれた因縁もあり、高坂は中曽根の思想や性格を以前から知っていたはずである。

一方の中曽根は、高坂をどう評していたのか。中曽根本人から、「中曽根方式」を聞いたことがある。

〔高坂の『宰相 吉田茂』を〕もちろん読んでいたし、やはり影響を受けました。やや吉田に傾倒しすぎた感があったな。彼とは仲良しで時々会ってもいました。京都学派の人

> 文主義的な面に、敬意を感じていました。東京大学はもう駄目で、京都のほうがまだ良心的で人間主義的精神が残っていた。
>
> だから私は京都へ行って、京大のグループとよく付き合っていました。のちに総理になってからですが、京都の今西錦司《いまにしきんじ》、桑原武夫《くわばらたけお》、上山春平《うえやましゅんぺい》、梅棹忠夫、梅原猛氏らを呼んでもらって、一席、京都で話をしたことがありますよ。猪木正道さんとは一番仲がよかった。彼を防衛大学校の校長に推したのも私です。私のブレーンでもありました。
>
> 〔中略〕
>
> 高坂君も、吉田の時には「吉田ドクトリン」、中曽根になったらば「中曽根方式」という柔軟性をもって、私のやり方を積極的に支持してくれた。
>
> （『中曽根康弘が語る戦後日本外交』）

文中に出てくる「吉田ドクトリン」とは、高坂ではなく永井陽之助が『現代と戦略』（一九八五年）で広めた言葉である。永井は中曽根を軍事力重視の「軍事的リアリスト」と見なし、軍事力増強に消極的な吉田路線や永井自身の立場を「政治的リアリスト」として対置し、「吉田ドクトリンは永遠なり」と主張した。永井によれば、「理想主義者の凋落」によって、「われわれ現実主義者も、いつしか論壇の主流となり」、「ハト派」とすら呼ばれるようになったという。

高坂は『宰相 吉田茂』で、吉田の路線を『『吉田体制』にまでたかめてしまってはならない」と説いており、「吉田ドクトリン」論には批判的だったと思われる。また高坂は、外交交渉の重要性を認めつつ、軍事力が果たす役割は否定できないと考えていた。「軍事的リアリスト」と「政治的リアリスト」を峻別《しゅんべつ》するような発想は、高坂になじまないだろう。

高坂、永井という「現実主義者」の両巨頭は、「吉田ドクトリン」論と中曽根内閣への対応で相容れなくなった。それが目立たなかったのは、永井が高坂を自分と同じ「政治的リアリスト」に区分し、「軍事的リアリスト」の代表格として岡崎久彦を論争相手にしたからだろう。しかし、高坂、永井、岡崎は三者三様である。ここを「現実主義者」にとって第一の分岐点とするなら、第二の分岐点が湾岸戦争であることについては第6章で述べたい。

高坂の苦言

他方で、高坂が中曽根を「仲良し」と思っていたとは想像しにくい。だとしても高坂は、平和問題研究会最終報告書の提出後も、何度となく中曽根に会っている。毛嫌いしたわけではなさそうである。

『中曽根内閣史 首相の一八〇六日』上巻によると、高坂は一九八五年九月二〇日に首相官邸に赴いている。同席したのは、高坂、中曽根、猪木のほか、安全保障問題研究会という民間団体の末次一郎事務局長だった。北方領土問題に熱心な末次は、月末に開催される日ソ専門家会議の日本側代表であり、猪木らも参加予定であった。中曽根は、日ソ関係について意見を聞きたかったのであろう。

高坂は一九八六年九月六日にも中曽根と官邸で会食している。このときイギリスの国際戦略研究所のメンバーが来日しており、ロバート・オニール所長らとともに中曽根を訪ねたのである。

高坂が明らかな不満を示すのは、竹下登幹事長が一九八七年一月に訪中したときのことである。中曽根内閣が実際に防衛費対GNP比一%を突破したのは一九八七年度予算であり、訪中した竹下が一%突破を説明したところ、中国共産党中央顧問委員会主任の鄧小平《とうしょうへい》らは懸念を表明している（『読売新聞』一九八七年一月一三日夕刊）。

これについて高坂は、『東京新聞』一月一八日の「『防衛』に見る日本の甘え」で苦言を呈した。

　竹下幹事長は余分のことを言ったように思われるし、多分、中曽根首相がそれを指示したのであろうから、中曽根首相の判断にも問題があった、と言わざるを得ない。同盟国でもない国に対し、わが国は国防費を少々増やしますが理解して下さい、と言ったとき、相手としてはほとんど答えようがないことは、常識的に考えれば分かるはずである。懸念を表明し、軍事大国になるのを恐れる、としか言いようがないではないか。〔中略〕

私は一パーセント枠のように合理的根拠のない、タブーのようなものによって防衛費を規制することが、かえって防衛論議と防衛政策を歪めるが故に、撤廃するか、より妥当なものに変えるべきだと考えているから、今回の決定は妥当なものだと思うし、日本として十分責任のとれる範囲の決定だと考えている。

中曽根の意図としては、地位が危うくなっていた親日派の胡耀邦総書記に配慮したのかもしれない。だが、高坂とすれば「余分のこと」である。しかも高坂の指摘は、現首相と次期首相の有力候補に対する明白な批判を含む。これらの時評は、いまでは『外交感覚』で読める。

私が京大に入学するのは竹下内閣期の一九八八年四月であり、まだ経済学などではマルクス主義が衰えていないという時代背景のためか、学内外には高坂を「御用学者」とみる向きも一部にあった。それだけに、ときに高坂が政権を批判していたことは、見落とされがちだったように思う。

また、中曽根内閣は防衛費対GNP比一％を突破したものの、平和問題研究会の最終報告書で「慎重に見直す」とされた「防衛計画の大綱」改定には至らなかった。この点は、「防衛計画の大綱」見直しを不要と考えた高坂の思惑に近い。

ポスト中曽根を争った竹下、宮澤、安倍晋太郎《あべしんたろう》のなかで、高坂は宮澤に近しかった。二人は戦後史や、宮澤の掲げる「資産倍増政策」を語り合い、共著で『美しい日本への挑戦』（一九八四年）を刊行した。宮澤は、「日頃から私は高坂教授の所論に畏敬《いけい》の念を持っているものの一人である。私にとっては過ぎた聞き手を得て、総計十時間に及ぶ二人の話は談論風発、多岐にわたり、私自身啓発されるところが多」かったと記している。

共同研究と国際会議

並の研究者であれば、平和問題研究会の座長だけでも相当な重圧となるに違いない。しかし、高坂門下の田所昌幸によると、「政策のアドバイスというのは、本質的には余技」であり、全力で協力したのは佐藤首相だけで、ほかの政治家には深入りしなかったという。その予防線として、よほどのことがない限り、最終となる午後九時一八分東京発の新幹線で京都に戻っていた。「ホームグラウンドはあくまでアカデミズム」（『常識』への信頼」）だったからである。

その「ホームグラウンド」を守るかのように、高坂は平和問題研究会と並行して、国内外で共同研究を立ち上げていた。

第一に、高坂は一九八四年三月からサントリー文化財団でレーガン政権下のアメリカをめぐる共同研究を組織した。その成果は、高坂『陽はまた昇るか』（一九八五年）として刊行される。

高坂はこの共同研究を五百旗頭真、猪木武徳《たけのり》、猪口邦子《いのぐちくにこ》、猪口孝《たかし》、粕谷一希、島田晴雄《しまだはるお》、本間長世《ほんまながよ》、村松岐夫、山崎正和など、学者を中心に計一八名で構成している。高坂は、政治、経済、社会、文化など、各分野の研究者を集め、一九八五年四月まで七回にわたって研究会を主催した。

これを学際的な共同研究としたのは、「専門の異なるもの同士が話し合うということは、そのギャップを埋め、異なった領域の間の関連をつけ、全体像への接近を可能とする」からである。「現実主義者の平和論」の頃から描いていた知的対話の空間といってもよい。

そして高坂は、「常識外れの国・アメリカ」には「新しいものの芽が見られる」のであり、「現在のわれわれの成功から、われわれ日本人はアメリカを過小評価するきらいがないであろうか」との思いに至る。

第二に、対ソ戦略やアジア外交についての国際共同研究である。高坂は、英語で二冊の共著を刊行している。二冊とは、一九八四年四月にサンディエゴで開かれたアジア・太平洋安全保障会議という日米民間フォーラムの成果をまとめた *The Soviet Far East Military Buildup*（ソ連の極東軍拡）と、翌年八月東京開催のアジア・太平洋安全保障会議でアジア地域協力を探った *Peace, Politics and Economics in Asia*（アジアの平和、政治、経済）である。

二つの会議で高坂は、日本側の議長であった。前者の論文で高坂は、日本の安全保障政策が「後進的（underdeveloped）」であり、「総合安全保障は防衛力増大回避のための言い訳、虚言でさえあった（excuse, even a lie）」（"Theater nuclear weapons and Japan's defense policy"）と手厳しい。

このような表現を用いたのは、論文が一九八四年四月のサンディエゴの会議に提出されており、平和問題研究会の最終報告書を中曽根に提出する前だったからであろう。

「戦後四十年間の癖」

一九八五年は戦後四〇年の節目である。高坂は『中央公論』（一九八五年一月号）の「ヤルタ体制四十年――日本外交の基軸はどう変わる」で、国際秩序の変容を長期的視点から考察している。

それによると、「日本が国際体系から得られる利益だけを受けて、それを維持するためのコストを支払わないということに対するアメリカや、最近のヨーロッパ諸国からの批判」がある。

核兵器と相互依存の時代にあって日本は、「特異な外交政策を今後も続けることができないかもしれないが、できるかもしれない、としか現在では言いようがない。〔中略〕国力にふさわしい軍事力を持つのではなく、最小限の軍事力をその他の手段で補完しつつ、軍事力の意義が減少する国際政治の体系への移行に向けて現実主義的に努力することである」（『高坂正堯著作集』第二巻）という。

ここでの日本外交論は、総合安全保障研究グループの報告書に記された「三つの努力」の延長線上とみてよいだろう。高坂は二一七頁で述べたように、総合安全保障という概念を「一九五〇年代初期から存在していた」と解しており、吉田路線は依然として有効と考えたようである。しかし、のちの湾岸戦争では責任を逃れようとする日本への危機感を強め、その路線から脱却することを説くようになる。この点は、次章で論じたい。

「ヤルタ体制四十年」の論旨を率直に口にしたのが、文芸評論家の佐伯彰一《さえきしょういち》と『諸君！』(一九八五年一二月号)で行った対談「閉ざされた大国ニッポン」である。佐伯が日本外交について、「初めからディフェンシブな姿勢になって、手をかえ品をかえて、相手から何かを引き出してやろう、又こっちも相手に応じてかえてゆくというところがないですね」と語ったのに対して、高坂はこう答えている。

やっぱり戦後四十年間の癖ですかね。しかし、それが日本の伝統的な交渉パターンから外れているのなら、すぐに直りますけど、実は明治以来大むねは受け身の対応型で、われわれはそれに馴《な》れているわけでしょう。〔中略〕

日本で外交に関する一番支配的な議論の仕方、すなわち外交観というのは、現在の秩序が前提となるわけですよ。だからその秩序の形成とか維持に、自分が参加してるという意識はないわけね。〔中略〕安定期にはこれでいいんですが、秩序が揺らいでまた新

しいものを作らなきゃいかんということになると、その議論じゃダメになってくるんですね。〔中略〕
いろんなことに関して日本は自分の立場を説明すべきですね。説明すれば、案外分かってもらえることはあるだろうと思うんですね。

外国に説明することの重要さという指摘は、自ら国際会議に多く参加した経験に基づくものであろう。その意味で高坂は、中曽根を評価していた。「これからの日本人はやっぱり役割を果たさなきゃダメだという意識が、ぼちぼち出てきてるから、中曽根さんは危なっかしい面もあるけど、あれだけはっきりものを言うのは結構だというふうなことに落ちついてるんだと思うんですね」というのである。

平和・安全保障研究所理事長

高坂は一九八六年四月、平和・安全保障研究所の理事長に就任した。日米民間フォーラムのアジア・太平洋安全保障会議は、日本側では平和・安全保障研究所のもとに組織されており、高坂は名実ともにその頂点に立ったことになる。猪木に続く第二代の理事長であった。高坂の理事長は一九九二年三月まで続き、四月には副会長となる。
それ以前から高坂は国際会議のほか、年報『アジアの安全保障』の主筆を務め、研究員だった田中明彦《たなかあきひこ》らに影響を与えていた。平和・安全保障研究所で高坂を手伝っていた田中は、『アジアの安全保障』が研究所の刊行物であり、無記名となっていることに疑問を抱いていた。

ある日、田中が、「『アジアの安全保障』は執筆者名が出ないから、原稿を書く人の意欲がわかないのではないか」と言った。高坂は、ちょっと悲しそうな顔をして、「名前なんか出なくてもいいものを書いていれば評価してくれる人は必ずでるのではないか」と答えている。田中はやや不満だったが、「高坂先生ほど超多忙で引っ張り凧《だこ》の権威が、匿名で原稿を書きつづけるというのは、大変なことだと今となっては思う」(「高坂正堯著作集への随想」)と振り返る。

これだけ多忙にもかかわらず、高坂は京大の学内行政に手を抜かなかった。一九八七年から八九年まで評議員を務め、総長や理事のもとで大学運営にかかわっている。

通産省と文部省への答申

さらに高坂は一九八七年一〇月末、福川伸次《ふくかわしんじ》通産事務次官の私的研究会である「日本の選択」研究会の座長に就いた(『日本経済新聞』一九八七年一〇月二九日)。

福川は通産行政について、「経済の相互依存と産業の国際融合が高まったが故に世界の需給を視野にいれ、日本が高度のテクノカードを手にしたが故に国際政治を抜きには考えられなくなっている」（『二一世紀・日本の選択』）と感じていた。

そこで高坂は東大助教授の猪口孝、大阪大助教授の竹中平蔵《たけなかへいぞう》、東大助教授の田中明彦、大阪大教授の山崎正和らと一一回にわたり研究会を開催し、一九八八年五月一八日に報告書『ニューグローバリズム』への貢献と『新・産業文化国家』の選択」を提出した。

「ニューグローバリズム」とは、日本の輸入大国化や世界の不均衡是正への貢献などで、新しい秩序を形成するという構想である。「新・産業文化国家」は、「経済力に加えて世界のパイオニアたりうる新しい文化の創造」に努め、日本の市場、資金、技術、文化を活かして国際的に貢献しながら国内基盤を整備するような「創造型文明」（『日本の選択』）の国家像を指す。

アメリカの戦略防衛構想（Strategic Defense Initiative）を念頭に、防衛分野での技術交流を提言したこともその特徴である。それらによって高坂は、「繁栄に永続なし」という歴史の宿命を覆《くつがえ》すシナリオを描こうとした（『朝日新聞』一九八八年五月一九日、『読売新聞』一九八八年五月一九、二一日）。

のみならず高坂は、一九八九年四月には文部省の第一四期中央教育審議会委員となり、作家の三浦朱門《みうらしゅもん》のもとで生涯学習に関する小委員会に所属した（『官報』一九八九年四月二四日）。翌年一月三〇日には連名で、中央教育審議会答申「生涯学習の基盤整備について」を提出している。その内容は、都道府県が生涯学習センターを設置し、放送大学と連携しながら地域の実情に応じて講座を主催するというものだった。

教育改革に対する高坂の関心は以前からのものであり、松下幸之助や牛尾治朗らとともに「世界を考える京都座会」を開いていた。「世界を考える京都座会」は一九八四年三月、「学校教育活性化のための七つの提言」をまとめ、学区制の緩和、教育内容の弾力化、偏差値偏重の是正などを世に問うている。

さらに高坂は文部行政について、『Voice』(一九八八年一〇月号)の「教育と国運のパラドックス」で三点を指摘した。第一に、「一般教養に重点を置くところも、実用的教育に徹するところも、ともになくてはならないのだから、それらをともに可能にする制度が必要」である。第二に、基礎科学の強化である。第三に、「私的な教育の果たす役割を増大させ」、「教育は国にまかすという姿勢を捨て、自らのカネと労力によって教育を充実させていく」ことである。

「教育と国運のパラドックス」は「『教育』が内包する矛盾を超えて」と改題のうえ、PHP研究所の高坂正堯・長谷川慶太郎《はせがわけいたろう》・山本七平《やまもとしちへい》『九〇年代の日本――繁栄への戦略』(一九八九年)に収録される(『高坂正堯著作集』第八巻)。

一般に学者は五〇代頃から学内外で役職に就くなど激務に追われ、研究を停滞させがちになる。だが高坂は繁忙《はんぼう》を極めるなかで、国内外で共同研究を自ら組織し、新聞や雑誌、書籍の原稿にペンを走らせ続けた。のみならずコメンテーターとして、一九八九年四月から放送されるテレビ朝日の生番組「サンデープロジェクト」にレギュラー出演するようになった。五五歳のときである。

「サンデープロジェクト」の「羅針盤」

すでに述べたように、高坂は一九六〇年代から何度もテレビに出演し、吉田、佐藤、大平らの首相と対談してきた。

「サンデープロジェクト」は、それらの番組と趣を異にしており、ジャーナリストの田原総一朗の個性が強く発揮される。高坂を都はるみとともにレギュラーコメンテーターに引き込んだのも、田原であった。司会は島田紳助《しまだしんすけ》と畑恵《はたけい》だが、核心的なところでは田原が進行役となる。首相クラスの大物をゲストに呼ぶことも多い。ゲストが口を濁《にご》しても、田原は舌鋒《ぜっぽう》を緩《ゆる》めない。

刺々《とげとげ》しい応酬が終わりかけたところで、田原に見解を求められ、高坂はやんわりとコメントする。高坂は饒舌《じょうぜつ》ではないが、その一言、二言が視聴者の印象を左右する。ひいては政治家や政策への評価にすら影響しただろう。「サンデープロジェクト」はテレビ政治、いわゆるテレポリティクスの先駆けといってよく、田原と高坂はその象徴的存在だった。

「サンデープロジェクト」が放送開始になったとき、私は京大法学部の二年生だった。テレビに映る高坂の姿は、入学後に読んだ『宰相 吉田茂』のくだりを思い起こさせた。

吉田茂は座談の名手だった。しかしそれは話好きとか、話上手とかいうことではない。ましてや演説が巧いということとはなんの関係もない。吉田茂の演説が人を感動させるものであったと私は思わないし、吉田茂自身、演説が好きではなかった。彼の言葉は、サロンやクラブやカクテルパーティで輝きを放つものであった。

常識的なことだが、クラブやサロンでは、よく話す人物や、議論の巧みな人物を会話上手とは言わない。口数は少なくても、さわやかな印象を与え、頭に残る言葉を吐く人間が会話上手とされ、そして教養ある人物とされて来たのである。

テレビの高坂は、「口数は少なくても、さわやかな印象を与え、頭に残る言葉を吐く人間」そのものだった。もっとも、五〇歳代半ばになっていた高坂は「さわやかな印象」以上に、円熟した老成さを醸《かも》し出していた。

田原は、コメンテーターの高坂をどう思っていたのか。田原は『高坂正堯著作集』第一巻の「月報」に、「余人を以《もっ》て代え難し」を寄稿している。

けっして多弁ではないが、日本の歴史も世界の歴史もキチッと把握しておられたから、与野党の駆け引きや、アメリカと中東や中国との駆け引きの最中で、皆が全体像を見失ってしまうような時に、ビシッと問題の本筋を指摘して下さった、いわば、我々にとって、羅針盤のような存在であった。

高坂さんは、ときに、きわめて辛辣な指摘をしたが、それが、高坂さん独特の柔らかい京都弁に覆われて、相手に敵意を抱かせるとか、神経を逆なでするようなこともまったくなかった。

田原にとって高坂は、「羅針盤」だったというのである。島田紳助も『高坂正堯著作集』第七巻「月報」に「本番中、私は高坂ゼミの生徒だった」を寄せている。島田は、車好きの高坂が出演後にヘリコプターで鈴鹿に赴き、Ｆ１を観戦したことや、京都で一緒に講演してほしいと大阪に島田を訪ねたことなどに触れたうえで、こう記す。

京都出身の私は元不良少年、そんな私が高坂先生と一緒に番組に出て、一緒に講演したことは、一生の思い出です。

そして、私がなんの学歴もない不良少年なのに、一人の人間として認めていただいたこと、ほんとうに感謝しております。

先の田原もそうだが、高坂没後の著作集に向けて書かれた文章なので、割り引いて考えねばならないだろう。だとしても、「一人の人間として認めていただいたこと、ほんとうに感謝しております」という言葉は、島田の本心に思える。高坂は番組の合間に島田の質問に丁寧に答えていた。「ほんとうに頭のいい人は、頭の悪い人（私）に、わかるように説明できるひとだと、つくづく思いました」と島田はしたためている。

他方、ゲストのなかには、番組の進め方に批判的な意見もあった。枝村純郎《えだむらすみお》駐ロ大使は一九九三年一〇月のエリツィン大統領来日直前に「サンデープロジェクト」に出演したところ、「すでに決まった『設定』と『パターン』のもとに筋書きが定められているのであって、自由な討論と思って参加した私が、とんだ心得違いをしていた」と論じる。その批判は、高坂と明記はされていないが、「高名な国際政治学者」（『帝国解体前後』）にも向けられている。

日米経済摩擦への懸念――『国際摩擦』

「サンデープロジェクト」が始まった一九八〇年代末は、日米経済摩擦が最も激しかった時期である。日米経済摩擦は、高坂にとって重要な研究テーマとなる。高坂は教育と学内外の行政、ブレーン、各紙への寄稿や対談、テレビのレギュラー出演と多忙を極めながらも、研究をおろそかにしなかった。

一般に高坂の論考は抑制的であり、文体のリズムが乱れたり、まして感情が直截《ちょくせつ》に示されたりすることは少ない。だが高坂は、日本外交に主体性を求める一方で、諸外国、とりわけアメリカの対日批判に苛立ちを強めていた。

そのことが表面化するのは、『季刊アステイオン』一九八六年夏号に掲載された「粗野な正義観と力の時代」である。『季刊アステイオン』は粕谷一希が創刊し、自ら編集長となったサントリー文化財団の雑誌であり、一九九九年に『アステイオン』と改名する。

ここで高坂は、「日本の成功に対するねたみの感情の作用は否定しえない。また、アメリカの対日批判のなかには、自らの怠慢を認める代わりに日本をスケープゴートにする傾きが認められる。これらはすべて嫌なことである」(『高坂正堯著作集』第二巻）と記した。

のちに高坂は、『高坂正堯外交評論集』（一九九六年）に同稿を収めたとき、「政治・経済を論ずるにあたって好き嫌いなどといったことは余り持ち出すべきではない。私はそう思い、そのように行動してきた。その禁を破ったのがこの論文である」と冒頭に加筆している。

対日批判への処方箋《しょほうせん》を模索したのが、『国際摩擦――大国日本の世渡り学』（一九八七年）である。まず高坂は、「私はこれまで歴史の勉強にずいぶん時間を割いてきたし、そのために読んだ書物の大半はイギリス人によるものだった」として、イギリスの交渉術にヒントを求める。

そこで取り上げられるのが、敗戦後に吉田茂が岳父の牧野伸顕に送った書簡である。アメリカ独立戦争に敗れたイギリスは小ピットと呼ばれたウィリアム・ピット首相、ロバート・カースルレイ外相、ジョージ・カニング外相など優れた外交家を輩出し、第二の黄金期を築いたのであり、日本にも希望はあると吉田は説いていた。これが第2章で引用したように、「戦争に負けて外交で勝った歴史がある」という吉田発言につながる。

他方、高坂はイギリス外交のミスも取り上げる。イギリスのアンソニー・イーデン首相が一九五六年に行ったスエズ出兵は、高坂以前にアメリカの外交史家であるアーネスト・メイが『歴史の教訓（*"Lessons" of the Past*）』で指摘したように、エジプトの指導者ガムール・ナセルをアドルフ・ヒトラーと類推した失敗例である。

また、一九世紀末に台頭したドイツや、一九三〇年に保護主義的法案を通し、世界経済のブロック化を招いたアメリカを例に挙げ、「後発国で成功するものは、その異質性故に、『不公正な競争』という非難を浴びる」と論じる。

歴史にヒントを求めることの多い高坂だが、「歴史はわれわれにそのまま正確な指針を与えてくれるものではない」と強調していることに留意したい。『歴史はくり返す』という言葉は正しくない」とまで同書は断言する。また、門下生にも、「歴史を勉強したから現在のことが分かるということは絶対にない」（「静かなる思索は時代を超えて」）といつも口にしていた。

そのうえで高坂は、アメリカが日本市場の閉鎖性を誇張して非難する背景として、「相手の異質のよさが人間には判らず、人は反発する」という文化的要因を指摘した。しかし、総合力で劣る日本はアメリカと対決するわけにいかず、「通商国家日本としては、ほとんどの場合、経済摩擦について『忍』の一字で対処するしかな」く、「理を説けば相手は判るはずだというのは、大層おこがましい話」だという。

この議論の大半に異論はないが、「理を説けば相手は判るはずだというのは、大層おこがましい話」というのは、どうも腑に落ちない。処方箋になっていないだけでなく、二六三頁で引用した「説明すれば、案外分かってもらえることはあるだろうと思うんですね」と矛盾しており、やや違和感を覚える。

なお、同書は、ＰＨＰ文庫から『大国日本の世渡り学――国際摩擦を考える』（一九九〇年）として再刊され、『高坂正堯著作集』第三巻所収となる。

「日本異質論」批判――多様性への愛

その後も高坂はアメリカと日米関係について、「バンピング・アメリカの行方」（『日経ビジネス』一九八八年二月二九日号）、「安逸な風潮が生む『日本たたき』」（『中央公論』一九八九年二月号）、「国際関係における異質論」（『法学論叢』第一二六巻第四－六号、一九九〇年三月）を執筆した。

三つの論考は、自選の『高坂正堯外交評論集――日本の進路と歴史の教訓』（一九九六年）に収録される。一九八〇年代末の主たる関心は、ジョージ・Ｗ・ブッシュ政権の誕生するアメリカと「日本たたき」、そして「日本異質論」にあったとみてよいだろう。

高坂は日本の非関税障壁が改善され、「もっとも自由な市場と言えるようになった」し、「ただ乗り」についても「自衛力増強によって、日本はその責任を果たすようになりつつある」と分析していた。日本はODA（政府開発援助）で世界一になった。にもかかわらず、「アメリカの対日不満は消え去ってはいない」し、「異質論」が主張されている。高坂はこう結論づけた。

異質論は危険な議論でもある。というのは、それは人間の原始的な感情とどこかでつながっている。人間は「われわれ」と「彼ら」に分けるくせをもっていて、その「彼ら」は、野蛮で危険な存在でもある。交流が増大し、文明化された後も、そうした感情はときとしてよみがえる。たとえば、勢力争いと結びつくときにはそうである。〔中略〕「異質論」は正しいと言うよりも誤りである面が多いものである。

高坂の三体系論に即していうなら、「価値の体系」という側面から日米摩擦が文明史に位置づけられている。

後年、『高坂正堯外交評論集』に「国際関係における異質論」を収録する際には、「対立感情、不快感、当惑を感ずるものの異質性を口にするのは人間の本能的反応のようなものだから、異質論は古く、陳腐である」、「近代文明は普遍性によって特徴づけられるが、しかし、世界には目ざましい多様性がある」と高坂は書き添えている。

その加筆は一九九六年に亡くなる直前であり、多様性への愛は三一年前にタスマニアを訪れたときと変わっていなかった。

国際的知識人として、父親として

日米関係の論考を発表しただけでなく、高坂はアメリカの学者と一九八六年四月から太平洋の両岸で一〇回ほど会合を重ねた。テーマとしては、昭和期の日米関係を広く扱った。その総仕上げが、一九八九年四月にマサチューセッツ州ケンブリッジのアメリカン・アカデミーで行われた国際会議である。

その成果は、アスティオン編集部編／山崎正和・高坂正堯監修『日米の昭和』（一九九〇年）、Carol Gluck and Stephen R. Graubard, eds., *Showa: The Japan of Hirohito* (1992) として両国で刊行された。

また、防衛庁の防衛研究所では、一九六三年から九六年まで三〇年以上の間、六〇回近く安全保障について講義している。一九九〇年三月には、広島県江田島《えたじま》で海上自衛隊幹部候補生学校の卒業式に出席した。卒業生のなかに、長男の高坂昌信がいたからである。

高坂は卒業式前日のパーティで、「教官の話では息子は空中感覚に優れているということだった。パイロットへの道を進むのがいいと思う」（「父親としての笑顔」）と満面の笑みを浮かべた。海上幕僚長だった佐久間一は、「あの高坂先生でさえも、彼〔昌信〕が江田島を出るとき、本当に親バカみたいな感じだったですよ」（「佐久間一オーラルヒストリー」上巻）と回顧する。

高坂の願い通り、昌信は海上自衛隊のP－3C哨戒機《しょうかいき》で機長の資格を得たうえに、防衛大学校の総合安全保障研究科に進学している。その縁で高坂は、一九九〇年から九五年まで六回にわたり、江田島で幹部候補生たちに講演を重ねることとなった。

授業とゼミ

これだけ多忙にもかかわらず、高坂は教育に熱心だった。中西寛によると、高坂は国際政治学の講義に際して、「B4の紙で平均すると三、四枚」（「静かなる思索は時代を超えて」）のレジュメを毎回配付し、それをフォローするように話していたという。

第二次世界大戦から冷戦にかけて時系列的に扱うというオーソドックスな内容でありながら、そこにジョージ・ケナン回想録の視点を入れるなど、独特なところもあった。中西は、「ケナンの立場は高坂先生の立場でもあると直感し」（「高坂正堯先生の日本への思い」）、権力政治から目をそらさず批判的な視座も保つというバランス感覚などで、両者には通じるところがあるとみた。

高坂は初講義以来のノートを研究室に残しており、それを参照しつつ『国際政治』の体系性を基礎にしながら、最近の理論も授業に取り入れた。レジュメに書いていなくても、一九世紀ヨーロッパのことを話しながら、現代日本の外交問題を論じることもあった。

ゼミについては、どうだろうか。八〇頁でも少し触れたが、高坂は助教授時代の一九六〇年代から予備ゼミと呼ばれる二年生向けのゼミを担当していた。予備ゼミの生徒の一人に五百旗頭真がいる。五百旗頭は大学二年生だった一九六四年度、教養課程で高坂助教授の予備ゼミに入り、三年生以降は猪木正道ゼミに入った。

五百旗頭は、同じ猪木門下で高坂よりも九歳年少であり、「私は猪木先生の著作に惚《ほ》れ込んでいましたから、仮に高坂先生のゼミがあったなら、どちらに入るか悩んだことと思います」（「高坂正堯没後十年」）と回顧する。

その数年後には、外務省チャイナスクールの代表格であり、のちに駐中国大使となる宮本《みやもと》雄二《ゆうじ》が、学生有志が組織した高坂の非公式な「ゼミ」で学んでいる。宮本は、正式な演習としては国際法の田畑茂二郎ゼミであったが、高坂の「ゼミ」ではA・J・P・テイラーのヨーロッパ国際政治外交史の原書を読んでいる。モンテスキュー『法の精神』などの基礎文献から、モーパッサン『女の一生』のような小説までを補足教材として読まされている。

学生が報告すると、高坂は鋭くコメントしたという。駐タイ大使などを歴任する小町恭士も、このときの「ゼミ」生であり、文学部や経済学部からも学生が参加していた。「ゼミ」旅行で淡路島に行ったこともある。

宮本は、「京都大学の四年間の最も思い出深い時間というのは、高坂先生と過ごした時間でした。折に触れて、高坂先生の書いた本は読みましたね。ですから、私は思考法を多く高坂先生に負っているのです」と振り返る。

また、宮本は高坂の講義について、「大学紛争で京都大学も騒然としていたにもかかわらず、高坂先生は必ず教室まで行かれたわけです。学生が『止めろ』と言ったら、『何を言っている。一人でも学生がいる限り、自分は教師として教える義務がある』と毅然《きぜん》としていました。だから、僕らは尊敬したわけです」（宮本雄二インタビュー、二〇一四年三月四日）と語る。

一九七一年に教授へ昇格し、正式なゼミを担当してからのゼミ生の一人に、衆議院議員となる前原誠司がいた。前原は、ゼミの模様をこう語る。

ゼミに入ってからも、いろいろな角度から物事を検証される高坂先生の姿勢には感銘を受けました。たとえば坂本義和さんとの議論でも、評価される部分は評価しながら、批判するところは厳しく批判している。我々学生の稚拙な意見も「そういう考え方もあるわな」と一度は認めてくださる。しかし、「こういう視点から物事を考えてみたらどうや」と投げ返され、また考える。

（「高坂正堯没後十年」）

前原は、「国際政治や日本外交を論じながら現実主義路線を取る先生の考え方は、安全保障などを論じる私の根幹に生きていると思います」（「有事法制は《safety net》」）とも述べる。一九八五年に阪神タイガースが二一年ぶりに優勝したときには、「学生に対して公約していた十津川の吊り橋をゼミ生と渡りに行」（「高坂正堯先生の日本への思い」）き、写真週刊誌の記事になっている。ゼミ生への愛情がなければ、できないことだろう。没後二〇年以上を経たいまも、ゼミのＯＢ・ＯＧ会である高坂会は続けられている。

大学院での指導

大学院での研究指導はどうだったのか。高坂は、中西輝政、戸部良一、坂元一哉、田所昌幸、中西寛、岩間陽子《いわまようこ》、益田実《ますだみのる》、三宅康之《みやけやすゆき》、葛谷彩《くずやあや》、小川浩之《おがわひろゆき》など、錚々《そうそう》たる研究者を十数名も輩出している。大学院に社会人を受け入れ、高坂正堯・佐古丞《さこすすむ》・安部文司《あべぶんじ》編『戦後日米関係年表』（一九九五年）を刊行し、佐古や安部を大学教員に育て上げたこともある。

中西寛は、大学院での教育についてこう記している。

　大学院生とは、ゼミで議論した後は決まって、昼食を食べながら先生を中心に四方山の話をしました。ゼミの間も先生は決してユーモアを忘れられず、しばしば笑いが起きるゼミでしたが、その後の会食の席では実に快活に、政治のこと、文化のことについて院生たちに話題を提供されました。

後から思うと、あれが先生の教育方法だったのだと思います。大学院生なのだから、研究テーマについては自分で勉強するのは当たり前として、それだけになってはいけない、特に国際政治学のようなテーマを研究する者は、幅広い視野と心の余裕を失ってはいけないというのが高坂先生の思いであったと思うのです。

（「高坂正堯先生の日本への思い」）

高坂は大学院の授業を終えると、院生と会食しながら、「あとの食事も大事なんや」、「こうしていろいろ話すっていうのが大切なんや」といつも言っていた。古典外交を研究し、ヨーロッパの知的サロンの雰囲気を知る高坂からすると、演習後の会食は自然なことであり、喜びであり、不可欠ですらあっただろう。演習後のゆったりした談笑を可能にした一因は、高坂が職住近接であり、院生の多くも大学付近に下宿していたからかもしれない。

院生にとって、命ともいえるのが論文の執筆である。院生が論文の原稿を書くと、高坂は丹念に読み込み、コメントしていた。

政策研究大学院大学教授となる岩間陽子は、「三、四十枚たまるたびに、持っていって読んでいただくんです。あの忙しい方が、そのたびに時間をとってくださって、感想をおっしゃったあと、会話は雑談に流れていくんですが、あのときくらい密に接した時期はなかったです」（「高坂正堯　高貴なる情熱家の肖像」）と回想している。高坂とマンツーマンという贅沢で至上の時間は、将来が約束されていない学者の卵たちをどれほど勇気づけたことだろうか。

高坂は学外の教員たちと門下生の話をするとき、まるで自分のことのように上機嫌だった。立教大学から東大に移る直前だった北岡伸一《きたおかしんいち》によると、「坂元〔一哉〕さんのあの論文は面白いとか、中西〔寛〕さんはすごく活発な人だと褒めると、相好《そうごう》を崩して喜んでおられた」（「静かなる思索は時代を超えて」）という。高坂のもとで学位を取得した留学生も多かったであろう。

高坂は他大学の教員に連絡し、刊行を控えた弟子のゲラを見てもらったこともある。高坂は、「なにしろ著者が生まれる前のことなので、用語などに思いちがいがあるといけませんから。よろしくお願いします」と東洋英和女学院大学の塚本哲也教授に電話した。塚本がゲラを読んで激賞すると、高坂はうれしそうに手放しで喜んだ。

塚本は、「こんなにお弟子さんに対し親切に肩入れする高坂先生に、教育者としても立派な人だと深い敬意を持った」（「弟子思いの大家」）という。

ただし、「高坂さんには確かに立派な弟子たちがいます。しかし、昔の教授が職権を使って勢力を伸ばす、というふうではありませんでした」（『舞台をまわす、舞台がまわる』）と山崎正和が述べるように、高坂は門下生に他大学への就職を斡旋することに積極的ではなかったようである。

「朝まで生テレビ」の天皇論

個人的なことで恐縮だが、授業や講演、さらにはテレビなどで、私が見たり接したりした高坂について触れてみたい。といっても、私は高坂ゼミではなく行政学の村松岐夫ゼミだったので、高坂のゼミについては高坂ゼミ生から聞いていたにすぎず、大したことは書けない。

高坂の名前は中公新書の『国際政治』を通じて高校生のときから知っていた。一九八八年に入学した当時の京大政治学では、高坂と村松が最も著名だったように思う。自分に資質の欠片《かけら》でもあるのか半信半疑だったが、研究者になりたいと考えていたので、両教授の主著は一、二年生のうちにほぼ読んでいた。法律系では、憲法の佐藤幸治《さとうこうじ》や国際法の香西茂《こうざいしげる》らの授業が印象に残っている。

その頃、高坂の著作で最も刺激を受けたのは、『宰相 吉田茂』と『世界地図の中で考える』である。『古典外交の成熟と崩壊』は難解で、すぐには読みこなせないように感じた。二年生となった一九八九年に講談社学術文庫から刊行された『現代の国際政治』には、やや失望した。その理由は端的にいうなら、米ソ「二極体制」の終焉について予測が大きく外れていたからである。これについては、第6章の冒頭で扱いたい。

入学後に高坂を見たのは、テレビが先だった。入学した一九八八年には昭和天皇の病状が悪化し、京都でも河原町などの繁華街でネオンは落とされ、クリスマスの夜ですら自粛ムードだった。

その大晦日《おおみそか》に高坂はテレビ朝日の「朝まで生テレビ」に出演し、評論家の西部邁《にしべすすむ》や作家の野坂昭如《のさかあきゆき》、映画監督の大島渚らとともに討論した。テーマは昭和天皇にほかならない。病状の悪化している天皇をテレビで議論することはタブー視されており、思い切った企画だった。高坂ほどの学者がリスクを冒し、大晦日の深夜に出る番組なのだろうかと感じた。高坂は落ち着いていたものの、発言の内容は、ある方面を刺激しかねないものだった。

高坂は、「僕らにはタブーはないですけどね。やっぱり自粛現象というのは悪いと思いますよ」、「〔天皇は〕無用の用で、ある種の安全弁みたいなものだと思うのです」、「僕らは関西だから、天皇さんになるんだね。天皇陛下といったこともあまりないし、天ちゃんといったこともない、天皇さんなんです。普通に扱うのが一番いいと思います。だから僕は自粛反対なのよ。あんまりうやうやしく扱うのはよくない」（『生テレビ・熱論 天皇』）などと自由に語る。

司会の田原総一朗によると、高坂が辛辣な発言をしても、京都弁で柔らかく聞こえたため、「高坂さんの発言には、なんのクレームも来なかった」（「余人を以て代え難し」）という。

高坂とすれば、京都御所は徒歩圏であり、親近感があったのだろう。しかも高坂は、『文藝春秋』（一九八九年六月臨時増刊号）に「天皇　その無用の大用」を発表し、そこでも「天皇さん」（『高坂正堯著作集』第八巻）と呼んでいる。

ポスト冷戦は「すばらしい世界」ではない

初めて直に高坂を目にしたのは、平成に入って間もない一九八九年三月一四日、講演会「世界の中の日本」であった。この講演会は、国際日本文化研究センターの主催である。講演は京都の都ホテル新館で開かれた。もう三〇年前のことだが、国際日本文化研究センター編『世界の中の日本 II——国際シンポジウム 第二集』(一九九〇年)を手掛かりに想起したい。

国際日本文化研究センター所長の梅原猛が冒頭で、日文研は京大人文科学研究所の仕事を受け継いだところがあり、学問が専門化するほどに人文研や日文研のような「総合的な研究の機関」が重要だと挨拶した。二二頁でも引用したが、このとき梅原が友人の源了圓から聞いた話として、「〔高校三年生だった高坂が〕京大に通るのは間違いない、一番で通るかどうかが問題だ」と口にしたことは明確に覚えている。

最初に演壇に立ったのはイェール大学教授のポール・ケネディで、「世界の中の日本の役割」と題して講演した。イギリス生まれで、数年前にイェール大学へ移籍していたケネディは、『大国の興亡——一五〇〇年から二〇〇〇年までの経済の変遷と軍事闘争』(一九八八年)で注目された。同書の分析は長期に及ぶが、一般にはアメリカ衰退論としてクローズアップされていた。

まずケネディは、アメリカのジャーナリスト、デイヴィッド・ハルバースタムが『パレード』誌で「今や日本はアメリカにとってかつてのソ連の軍事的挑戦に比べはるかに深刻な挑戦である」と主張したことを引き合いに出した。

そのうえで、「私が思い起こすのは、今世紀初頭のイギリス人が、深刻な経済的挑戦者としてのドイツに対して抱いた恐れと驚きの念です。〔中略〕しかし、〔日本は〕同時に、将来に関して問題と不安を感じています。日本は今、人口の老齢化という問題に直面しています〔中略〕。日本が最も大きな困難に直面するのは、戦略と外交の領域だと思います」などと述べている。

これに対して高坂は、「日本の立場――内なるものの視座」と題して演壇に立ち、「バック〔ママ〕スアメリカーナというのがそう簡単になくなるとは思いませんし、また日本が世界の指導国の一つになるとも感じておりません」と語った。

そのうえで高坂は、アメリカの相対的な影響力は低下してきており、「未来に対してそれほど楽観的ではない」ため、「現在の日本の政策について、何よりも大事なのは、できるだけ態度を決めないということだと考えております」とやや言葉を濁す。

さらに高坂は、こんな比喩《ひゆ》を用いた。

日本は何か稼ぎだけ非常にふえたけれども、まだ頭の中があまり立派でないタレント歌手というか、かわいこちゃん歌手に似ておりまして、自分で金を使わせたら危なくて仕方がないという感じがするのであります。したがって、旧秩序はできるだけ維持したほうがよろしいと思います。

今後の見通しについては、「正直に言って、私は、国境のない世界での相互依存というものは信じません。そういうものはあり得ないと私は考えております」と流行りの相互依存論やボーダレス・エコノミー論に否定的な見解を示し、「そうではなくて、私は、意外に、伝統的な外交関係に似たような国際経済関係になるのではないかという感じがするわけです」と変化よりも継続の面を重くみた。

「私自身が態度を決めていない」、「人間というのは十年先は見通せない」と明かすように、やや歯切れは悪かったものの、それが高坂のバランス感覚だったのかもしれない。

その後、国際日本文化研究センター教授の村上泰亮《むらかみやすすけ》が司会となり、ケネディ、高坂とともに鼎談した。ここで高坂は、予見的な言葉を口にする。

今後の状況は戦後世界から冷戦を引いたものである。すばらしい世界だと考えるかたがおいでになるかもしれませんが、絶対そうではない。冷戦ほど大きなことが終わる時には、全く新しいゲームが始まるんで、そのために知的な準備が必要であるということは、間違いないことだと思います。

冷戦の終結が好意的に受け止められるなかで、ポスト冷戦がバラ色になるかといえば「絶対そうではない」のであり、新しいゲームには知的準備が必要だというのである。高坂は物静かな語り口で、ケネディと激しく議論するようなことはまったくなかった。

教壇の高坂

一九八九年四月、二年生になった私は「サンデープロジェクト」で高坂を見るようになった。高坂の講義を受けたのは三年生になった一九九〇年度で、この年の高坂は国際政治学に加えて、以前は矢野暢が教えていた外交史も担当していた。国際政治学、外交史とも休講は一度もなく、最前列で聞いた。

高坂の講義はテレビの印象と異なり、淡々としていて、議論を好むようには見えなかった。著作では老練なイメージがあったものの、教壇の高坂からはむしろピュアな感じを受けた。物腰は柔らかく、訥々《とつとつ》とした語り口でありながら、ときおりユーモアを交えることも忘れない。教科書を用いない代わりに、当時の授業にしては珍しく、数枚のレジュメを毎回配っていた。その姿からは学生思いの雰囲気が伝わる半面、別格のオーラがあり、授業後に質問するのには勇気を要した。

国際政治学の講義では、苛烈だった日米摩擦を先の講演のように独自の視点から分析するときもあれば、古典にも言及するなど縦横だった。とりわけ、高坂は今日に通じる古典として中江兆民『三酔人経綸問答』の味読を学生に勧めていた。

文明史的な文脈では自著の『文明が衰亡するとき』にも論及し、照れながら「これが一番売れた本なんや」と口にしていた。アメリカ流の理論はあまり出てこず、基本は歴史的アプローチだった。

ケネディ『大国の興亡』も取り上げられた。高坂はその表紙について生徒に語った。ニューヨークで刊行された英語版と日本語版の表紙では、日本人がアメリカ人に代わって、地球儀らしき球体の頂点に上りかけている。球体の上半分は階段状になっており、イギリス人は階段を踏み外す寸前である。しかし、イギリスで刊行されたリプリント版では、イギリス人に配慮して、表紙を変えてあるとのことだった。

「ドイツ統一と〝ドイツ問題〟」

外交史の講義は、一八、九世紀来のヨーロッパが中心で、現代のことはあまり扱われず、したがってアメリカの比重は低かったように思う。ここでも毎回レジュメを配り、例えばドイツの国境線がいかに動いたかなどを説明していた。ドイツは地政学的にどうシミュレーションしても世界大戦に勝利するのは難しい。それだけに、ドイツとロシアの関係が親和的な時代には、国際政治が安定するとの持論だったようである。

ドイツについては偉大な思想家らがいるものの、統一された強国になれば国際秩序を不安定にしがちであり、その意味であまり好きでないという印象を受けた。これは高坂がそう感じたというだけでなく、オーストリアのメッテルニヒやフランスのタレーランのような政治家、イギリスの保守的思想家バーク、歴史家ヒンズリーも同様に考えていたことによるのであろう。

ただし、仮に好悪の感情や政治的見解があっても、それを直接に語るよりも、書物からの引用やウィットで表現するタイプだった。例外的なのはイギリスで、イギリスびいきであることは本を通じて知っていたし、授業でも隠す様子はなかった。フランス語の文献も読んで講義しているようだった。どのような文脈か忘れてしまったが、「女性に人気があることも大事なんや」とも言っていた。

いまにして思えば、外交史の授業は高坂の学問上の原点から語られていた。それでいながら、ときにドイツ再統一のような時事問題にも触れる。ドイツは一九九〇年一〇月三日、四五年ぶりに再統一を果たしており、高坂が話した内容は、『法学論叢』第一二八巻四・五・六号に掲載される「ドイツ統一と〝ドイツ問題〟」（一九九一年）の下敷きだったようである。

同稿で高坂は、「ヨーロッパの近代国際体系が一六四八年〔のウェストファリア条約〕に始まったとするなら、今日までに三五〇年が経過したことになるが、その間ドイツが統一されていたのは七十四年間しかない。そして、その七十四年間は抗争と混乱の時期でしかなかった」と論じている。

歴史的にみれば、「〝中原の国〟の強大化はつねに困難な問題をもたらす」という。一九世紀後半にドイツ統一が周辺国に嫉妬と警戒を生んだように、重みを増すドイツに対して、「かつての心理的な作用・反作用の関係が始まらないとは限らない」（『高坂正堯著作集』第六巻）というのである。「中原の国」は、『古典外交の成熟と崩壊』のテーマでもある。

他方、重要でありながら、授業で決して口にしなかったことがある。高坂が佐藤内閣や三木内閣、大平内閣、中曽根内閣で外交や安全保障のブレーンだったことである。それについては、もどかしいほど何も述べなかった。ただし、直接にブレーンの話はしないにしても、「学者になる者は天才でなければならないが、学者の言う通りにやればうまくいくわけではない」とは談じていた。

高坂が歴代内閣と近しく、少なからず政治的役割を果たしていたことは、学生ですら知っていた。しかし、それがどの程度かは不明だった。歴代首相をどうみていたか評することもほとんどなかったが、『宰相　吉田茂』などから推測はできた。

当時はバブル全盛期であり、強すぎる日本経済と対米貿易黒字のなかで、「日本異質論」にどう対処するかが高坂としても当面の課題の一つだった。そのためか、いずれの授業からも、のちに高坂が『日本存亡のとき』で世に問うような将来への危機意識はあまり感じられなかった。日本は冷戦の実質的勝者といわれた時代であり、いまとは隔世の感がある。

むしろ危機という意味で記憶に残っているのは、経済学部の授業に出ていたとき、いわゆる一・五七ショックが取り上げられたことである。一九八九年の一・五七ショックとは、出生率が丙午《ひのえうま》で過去最低だった一九六六年を下回ったことを指す。

高坂ゼミ

当時の経済学のうち、まだ半分ぐらいはマルクス主義経済学であり、先にも触れたように学内外で高坂を「御用学者」とみる向きもないではなかった。それでも、政府の会合に参加することと自体が悪であるという風潮は後退していた。大学紛争から二〇年ほど経っていた頃であり、学生運動も下火になっていた。

むしろ、高坂にはファンが多く、ゼミは最も人気があった。毎年二十人前後、あるいはそれ以上のゼミ生がいたのではなかろうか。選抜方法は、くじ引きと筆記試験の二段階だったようである。記憶が定かでないが、高坂ゼミには女子学生が多かったような気がする。多いといっても、数名でもたくさんに感じただけかもしれない。というのも、『京大法学部一〇〇年のあゆみ』によると、私の学年の女子学生は、法学部四二六人のうち六九人しかいなかった。

私の学年の高坂ゼミでは、前半でフローラ・ルイス／友田錫《ともだせき》訳『ヨーロッパ――民族のモザイク』上下巻（一九九〇年）などを読み、後半では各自のテーマで発表していたようである。

人数が多いため、主としてテキストについて報告する学生と、自分のテーマで報告する学生を分けることで、演習を運営していると高坂ゼミ生から聞いた。卒論は制度としてなかった。ゼミ生は高坂ゼミであることを誇りに感じているようであり、結束も固く、同期の高坂ゼミ生たちはアメリカに旅行していた。

私自身は高坂ゼミに行くべきか迷った末に、行政学の村松ゼミでお世話になった。ゼミ生は一〇人に満たず、女子学生はいなかった。そのうちの一人が、高坂ゼミに属しながら、村松ゼミにはオブザーバーで参加していた。そんな裏技があったのかと思ったが、後の祭りである。

この頃、私が関心を高めていたのは大正から昭和戦前期にかけての政治史で、かつて猪木が担当した日本政治外交史に専任の教授がいないのは残念だった。猪木は日本政治外交史を担当するとき、「ヒトラー・ドイツと軍国日本」（「京都大学と私」）の比較という視点を持っていたようである。その代わり、非常勤講師として来ていた神戸大学の五百旗頭真と立教大学の北岡伸一の講義を受講できた。

研究室の高坂

高坂の研究室を二回だけ訪れたことがある。一回目のときは、内政と外交の相互規定性について質問した。すると高坂は、研究室にあった無数の本から、一九六九年刊行のJ・N・ローズノー編『リンケージ・ポリティクス（*Linkage Politics*）』を取り出し、これを読むようにと貸してくれた。リンケージ・ポリティクスは一九七二年に、日本国際政治学会の学会誌『国際政治』第四六号で特集されたこともあり、そういう概念があることは知っていた。

ローズノーの原書は読んでいなかったため、勇んで『リンケージ・ポリティクス』を読み始めた。しかし率直なところ、あまり興味が持てなかった。いまでいえばエクセルの表のようなものを用いながら、科学的に対外政策を分析しようとする手法なのだが、その細分化は分類のための分類にしかみえなかった。これが国際政治学だとすれば自分にその素質はないだろうし、できることがあったとしても、せいぜいアメリカの後追いになると感じた。

個人的に親しみやすかったのは、E・H・カーが『歴史とは何か』（一九六二年）で述べるように、「本当の歴史家なら、自分の手で作った諸原因のリストを眺めておりますうち、このリストを秩序づけよう、諸原因相互の関係を整理するようなある上下関係を設定しよう」とする歴史家の姿勢だった。高坂も『文明が衰亡するとき』では、ローマ帝国の衰亡論を五つほどに絞り込んで考察している。

二回目に高坂研究室を訪れたのは、『リンケージ・ポリティクス』を返却するときだった。高坂は原稿用紙に向かっていたが、中断して、できの悪い学生に時間を割いてくれた。高坂に少しばかり感想を伝えたものの、高坂から特段のコメントは聞けなかった。

高坂自身はローズノーのリンケージ・ポリティクス論をどう評価しているのか、欧米の理論的潮流のどこに自分を位置づけているのか、あるいはそのようなことにさして意義がないと考えているのか、といった疑問が口元まで出かけたが、畏《おそ》れ多くて言葉にできなかった。それは高坂が怖かったという意味ではまったくなく、自分の不勉強を棚に上げて話を聞こうとするのがためらわれたのである。

研究室には、高坂のほかに秘書ないし助手のような女性がいて、そのころ普及し始めたパソコンかワープロに原稿を入力していたように見えた。お忙しそうだったこともあり、ほどなく研究室をあとにした。

あまりかみ合わなかったが、ゼミ生でもない学部生の相談に応じ、即決で本まで貸してくれたことには深く感謝した。こう書くと大げさに思われるかもしれないが、当時はオフィス・アワーという概念すらなく、メールも普及していない時代だったので、アポイントメントもないままに研究室を訪れた。研究室の扉は重く感じられたものである。

当時の京大法学部では、教養部を除いて科目登録制ではなく、期末試験だけで成績が決まった。しかも、同じ時間帯の授業でも筆記試験さえ解ければ、複数の科目で単位がもらえるという不思議な仕組みだった。学科やコースもない。

したがって、高坂からすれば、仮に学生の顔に見覚えがあったとしても、手元に履修者名簿はなかったはずである。名簿がないので、高坂を含めてどの授業でも出席は取らない。他大学から来ていた非常勤講師が、この自由すぎる制度に驚いていた。経済学部も科目登録制ではなかった。

にもかかわらず、高坂は名前や学生番号すら控えずに、返却期日を指定することもなく、大切な洋書を貸してくれた。現在のように、インターネットで簡単に洋書が手に入る時代ではもちろんない。人間の品格は、目下の者と接するときの態度に表れやすい。誰とでも分け隔てなく接することができるのは、父も大学教授で、のちに東北大学教授になる源了圓を家庭教師に付けてくれたという育ちのよさゆえなのか。それとも、幼少期の病弱や妻との離縁を乗り越えた鍛錬のゆえだろうか。

後日談

この話には、後日談がある。高坂から借りた本の編者であるローズノーは、一九七〇年代に“Theorizing across Systems”で自らのリンケージ・ポリティクス論を放棄していたのである。これを知ったのは、一九九二年に神戸大学の大学院に進学し、初瀬龍平《はっせりゅうへい》『連結政治』の概念と方法」などを読んだときだった。

高坂からそのことは聞けなかったので、高坂はローズノーの理論的変遷を熟知していなかった可能性が高い。『高坂正堯著作集』にも、ローズノーの記述はない。だとしても、国際政治学の主要な本はそろえていたから、すぐに洋書を取り出せたのだろう。

高坂の国際政治学はアメリカ流の理論を用いるスタイルではないのだから、いまにして思えばこちらの質問が的外れで、例えば吉田茂や佐藤栄作の話を聞けばよかったのかもしれない。当時は、まさか数年後に他界するとは夢にも考えなかった。

その高坂は、冷戦の終焉や湾岸戦争で転機を迎える。次章では一九八〇年代末に時代を戻し、当時の情勢を高坂がどうみたのかを論じたい。

第6章　冷戦終結から湾岸戦争へ――「道徳は朽ち果てる」

脱冷戦へ――『現代の国際政治』

一九八九年は、国際変動の兆しが誰の目にも明らかな年だった。ソ連のミハイル・ゴルバチョフ共産党書記長が五月一五日に訪中して三〇年ぶりに中国と和解し、六月四日には北京で天安門事件が起きている。東欧は変革の波に覆われ、一一月九日にベルリンの壁が崩壊する。一二月三日には、ジョージ・ブッシュ米大統領とゴルバチョフがマルタ島で冷戦の終結を宣言し、翌年一〇月三日にドイツは再統一した。

この激変を高坂はどうみていたのか。高坂『現代の国際政治』(一九八九年)から探りたい。同書の奥付は、一九八九年一二月一〇日となっている。書き下ろしではなく、高坂・鳥海《とりうみ》靖《やすし》・野田宣雄《のだのぶお》『人類文化史　七　変貌する現代世界』(一九七三年)の第三部を大幅に加筆し、改題のうえ講談社学術文庫から出版したものである。

『人類文化史　七　変貌する現代世界』は、野田「ヨーロッパ時代の終末」、鳥海「激動の中の日本」、高坂「戦後国際政治の動向」の三部構成になっていた。高坂「戦後国際政治の動向」は一九七〇年代初頭のデタントや多極化までを対象としており、いわば『一億の日本人』の国際政治版といってよいだろう。『現代の国際政治』は、「戦後国際政治の動向」に一九八九年までの一六年分を加筆したものである。

「二極体制は基本構造であり続ける」

私にとって一九八九年一二月は学部二年のときであり、『現代の国際政治』が生協に並ぶと同時に買って読んだ。当時の京大で、最も売れていた本ではなかろうか。

まえがきで高坂は、「ひとつの時代が終わり、新しい時代が始まるとき、だれでも今後の世界について考えたくなる。だが、それは確かには判りえないことである。だから、終わりつつある時代を整理することがまず必要である」と執筆の動機を記した。ここでいう「ひとつの時代」とは、高坂が「二つの異質の普遍主義」と呼ぶ米ソ対立、つまり冷戦の時代を指す。

ジョージ・ケナンの回顧録を参照しながら、冷戦の起源を説き起こす冒頭の描写は印象的である。一九四五年五月九日、ヨーロッパでの戦勝を告げられたモスクワの民衆は、歓喜のあまりアメリカ大使館に殺到していた。

そこで、ケナン駐ソ大使代理が館外に出て、「戦勝の日を迎えられたことに祝辞を申し上げます。ソ連と連合国に栄光あれ」(*Memoirs, 1925-1950*)とロシア語で挨拶した。だが、スターリン首相らは民衆と「ブルジョア国家」の接触を快く思わずにおり、西側の特派員を抱き込みながら、ケナンの言動をねじ曲げて反米プロパガンダに使うのである。

『現代の国際政治』は米ソ対立を主旋律としながら、復権を目指すヨーロッパやアジア・アフリカ諸国の台頭を副旋律のように織り交ぜていく。先に述べたような経緯から参照した文献がやや古く、啓蒙書のため出典不明が多いという難点もあるものの、一九七〇年代までの冷戦史は安定的な筆致となっている。

学生ながらに、やや疑問を覚えたのは、ゴルバチョフが登場する一九八〇年代を描いた「終章 リフレイン」である。米ソ関係は脱冷戦に向かいつつあり、国民も流動的な国際情勢に関心を高めていたため、国際政治学者としての見解が注目されるところだった。

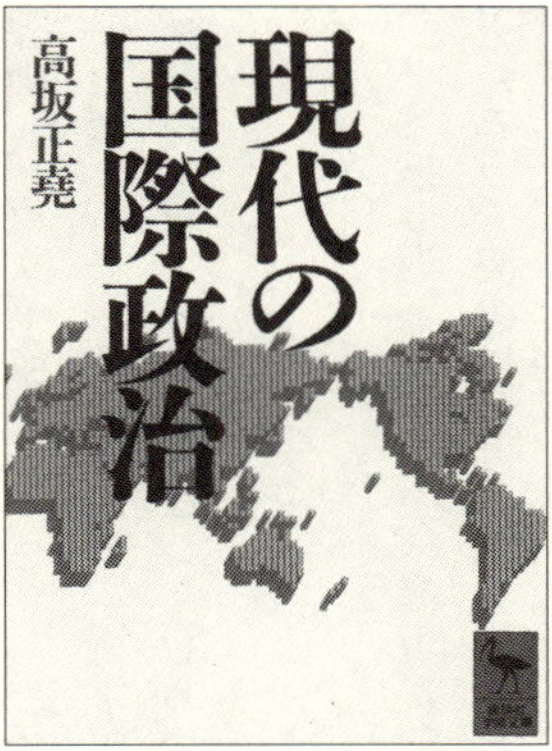

『現代の国際政治』（1989年）

ここで高坂は、「米ソによって代表される普遍主義の時代は終わったが、米ソとその他のものとの間には歴然たる力の格差がある」のであり、「二極体制は国際政治の基本構造であり続けるであろう」と予測する。

しかし、高坂の読み通りに国際情勢は推移しなかった。東欧革命は進み、一九九〇年一〇月にはドイツ統一で東ドイツが消滅し、ソ連は一九九一年一二月に解体する。歴史の後知恵にすぎないが、『現代の国際政治』の終章は「二極体制」の安定性を過大評価し、東欧革命のインパクトやソ連内部の不確実性を低く見積もったといわねばならない。ただし、終章の最終節で「過半数のアメリカ人が日本に経済面で抜かれたと考えたことが、歴史のエピソードとなることもありえないわけではない」と記しているのは的確であった。

高坂の判断ミス

いま振り返ってみると、高坂が情勢判断を誤った一因は、刊行のタイミングが悪かったことだろう。高坂は一九八九年一〇月に脱稿しており、ドイツのコール首相が一〇項目の統一構想を発表したのは翌一一月末である。

しかも、当のコールですら、統一の実現は一〇年後とみていた。実際には一九九〇年一〇月に統一するのだが、統一が急展開するのは、早期統一を掲げる東ドイツのキリスト教民主同盟が三月の東独人民議会選挙で大勝したからである（『朝日新聞』一九九〇年一〇月五日）。

一九八九年一二月刊行の『現代の国際政治』で「二極体制」は続くであろうと記したものの、そこから一年弱でドイツが統一し、約二年でソ連が解体する。私からすると、学部二年生の冬に手にした『現代の国際政治』の終章が、早くも三、四年生時には見込み違いと判明したことになる。私が法学部を卒業した半年後の一九九二年一〇月、高坂は講談社から刊行する『日本存亡のとき』で「二極体制は終わった」と認めざるをえなかった。

とはいえ、高坂が情報収集を怠ったわけではない。高坂は現状分析について、「私はだいたい週刊誌を基礎にしてやるのが好きなのです。『オブザーバー』とか『ル・モンド』とか『タイム』とか、週刊誌のレベルに私の頭の波長が合っているわけです」（「ダブル・スタンダード批判」）と松下政経塾で講演している。

また、高坂が学長就任予定だった静岡文化芸術大学には高坂文庫が残されており、少なくとも和雑誌三一種、洋雑誌一一種を購読していたことが分かる。そのほか、図書館も活用していただろうし、一九九〇年夏にはベルリンを訪れていた。

高坂はベルリンで教え子に会うと、「すべての本を読むには、人生はあまりに短く、歴史はあまりに複雑である」（「運」）と語った。高坂は、「良書を読むための条件は、悪書を読まぬことである。人生は短く、時間と力には限りがあるからである」（「読書について」）というアルトゥール・ショウペンハウエルの言葉を念頭に置いていたのだろうか。

国際情勢が大きく変わろうとするとき、次の展開を予見することは誰にとっても難しい。情報分析のプロであるはずの外務省ですら、判断を誤っている。二つの例を挙げたい。

第一に、外務省のドイツ・スクールで、外務事務次官、駐米大使、駐ドイツ大使などを歴任した村田良平である。村田はドイツ問題の第一人者と目されていた。第3章で述べたように、高坂は佐藤内閣期から村田と面識があり、村田は田岡良一ゼミの四年先輩に当たる。

ベルリンの壁崩壊の約一年前、村田は次官として経済界との懇親会に出席していた。すでに東欧情勢は流動化しており、「東西両独が統一される時が来るのでしょうか」と問われると、村田は「今世紀中はないでしょう」と答えている。同席した栗山尚一《くりやまたかかず》外務審議官は後年、「優れた専門家でさえも見通せなかったヨーロッパ情勢の急展開は、改めて国際情勢を読み解く我々の能力の限界を知らされた」（『戦後日本外交』）と回想している。

第二に、駐ソ大使だった枝村純郎は、一九九一年の年頭に「ソ連解体の可能性がもはや排除できない段階に来ている」との所見を東京の外務省に提出しながらも、保守派がクーデターを起こした八月には日本で休暇中であった。枝村は、「任国《にんごく》に大きな変動が起こっているときに大使が任地を離れていたということは、失態たるを免れない」（『外交交渉回想』）と自省している。

これらを勘案するなら、高坂がドイツ再統一やソ連の解体を予見できなくてもやむをえない。ペレストロイカと呼ばれたゴルバチョフの改革が失敗すると考えていたソ連ウォッチャーはいたが、ソ連自体があのような形で解体すると分析していた者は皆無に近いだろう。

高坂ですら変革期に情勢を読み違えることは一種の教訓となり、凡庸な私は歴史研究に専念するようになる。

ケネス・ウォルツの影響はあったか

『現代の国際政治』は一九九三年四月に第八刷となるが、改訂版は出ていない。高坂があと数年でも存命なら、湾岸戦争や冷戦後を含めて、大幅に加筆修正したかもしれない。現に『日本存亡のとき』の前半は、ゴルバチョフ時代のソ連やアメリカの「勝利」に紙幅を割いている。

ここで一つ、疑問が生じてくる。「二極体制」は続くであろうという『現代の国際政治』の誤断には、一九七九年に刊行されたケネス・ウォルツ『国際政治の理論（*Theory of International Politics*）』の影響があっただろうか。

というのも、ウォルツは同書で国際システムの構造をアナーキーと解し、冷戦下の「二極システム」が最も安定的と主張していた。ウォルツが一九五九年に刊行した『人間・国家・戦争』のうち、第三イメージとされた国際政治構造の理論を発展させたものである。

国際政治を国家間の権力闘争と見なしたハンス・モーゲンソーのような古典的リアリズムに代わって、ウォルツは国際政治理論の中心的な位置を占めつつあった。ウォルツの立場はネオリアリズムと呼ばれる。しかし、ウォルツ『国際政治の理論』は「二極システム」の安定性を強調するあまり、構造的変化の可能性を実際よりも少なく見積もっていた。

高坂は、世界思想社から一九八八年に刊行された猪木正道先生古稀祝賀論集刊行委員会編『現代世界と政治』に「現代国際体系論——その安定性と変容の可能性」を寄せており、ウォルツ『国際政治の理論』を「興味深い見解」として検討した。『国際政治の理論』を肯定的に引用したうえで、「両超大国が巨大な核兵器を持って対峙するようになったという事実をつけ加えるべきであろう」と高坂は述べる。

高坂が『現代の国際政治』で「二極体制」は続くと予測したのは、その翌年の一九八九年である。ただし、「現代国際体系論」には「いかなるシステムも変化せずにすむものではない。また、いつまでも続くものではない」(『高坂正堯著作集』第七巻)と記されており、ウォルツよりは変化の可能性を高くみていた。したがって、ウォルツ「二極システム」論の影響は限定的と思われる。

湾岸戦争での「甘え」

高坂にとって、「二極体制」の崩壊以上に衝撃的だったのが湾岸戦争であろう。ドイツ再統一から約二ヵ月前の一九九〇年八月二日には、イラクがクウェートを侵攻していた。この湾岸危機は翌年一月一七日、多国籍軍がイラクを攻撃することで湾岸戦争に発展した。クウェートは、二月二六日に解放されている。海部俊樹内閣も国際貢献を求められ、総額一三〇億ドルを支援したが、自衛隊の派遣には至らなかった。

高坂が多国籍軍による攻撃を予期していなかったことは、第3章末で触れた通りである。とするなら、高坂は湾岸情勢をどうみていたのか。湾岸戦争前の湾岸危機に関する代表的論考は、『文藝春秋』(一九九〇年一一月号)に掲載された「冷戦後の国力の性質」である。そのなかで高坂は、日本の「甘え」を叱責《しっせき》した。

われわれはまず、「安全保障は経済上の問題だけではない」ことを思い知るべきであろう。日本では、その逆の命題、すなわち「安全保障は軍事力だけの問題ではない」というのが盛んだが、大体、「××××《〔ママ〕》だけではない」という議論は、「××××《〔ママ〕》」を他人がやってくれるだろうという甘えに基づく、賢《かしこ》ぶった議論なのである。

危機に対して拠出金を提供することも無意味ではないが、経済以外の手段で貢献しないようであれば、「日本は、世界秩序の作成・維持に参加することができず、それ故、弱い立場に立たされる」というのである。「結局のところ、奇妙な一時の繁栄で終わった国ということになるだろう」（『高坂正堯著作集』第三巻）との結語は、予言的ですらある。

「道徳は朽ち果てる」

湾岸戦争は一九九一年一月一七日、サウジアラビアに駐留していたアメリカ中心の多国籍軍がイラクを攻撃することで始まった。海部内閣や世論の主体性を欠いた反応に対して、高坂は批判のボルテージを上げていく。

高坂は湾岸戦争でクウェートが解放された一九九一年二月二六日、河合栄治郎の生誕百年記念会で講演した。なぜ高坂が壇上に立ったかといえば、高坂の恩師の猪木が河合の弟子であり、高坂は河合の孫弟子に当たるからである。孫弟子といっても、河合は戦時中の一九四四年に他界しているため、高坂と面識はない。高坂の講演は、『正論』（一九九一年六月号）

の「日本の危険――国家モラルの崩壊について」にまとめられた。
このなかで高坂は、「戦闘的自由主義者」と呼ばれる河合の最晩年の著作でありながら、大学を追われた刑事被告人のため発禁となった『国民に愬《うった》う』を引用する。そして、湾岸戦争での日本政府や知識人の対応を酷評した。

法律の感覚なしに、成文法だけを見て、これは国際連合で決めた国連軍ではないと道学者ぶって言う。それを言う人の良心のなさに私は非常な憤《いきどお》りを感ずるのであります。率直に言えば、それはまやかしの議論なのです。〔中略〕

不法行為が行われてすぐに腕力を使わない方がいいかもしれない。でも幾ら説得しても応じないときにどうするのか。ほっとくのか。ほっとくのは嫌だから口だけしゃべっている。これは偽善であり、無力感に基づく無責任であります。

しかも平和憲法、平和憲法と言いますけれども、少なくともそれを言うなら条文を読んでほしいし、それが不戦条約以来の伝統にのっとっているということは考えてほしいし、あれが日本国憲法になったときの非常に苦しい過程を知っていてほしいのであります。それなのに一切先人の努力を無視して、勝手なときだけこれを持ち出すというのは言語道断と言わなければならない。その意味で私は日本には精神的にかなりの腐敗が存在するのではないかと思うのであります。

「まやかしの議論」「偽善」「無責任」「言語道断」「精神的にかなりの腐敗」などという言葉が、高坂の口から発せられるのは極めて異例である。「平和憲法」論に否定的なことにも注目したい。

さらに高坂は、「道徳的な力が大事なんで、それがなければ国は滅びるのです」、「その道徳力が今や危ういと言わざるを得ないだろうと思うわけです」、「責任ある決断をし、行動をするということをやらなかったら、道徳的な構造、英語で言えば、モラル・ファイバーというのはだんだん朽ち果てる、これが日本の第一の危険であると私は思うのです」（『高坂正堯著作集』第八巻）と畳み掛けた。

内輪話ではなく、経団連会館を会場とする生誕百年講演だけに、高坂の舌鋒は際立《きわだ》っている。普段の高坂からは想像できないほど、気迫が前面に出ており、「戦闘的自由主義者」の河合が乗り移ったかのようである。いつもは穏《おだ》やかな高坂を知る者たちは、その厳しさに驚いたであろう。生涯で最も激烈な弁を放った瞬間といっても過言でない。

還暦の憂い

しかも高坂は『正論』（一九九一年五月号）に、講演のエッセンスを「湾岸戦争で露呈された危機」として載せていた。

この半年の議論は日本のなかに存在する内面的腐敗を示した。国は戦争に敗れても滅びはしないが、内面的な腐敗によって滅びる。したがって、状況はまことにゆゆしいのであり、われわれはだれよりも真剣に、われわれの致命的欠陥の克服にとりかからなくてはならないのである。〔中略〕

私は怒り以上のものを感ずる。しかしそうした非道徳の極致の人々はどうでもよい。日本の将来が私には心配である。

これを発表したのは、講演録「日本の危険」が同じ雑誌『正論』に掲載される一ヵ月前である。高坂が「国は戦争に敗れても滅びはしないが、内面的な腐敗によって滅びる」と案じたとき、頭をよぎったのはトインビーではなかろうか。

そのように推測する根拠は、高坂の著作『平和と危機の構造——ポスト冷戦の国際政治』(一九九五年)にある。高坂は同書に、「文明の研究に関して、なんと言ってもトインビーが第一人者で、その膨大な著作は多くの示唆を与えてくれます。そのトインビーは文明の盛衰は結局その内部で決まる、と書いている」と綴った。

私にとって湾岸危機から湾岸戦争に至る時期は、高坂の国際政治学と外交史を受講した一九九〇年度に当たる。だが、ここまでの義憤《ぎふん》を抱いていたことに気づけなかった。しかも、

「日本の危険」は高坂の死まで続く苦悩の始まりにすぎない。

先に引用した「日本の危険」を初めて読んだとき、私は講演録であるため率直に思いの丈《たけ》を披瀝《ひれき》したのではないかと感じた。しかし、そうではなく、決然たる思いであったことは、四年後に明らかとなる。

というのも、自らの還暦を記念してPHP研究所から刊行された高坂・吉田和男編『《ゼミナール》冷戦後の政治経済――座標軸なき時代の論点を読む』(一九九五年)の冒頭で、高坂は「日本の危機」と改題のうえ、講演とほぼ同じ内容を再録したのである。還暦記念論文集の冒頭に再録したことは、「日本の危機」を極めて憂慮していたからとしか考えられない。高坂はこう記す。

本書の問題意識である「冷戦後の政治経済」の巻頭となる小論は、一九九一年二月二十六日、河合栄治郎生誕百周年記念講演会で行われた著者の講演に手を加えたものである。この問題を考えるには、事の本質また、筆者の趣味から、スタイルも話し言葉のままで表現した。この講演は偶々〔たまたま〕、湾岸戦争が最終段階に差しかかったときに行われた。日本はどのように対処すべきかについて、盛んに議論が行われていた。私もいつになく真面目にその議論に加わった。

このくだりは、日本の将来を心底から憂《うれ》えていたことを示す。「いつになく真面目に」というのは、「私は、通常、人間はやや軽い調子で語るべきものだと思っている。〔中略〕大学の一回生のときにサマセット・モームの著作を読んで、深刻な語り口は他人を当惑させるものだし、紳士としてすべきでないことだと示唆されているのに共感した」からだという。

さらに「人間はときとして真面目に、やや大げさに言えば、自分を賭けて行動しなくてはならない」として、高坂自身がそう感じて行動したのは、「吉田茂の伝記を書いたとき、佐藤内閣のときの沖縄返還交渉に際して、基地問題研究会で仕事をしたとき、それに湾岸戦争のときぐらいである」と続ける。

還暦記念の巻頭言には、「通り一辺《〔ママ〕》の返礼より、私が大切に思っていることについての正直な表明の方がよいと思う」というのである。異例の巻頭言は、時評による啓蒙をライフワークとしてきた高坂ならではだろう。

果たせぬ夢――「偽物アイデアリストの暴露者」

ならば日本の貢献は、いかにあるべきなのか。それを還暦の二年数ヵ月前に論じていたのが、『国際問題』(一九九一年一〇月号)の「冷戦後の新世界秩序と日本の『貢献』」である。

ここで高坂は、「国連平和維持活動(PKO)への参加、そして自衛隊法を改正して国連平和維持軍(PKF)への参加はやはり必要であ」り、「日本は国際機構の平和維持活動への参加において不十分であると同時に、日本に近い地域の平和維持のための仕組みをつくる努力においても欠けている」と説いた。

やるべきことは山積していた。本人はまだ知るよしもないが、五七歳の高坂の余命は四年半しかない。

のちに『高坂正堯外交評論集』に同稿を収録する際、高坂は、「およそ決まり文句ほど邪魔になるものはない。その最たるものは『非軍事的貢献』をよしとする議論で、日本のなかではそれでなんとなく通用するのだが、国際的には、なんの感銘も与えはしない」、「この論文に関する限り、リアリストとしてよりは、偽物アイデアリストの暴露者として書いている性格が強い」と注釈をほどこしている。

「偽物アイデアリストの暴露者」のような表現は、温厚な高坂に似つかわしくない。しかし、それには理由がある。『高坂正堯外交評論集』の刊行は一九九六年七月一〇日であり、高坂は二ヵ月前の五月一五日に亡くなっている。死を前にした高坂は、二五年間の外交評論から一九本の論文を選び、加筆修正しながら自注を練っていた。そのうえで、全体を通観する文章を書くつもりでいたが、その時間は残されていなかったのである。

このため、『高坂正堯外交評論集』には、プロローグもエピローグもない。苦しみのなかで高坂は、あえて強い表現を用い、日本人に覚醒《かくせい》を促そうとしたのであろう。同書の刊行を見ずに他界する高坂からすれば、「理想主義」や「一国平和主義」との溝は生涯を通じて埋まっておらず、建設的な対話という夢は果たせなかったといわねばならない。

次世代の「現実主義者」

他方で高坂は、「日本の危険」を憂いつつも、湾岸戦争後の新たな潮流に希望を見出したのではなかろうか。湾岸戦争は次世代の論客を生んでおり、その多くが高坂の弟子筋ないし思想的に近い学者だった。その学者とは長幼の序でいえば、五百旗頭真、中西輝政、北岡伸一、田中明彦などである。

高坂の論考を含めて、彼らの主な著作を挙げてみたい。リストが膨大になるのを避けるため、一九九一年に公表されたものに限っておく。

五百旗頭真『秩序変革期の日本の選択――「米・欧・日」三極システムのすすめ』（ＰＨＰ研究所、一九九一年）
石原慎太郎・江藤淳・高坂正堯「世界はどうなる　日本はどうなる」（『文藝春秋』一九九一年三月）
神谷不二「朝鮮、ベトナム、湾岸」（『世界週報』一九九一年三月五日号）
北岡伸一『日米関係のリアリズム』（中央公論新社、一九九一年）
酒井哲哉「『九条＝安保体制』の終焉――戦後日本外交と政党政治」（『国際問題』第三

七二号、一九九一年）
佐藤誠三郎・田中明彦「不見識な政府　無責任な『世論』」（『中央公論』一九九一年三月）
高坂正堯「日本の危険——国家モラルの崩壊について」（『正論』一九九一年六月号）
高坂正堯「冷戦後の新世界秩序と日本の『貢献』」（『国際問題』第三七九号、一九九一年一〇月号）
田中明彦「『世界新秩序』はなぜ霧の中なのか——中西輝政氏批判」（『中央公論』一九九一年七月号）
中西輝政『国際情勢の基調を読む——ポスト米ソ二極時代の新世界秩序とは』（PHP研究所、一九九一年）
野田宣雄「湾岸から日本に放たれたミサイル」（『文藝春秋』一九九一年三月号）
本間長世・五百旗頭真・山内昌之「アメリカは本当に『復活』したのか」（『諸君！』一九九一年五月号）

これらすべてが高坂の思想に近いわけではない。また、保守とされる論客の間で見解の相違もみられた。そのことを見抜いたのは、東大教授の佐々木毅《ささきたけし》が『朝日新聞』（一九九一年二月二七日夕刊）に掲載した「論壇時評　湾岸戦争」である。

湾岸戦争は国連決議の執行による「警察行動」とする見解が広まっており、そのような立場の代表例が佐藤・田中「不見識な政府 無責任な『世論』」だと佐々木は分析する。国連「警察行動」論は、伝統的アメリカ外交の特徴である「法律家的—道徳家的アプローチ」を極端に進めた議論とされる。

他方で佐々木は、国連が機能することでアメリカは「世界の警察官」として振る舞うため、「国益」を前面に出しにくくなり、「現実主義アプローチが強調する具体的な『国益』論が欠落する」と説く。佐々木によると、アメリカの「国益」という視座から湾岸戦争を疑問視した典型が神谷「朝鮮、ベトナム、湾岸」であり、石原・江藤・高坂「世界はどうなる 日本はどうなる」も国連をほとんど無視し、「国益」の観点から議論しているという。

つまり、日本の資金提供や自衛隊派遣を支持する人々の間でも、国連「警察行動」論の「法律家的—道徳家的アプローチ」と、「国益」論の「現実主義アプローチ」に分かれており、「これは将来、大きな亀裂に発展するかも知れない」と佐々木はいうのである。

酒井哲哉によると、「佐々木は、湾岸戦争をめぐる論調を、何よりも『保守』論客間の『亀裂』の問題として捉え、正戦論と現実主義との相克をそこに見出した」（「戦後の思想空間と国際政治論」）という。

佐々木や酒井が指摘したように、湾岸戦争は「一国平和主義」を後退させただけに、保守的論客の間の差違《さい》を浮き上がらせた。一例として、先に引用した中西『国際情勢の基調を読む』が国連の役割に否定的で、湾岸戦争を「愚かな戦争」と見なしたのに対し、田中『世界新秩序』はなぜ霧の中なのか」は、「正当に評価すべき出来事をも見下すという『冷笑主義』におちいる可能性がある」と中西に疑問を投げかけていた。

中曽根内閣をめぐる高坂や永井、岡崎久彦の相違が「現実主義者」の第一の分岐点とするなら、湾岸戦争は「現実主義者」にとって第二の分岐点といえるだろう。

学派は「高坂氏の精神から遠い」

だとしても、中西、田中とともに高坂の影響を受けたことでは共通する。中西は高坂の弟子であり、田中は一九八一年から平和・安全保障研究所研究員として高坂に頻繁に会っていた。田中は、「平和・安全保障研究所での『アジアの安全保障』の編集作業や、国際会議の準備、さらにその他数多くの研究会を通して、私自身の国際政治の見方は、かなり高坂の影響をうけるようになったと思う」(「古典外交を礎に現代を見る眼」)と記している。

当時、平和・安全保障研究所の理事長は猪木正道であり、高坂が理事長になるのは一九八六年からだが、高坂は『アジアの安全保障』主筆として猪木を補佐していた。

一方で、北岡伸一が高坂とゆっくり話したのは数えるほどしかなく、「湾岸戦争が始まる直前の九〇年の七月が、ふたりで話した最初だと思う」という。一九九〇年七月というのは、北岡が日本政治外交史の集中講義で京大法学部に来たときであろう。この講義は私も受講した。

その北岡は一九九六年に行われた高坂没後の座談会で、「私も、日本の外交について自分なりに多少気の利いたことを書いていたつもりですが、昨今〔高坂〕先生の本を読み返すと、同じようなことがすでに書いてあるんですよ。もう嫌になりますよね（笑）」（「静かなる思索は時代を超えて」）と語っている。

北岡は一九九七年に立教大学から東京大学に移り、日本政治外交史を担当する。かつて同じ日本政治外交史を講義していた岡義武が「ぼくはイギリス労働党の立場です」（「岡義武」）と学生に明言していた頃からすると大きな変化だろう。

これらの学者は、少なからず高坂に敬意を抱いていた。歴史研究を出発点とすることも高坂と似ている。その多くは、国連に対する評価などで相違はあるにせよ、次世代の「現実主義者」と位置づけてよいだろう。

しかし、高坂がある種の学派ないし派閥を作ろうとしたわけではなく、高坂を尊敬した者が多かったというにすぎない。高坂は内輪でなれ合うのを好まず、「佐藤栄作」で論じたように「それぞれ独立に考え、行動しながら、お互いに啓発されるというのがあるべき姿」と考えていた。

第2章末で触れたように、父の正顕は西田幾多郎を頂点とする京都学派の一員であり、『西田幾多郎と和辻哲郎』（一九六四年）のような作品を著した。そのことは、高坂と対照的であろう。

同僚だった野田宣雄は高坂の没後、「氏が吉田茂の政治の業績を『吉田体制』にまで高めてはならないと諭したように、氏自身の学問・評論の業績も、『体制』や『学派』にまで高められることがあってはならない」、「数をたのむ『体制』や『学派』の蔭《かげ》に隠れて、自分の才能と個性の貧困を偽ろうとすることほど、高坂氏の精神から遠いことはない」（「諦念を秘めた華麗な文明」）と指摘した。

野田は一九九一年六月に京大の教養部から法学部に学内で異動となっており、政治史の科目を担当していた。私が受講したときには、野田宣雄『教養市民層からナチズムへ――比較宗教社会史のこころみ』（一九八八年）に近い授業内容だった。高坂と野田は、共著で『人類文化史 七 変貌する現代世界』（一九七三年）を執筆するなど、古くから付き合いがある。

野田が論じたように、学派を築くことは「高坂氏の精神から遠い」。ただし、高坂の意図はともかく、学派ないしスクールらしきものが皆無だったかというと、そうとも言い切れない。北岡や田中のように東大出身でも、高坂に親炙する研究者はいた。意図せざる結果にせよ、出身大学や師弟関係を超え、高坂を軸とした緩やかな知的サークルがあり、それが現在に至るまで言論界の主要な一角を占めているのではなかろうか。

ただし、高坂が新世代の「現実主義者」に希望を見出したとしても、「道徳は朽ち果てる」発言にみられるように、「理想主義者」や「一国平和主義」に対する憂慮が上回っていた。高坂には、論壇の主流になり切れていないという意識が最後まで残っただろう。少なくとも、建設的な議論を可能にする土壌ができていないという歯がゆさはあったに違いない。

各種メディアからの発信

第5章で扱ったように、高坂は一九八九年四月からテレビ朝日の「サンデープロジェクト」にレギュラー出演していた。一九九〇年代に入っても、高坂は番組に欠かせない存在である。主な特集としては、湾岸戦争、ソ連崩壊、阪神淡路大震災、地下鉄サリン事件などと続く。高坂は、生放送のある日曜ごとに出演していた。

番組にかかわった佐々淳行は、高坂の「京都弁の効用」を説く。

　めいめい勝手に貴重な分秒を争って自己主張しようとするとき、不思議な役割を果たしたのが高坂正堯氏のもの柔らかい京都弁だった。

　間合をはかって縄飛びのグループに入ってくるようにスルリと討論の中に入る。するとなぜか皆彼には一目置いていて一瞬黙って彼の発言をきく。「そやねえ、それはやなア……」といった調子で論点をまとめ、要領よく所見をのべるのだが、よくきいていると実にキツイことを言っているのだ。

（「京都弁の効用」）

論争的なテーマでは、激しい応酬になりがちである。しかし高坂だけは、厳しい発言をしても、柔らかい京都弁で場を和ませることができた。

高坂はテレビにレギュラー出演したほか、雑誌や新聞に時評を書き続け、講演も多くこなした。絶えず発信し続けることに使命感を持っていたのだろう。

村松岐夫によると、「高坂氏は、マスメディアの時代に、そこにある多数の形式を意識して積極的に参加した。私は同氏がどこかで言っているかどうか知らないが、長期にわたって第一線で評論活動をした〝ウォルター・リップマン〟を期するところがあったと密かに思っている」(「リップマンを期す?」)という。

歴史問題と中国

高坂が「すばらしい世界」ではないと喝破《かっぱ》していたように、冷戦の終結は安定的秩序をもたらさなかった。むしろ日本は、新たな問題への対応を迫られた。湾岸戦争と国際貢献については すでに述べたため、以下では歴史問題と憲法問題の二点を扱いたい。

歴史問題、とりわけ中国の「日本軍国主義」論について、高坂は一九八〇年代から懸念していた。そのことを示すのが、読売新聞客員研究員の桃井真、駐タイ大使の岡崎久彦との鼎談「西側の興亡と日本の役割　戦後体制に波乱の兆し――同盟の結束に試練の時代へ」(『国防』一九八九年一月号)である。

このなかで高坂は、ソ連圏の行方やデタント、日米安保体制下の責任分担とともに、中国の「日本軍国主義」批判を取り上げている。「中国にしたって、まさか日本が軍国主義になると本気で考えていないだろうけど、そう言ったほうが自分達にとって得だから言っている。彼らは極めて政治的ですからね。しかし、日本はよく考えて、攻撃力は持たないということをステートメント・ポリシーで言わなければいけない」というのである。七四頁で引用したように、『海洋国家日本の構想』で「中国が東南アジア諸国をその支配下におこうとすることも考えられないではない」と警戒していたことも想起される。

歴史問題は、日米経済摩擦や天安門事件、湾岸戦争、ソ連の崩壊などの陰《かげ》となりがちだったが、冷戦後に顕在化していく。一九九〇年代の歴史問題について高坂がどう考えたかについては第7章で取り上げたい。

改憲の主張へ――「思考を停止させる」

一方の憲法問題について、高坂は湾岸戦争を契機に改憲論の立場を明らかにする。もともと改憲論者でなかったことに関しては、これまでも触れてきた。あらためて一九六〇年代にさかのぼり、改憲論への変遷をたどりたい。

まず、『海洋国家日本の構想』に収められる「現実主義者の平和論」では、「憲法九条は、国際社会において日本の追求すべき基本的価値を定めたもの」としつつ、「憲法第九条について硬直した姿勢をとりつづけることは、かえって自衛隊に法的規制を与えることを困難にさせ、野放しにしてしまうことを恐れる」とされる。ここで高坂は、「自衛隊の地位を正常化する」ことを説いているが、改憲論には踏み込んでいない。

次に、『宰相　吉田茂』所収の「宰相吉田茂論」では、憲法制定を含む占領政策は占領軍による「外からの改革」という「奇妙な革命」であったが、憲法は「夢見る国民」に受け入れられたと分析する。吉田は憲法を理由にダレスの再軍備要求を断っており、「もし日本が憲法改正していたならば、日本はアメリカの再軍備要求をことわるのにより大きな苦労をしたことであろう」と解し、「憲法九条についてあいまいな状況が、日本に存在する方がよいかも知れない」とする。

また、『宰相　吉田茂』の「吉田茂以後」によると、池田勇人は「党内復古派の憲法改正の要求を棚上げに」し、「吉田茂によって国家の政策としてすえられた経済中心主義は、池田勇人によって定着させられた。それは日本の新しい国家理性となった」という。しかし、「憲法改正問題を棚上げにすることはできても、この問題そのものは、いつかは扱われなくてはならないものであった」とも記している。

「いつかは扱われなくてはならない」の意味を敷衍したのが、内閣憲法調査会会長の高柳《たかやなぎ》賢三《けんぞう》らと一九六四年に行った対談である。ここで高坂は、「自衛隊の問題についても、あの憲法、とくに第九条から読みとることができるものは、日本国民、大いに悩みなさいということ以外にないんですよ」、「〔自衛隊が〕合憲か、違憲かに割切ってしまうことには、僕はどっちかというと反対なんです」、「僕は悩みながらもてと言ったわけです」と述べる。

この対談で高坂は、「悩みをもたなければいけない」と強調し、「自衛権に関する問題で、われわれの一世代か二世代上の老人が決めたことが、末世代まで支配するというのは、僕は非常に解しかねるんです」（「自衛隊は違憲か合憲か」）と語っている。当面は改憲を唱えないにしても、憲法について議論することは必要だという含意であろう。

その言い回しは、内閣憲法調査会委員で改憲論者の神川彦松が護憲論者の高柳を「三百代言《さんびゃくだいげん》式な空論」（『日本の新しいイメージ』）と批判したことと対照的である。

一九六九年に開かれた日本文化会議という保守系知識人の研究会でも、高坂は「〔「現在の日本で誇りに感ずるもの」というNHK世論調査の〕『戦争を放棄した憲法をもっている』ということについて、マルをつける気がいたしません」（『日本は国家か』）と述べている。

この段階での高坂はいわば消極的護憲派であり、改憲の可能性を含めて憲法について議論しつつ、当面は憲法の枠内でやれることを推進するという立場だった。しかし同時に、将来的には改憲を検討する余地があると示唆していた。

また、一九八三年の日本文化会議一五周年記念シンポジウムでは、独特な「不文憲法論」を展開している。

だいたい私は、憲法については、不文憲法論なので、憲法は人間が書くなんていうのはおこがましいと思っておりますから、逆説的にいえば、誰が押しつけてもあまり気になりません。〔中略〕しいていえば、いくつかのプリントがあって、聖徳太子の憲法以来いまに至るまで何べんも焼きつけてきて、その複合が日本人の国体みたいなものを構成しているという感じがします。したがって、私は日本国憲法の第一条は、「和を以て貴《とうと》しと為す」ということであると、依然として信じております。（「日本の国家像を求めて」）

ところが、それから一〇年後に高坂は、文藝春秋編『日本の論点 ’94』の「いま憲法九条改正は必要か」で「憲法は改正されなくてはならない」と断言する。このなかで高坂は、自らの憲法論の変遷を整理している。

十数年前まで私は憲法は改正しなくてもよいと思ってきた。〔中略〕違憲であるという言論が強く存在したにもかかわらず、自衛隊と日米安保条約は否定し難い現実であった。私はその曖昧さ、あるいは明快な解答がなかったこと——をよいことと判断したのである。〔中略〕

しかし、次第に私の考えは変わってきた。そして今では、いかに難しくても、またいつの日になっても、憲法は改正されなくてはならない、と考えている。

なぜなら、憲法、とくに第九条は日本人に深く考えさせるのではなく、思考を停止させるという性格が強まってきたからである。憲法第九条を守れば、あるいは自衛隊を強化したり、海外に派遣したりしなければ、平和は保たれうるかのように考えるところがある。〔中略〕

湾岸戦争はその問題をわれわれに突きつけたのではないだろうか。イラクのクウェート侵略は、明白に平和に対する挑戦であった。〔中略〕

第九条が政策関係者に与える影響も悪いものとなってきた。〔中略〕その最たる例が自衛権についての法制局の解釈で、日本には個別的自衛権も集団的自衛権もあるのだが、後者は憲法上その行使は許されないことになっている、という。どのように条件をひっくり回しても、何故そうなるのかが私には判らない。やはり詭弁《きべん》だと思う。

論点 16 いま憲法九条改正は必要か

現実が原則的な悩みと賢明な判断を要求する限り、憲法改正は避けられない

高坂正堯

personal data

こうさか・まさたか　1943年京都府生まれ。京都大学法学部卒。同大学教職をとる。60年から2年間ハーバード大学に留学、帰国後の63年、『中央公論』に「現実主義者の平和論」を発表し、論壇にデビュー。71年より京都大学教授。新聞・雑誌・著書を通じて自主防衛力の強化、通商国家論、安保体制の擁護などを主張する。中曽根前首相の私的諮問機関「平和問題研究所」の所長、平和・安全保障研究所の理事長などを務める。著書は、第13回吉野作造賞を受賞した「古典外交の成熟と崩壊」はじめ、「宰相吉田茂論」「文明が衰亡するとき」「外交感覚」など多数がある。

憲法の曖昧さが私たちに難問を与えた

個人的なことから始めさせてもらうなら、十数年前まで私は憲法は改正しなくてもよいと思ってきた。それも私が敬愛する福田恆存氏[*1]などの先輩の意見にもかかわらず、そう考えていた。その理由のひとつは、何故か、私は戦後という時期が好きだったことにある。どんな状況の下であろうが、新しく何かを始めることは人々を情熱的にするものので、新制教育の熱気が私に強い印象を与えていたからである。

より重要なことに、外交や安全保障を専門とするようになってからも、私は憲法第九条が存在することは日本にとって悪いことではないと考えた。私が大学を卒業して今の勉強を始めたとき、すでに憲法第九条は激しい論争の対象となっていた[*2]。違憲であるという言論が強く存在したにもかかわらず、自衛隊と日米安保条約は否定し難い現実であった。私はその曖昧さ、あるいは明快な解答がなかったこと――をよいことと判断したのである。

というのは、第二次世界大戦後、あるいは核兵器の出現以後、軍事力の意義自身が曖昧《あいまい》なものとなっていた。かつては自衛のため、あるいは自国に対する重大な権利の侵害に対して軍事力を行使することは正当と考えられた。しかし、二つの世界大戦はそのように明快に割り切るわけにはいかないことを人間に教えたし、核兵器の出現はその事実をだれの目にも明らかにした。戦争でも平和でもないような形で国際政治における対立や紛争は解決されざるをえなくなった。

＊1　福田恆存　一九一二〜。評論家・劇作家。東大英文科卒。戦後の四七年、聖書の比喩にならった評論「一匹と九九匹と」を発表、「物質でみたされる九九匹の領域を扱う政治の世界と峻別し、文学は政治で解決できない残りの一匹たる精神を救済すべきだ」とした。五〇年代半ば以降、保守的知識人の立場から左翼知識人の政治主義と対決する姿勢をとり、原水禁運動などの平和運動や六〇年安保でも知識人の政治参加を鋭く批判した。

＊2　「憲法改正の歌」の作者　五五年一一月、保守合同で自由民主党が誕生、その政綱に「現行憲法の自主的改正」が謳われた。これを機に、九条改正論議に火がついた。翌五六年、自主憲法期成議員同盟主催の「憲法改正の歌発表会」

「いま憲法九条改正は必要か」『日本の論点 '94』(1994年)

このように高坂は、長い伏線を経て、湾岸戦争を契機に改憲論者となったことを告白している。高坂によると改憲が必要なのは、第一に、第九条が思考停止をもたらすことであり、第二に、政策面での悪影響である。

高坂は集団的自衛権の法制局解釈を「詭弁」としており、「日本は、今のままでは、根本において脆弱である。だから、憲法は改正されなくてはならない」、「憲法改正はどうしても避けて通れない課題なのである」と同稿を結ぶ。

吉田路線を超えて

ならば集団的自衛権の行使について、政府見解はいかに形成され、高坂はそれをどうみていたであろうか。結論からいうと、憲法上の制約から集団的自衛権を行使できないという解釈は吉田内閣末期に起源があり、そのことに高坂が当初から異を唱えていた形跡はない。

かつて吉田茂首相は一九五〇年二月三日、中曽根康弘と衆議院予算委員会で論争している。若き日の中曽根は自主憲法制定を主張し、そのタカ派ぶりから「青年将校」と呼ばれていた。一方、吉田をサポートしたのが、西村熊雄外務省条約局長である。

中曽根　国際連合憲章によると、五十一条に集団的自衛権〔の行使〕ということが認められている。これは第二次世界大戦後初めて認められた言葉であります。かくのごとき集団的自衛権というものを総理大臣はお認めになりますか。

吉田　当局者としては、集団的自衛権の実際的な形を見た上でなければお答えができません。

中曽根　国際連合に表明されているような、つまり連合憲章五十一条が示しているような集団的自衛権を認めるか、こういう意味であります。

吉田　これは現にこういう自衛権を認めるか認めないかと言って、連合国政府から交渉を受けたときには、政府としては見解を発表しますが、お話のような問題に対しては、すなわち仮設の問題に対してはお答えいたしません。

中曽根　この集団的自衛権という問題は、日本の独立後私はおそらく一番重大な問題になって来る問題だろう。そういうところから私はお尋ねしているのであります。

吉田　よく御趣意がわからぬのでありますが、挙国一致内閣をつくれとでもおっしゃればできないことだと思います。

西村　私の知っている範囲内におきまして、頭から集団的自衛権というものは、肯定さるべしという議論を述べられた国際法学者の説には、お目にかかったことがございません。

（「第七回国会衆議院予算委員会議録」第七号）

吉田は明言を避けているが、集団的自衛権に肯定的ではない。西村も同様である。集団的自衛権の行使を明示的に否定するのは、一九五四年六月三日の下田武三《しもだたけそう》外務省条約局長による答弁だった。吉田内閣末期のことである。

下田　平和条約でも、日本国の集団的、個別的の固有の自衛権というものは認められておるわけでございますが、しかし日本憲法からの観点から申しますと、憲法が否認してないと解すべきものは、既存の国際法上一般に認められた固有の自衛権、つまり自分の国が攻撃された場合の自衛権であると解すべきであると思うのであります。集団的自衛権、これは換言すれば、共同防衛または相互安全保障条約、あるいは同盟条約ということでありまして、つまり自分の国が攻撃されもしないのに、他の締約国が攻撃された場合に、あたかも自分の国が攻撃されたと同様にみなして、自衛の名において行動するということは、一般の国際法からはただちに出て来る権利ではございません。〔中略〕結局憲法で認められた範囲というものは、日本自身に対する直接の攻撃あるいは急迫した攻撃の危険がない以上は、自衛権の名において発動し得ない、そういうように存じております。

下田の解釈は、日本が集団的自衛権を持つものの、憲法上、行使できないというものである。下田は、「先ほど私が申しましたのは、外務省と申しますよりは、外務省条約局の研究の段階で得た結論だと申し上げる方がよろしいかと思います」(「第一九回国会衆議院予算委員会議録」第五七号)とも述べており、この段階では政府の統一見解とはいえない。この外務委員会に吉田は出席していなかった。

しかし、下田が吉田の意向に反して答弁したとは考えにくく、その後に下田の解釈は政府見解として定着していく。つまり、憲法上の制約から集団的自衛権を行使できないという解釈は、吉田内閣末期に起源があった。高坂もそのことに異議を唱えてこなかったようである。六二頁でみたように、「現実主義者の平和論」では、「日本から米軍を次第に撤退させて、日本が戦争に巻き込まれる率を減少させる」ことを提唱していた。やがて高坂は有事駐留方式を主張しなくなるが、湾岸戦争まで集団的自衛権の行使に積極的ではなかったと思われる。

したがって湾岸戦争後に、高坂が改憲と集団的自衛権の行使に肯定的になることは大きな変化であり、吉田路線を超えようとしたものと位置づけられよう。護憲と集団的自衛権否定について、湾岸戦争後には弊害が強まったと高坂は考えたのである。湾岸戦争は、高坂にとって決定的な転機となった。

さらに高坂の懸念は、日本が衰亡しかねないとの心痛に高まる。最晩年の高坂は、日本への警鐘に最期のメッセージを込める。残された時間は、砂時計のように減っていく。

第7章　日本は衰亡するのか――「人間の責任」

「孤立主義との決別」――『日本存亡のとき』

高坂は日本の将来に対する危機感を一冊の本にまとめ、講談社から一九九二年に公刊した。すでに引用してきた『日本存亡のとき』である。同書によると、戦後日本は国際政治への関与を避ける孤立主義であり、内政中心主義であった。「世界政治に参加しない限り、ルール形成への発言力は――経済に関するものであっても――小さくなることが避けられない」のであり、「戦後の孤立主義との決別がいまや日本には求められている。しかし、日本の鎖国癖を考えると、それは容易なことではない」という。

高坂は、日本が克服すべき欠点を戦後史から探ろうとするのだが、その前に冷戦とは何であったのかを国際政治学者の議論から読み解く。高坂がある命題に解を求める際、国際政治の歴史や古典をひもとくことは珍しくない。高坂が検討の対象にしたのは、アメリカのハンス・モーゲンソーとフランスのレイモン・アロンによる米ソ冷戦論である。

高坂によると、モーゲンソーは冷戦を権力闘争としてとらえつつも、外交に価値やイデオロギーを持ち込まず、具体的な国益を守ることに集中すれば外交を通じて妥協もありうると論じた。一方のアロンは、米ソ対立の多くは外交で解決しえないものであり、その典型は中立的なドイツ統一が実現できないことに表れると主張していた。高坂は、「状況の認識としては、アロンの方が正しかったのではなかろうか」と断を下す。

かねてから高坂はアロンを評価しており、『レイモン・アロン選集』全四巻（一九七〇―七一年）のパンフレットに「モンテスキューに始まるフランス社会学の伝統に立った現代一流の学者」と推薦文を寄せていた。

アロン／柏岡富英《かしおかとみひで》・田所昌幸・嘉納《かのう》もも訳『世紀末の国際関係――アロンの最後のメッセージ』（一九八六年）にも、高坂は「日本語版への序」を記している。それによると、アロンは「国際関係に関する理論と事実をもっともよく知っている学者の一人」であると同時に、『フィガロ』紙に論説を書いてきた経験もあり、「静かな警戒は怠らないが、いたずらに警鐘を鳴らすことはしない」という。

アロンの広い学識と「静かな警戒」は、高坂にも通じるところがある。『世紀末の国際関係』を静岡文化芸術大学の高坂文庫で確認したところ、下線が最も多いのは「II 国家と国際経済」と「VIII ジョージ・ケナンの孤立主義」であった。依然として、「利益の体系」とケナンにも関心が高かったことをうかがわせる。

ジョセフ・ナイ「ソフト・パワー」論への注目

高坂は『日本存亡のとき』で、ソ連解体後の国際政治を考察している。冷戦後の鍵を握るのは、アメリカの動向だろう。高坂が目を向けたのは、ハーヴァード大学教授のジョセフ・ナイが『不滅の大国アメリカ（*Bound to Lead*）』で説く「ソフト・パワー」論である。ナイは、アメリカが世界で指導的役割を果たさざるをえないと主張していた。ナイの見解は、ポール・ケネディ『大国の興亡』のようなアメリカ衰退論への批判でもある。

ナイがその根拠とする「ソフト・パワー」とは、力を行使することなく、他国をして自国が望むものに自発的に同意させる「互選的（co-optive）な力」を指す。そのためには、文化の普遍性や国際的な制度を確立できる能力が重要になる。

この点について高坂は、アメリカの軍事力が圧倒的なのはもちろんだが、それよりも「〝互選的〟な力」で日本は劣っていると論じた。アメリカはCNNや映画などのメディア、さらには「体質的な国際性」でも優れており、「アメリカの伝統的美徳である公然たる討論への信念」もあることから、「どの国にもまして普遍的な性格を持つ」ため「アメリカ以外にリーダーはない」というのである。

ただし高坂は、アメリカが万能だと考えていたわけではない。「ナイの所説は今後の世界が〝単極世界〟にはならないことをも示して」おり、「アメリカがもし単極世界を志向するならば――残念ながらその危険はないわけではない――それは自殺行為なのである」と予測した。高坂没後のことだが、二〇〇三年のイラク戦争が「その危険」に近い状況であろう。もともとナイは制度重視のネオリベラリズムと呼ばれる立場であり、ハンス・モーゲンソーに代表される古典的リアリズムや、ケネス・ウォルツらのネオリアリズムと系譜を異にする。ナイの「ソフト・パワー」論に感化されたことは、高坂の立場が変化したというよりも、有益と思えば取り入れていくスタイルによるものであろう。

古典的リアリズム、ネオリアリズム、ネオリベラリズム、英国学派といった国際政治理論の諸潮流のなかで、高坂が自らの立場を明示的に語ることはなかった。

ナイは、ロバート・コックス(*Production, Power, and World Order*)やスティーブン・クラズナー(*International Regimes*)らの研究を参照し、「ソフト・パワー」論のヒントを得ていた。しかし、高坂にとって「ソフト・パワー」の名称はともかく、考え方としては必ずしも新しくなかっただろう。

というのも第2章で論じたように、高坂は『海洋国家日本の構想』でE・H・カー『危機の二十年』の「軍事的力」、「経済的力」、「世論を支配する力」という三類型を参照しており、自著『国際政治』の三体系論に「価値の体系」を組み入れていた。高坂は、ナイの「ソフト・パワー」とカーの「世論を支配する力」に関連性を感じたのではなかろうか。

ナイ自身も高坂没後の著作『ソフト・パワー(*Soft Power*)』で、「偉大なるイギリスのリアリストであるE・H・カーですら、三つの国際的権力として、軍事力、経済力、世論を支配する力を一九三九年の著作（『危機の二十年』）で描いた」と記している。ただし、カーは世論を扱う際、国際政治がパワー・ポリティクスであることを前提にプロパガンダに多くの紙幅を割いており、高坂の「価値の体系」やナイの「ソフト・パワー」での世論と同一ではない。

高坂が「価値の体系」として扱う世論とは、主に国連などで形成される国際世論を指す。一方、ナイの「ソフト・パワー」は、自国の文化、民主主義の理念、人権、個人主義などの魅力によって相手国を自発的に引き付けることをいう。それは、強制的に他国を従わせる「ハード・パワー」の反対語である。

つまり、高坂、ナイが対象とした世論は、カーのようにプロパガンダで導かれた世論とは異なっている。ナイは『ソフト・パワー』で、ジョージ・ブッシュ大統領がイラク戦争に「ハード・パワー」としては勝利したものの、十分な国際的支持を得ていないため、アメリカの「ソフト・パワー」を害したと批判した。

高坂は、日本の「ソフト・パワー」を高めるには、体質そのものを改善せねばならないと痛感していた。高坂は「国際関係のソフトパワー」（『英語教育研究』第一六号、一九九二年）で、「体質的に日本はソフトパワーに適していないところがある」、「日本には、言葉ではっきりと発言して、議論をして物事を決めるということをあまりよしとしていない」と懸念している。

〝ジャパン・バッシング〟に抗して

高坂は『日本存亡のとき』で、「数年前からおこなわれるようになったアメリカの過剰コミットメントによる衰退という議論とそれへの反論」も検討している。ここで言及されるのは、京都でともに講演したポール・ケネディの『大国の興亡』であった。『大国の興亡』が歴史的に覇権国は世界各地で過剰に介入して衰退したと論じ、ベストセラーになったのは、アメリカ人がレーガン政権の財政赤字下での軍拡に不安を感じていたからだというのである。

ケネディの主張に対してハーヴァード大学のサミュエル・ハンチントンは、財政赤字はアメリカ軍事費の対GNP比が低下してから生じたと反論していた。高坂はハンチントンの意見に近く、「軍事費の削減という〝平和の配当〟があっても、その分は福祉関係の増加によって喰いつぶされてしまう、という計算があって、それは多分正しい」とする。

また、日本を含むアジア太平洋は独自の性格を持つ「不確定性の地域」であり、冷戦の終結が平和をもたらすとは限らないと高坂は説く。その要因は、日韓関係の不和、日ロ間の領土問題、台湾という「事実上存在するが法的にはそうでもないという奇妙な存在」、中国、北朝鮮、ベトナムという三つの共産主義国での一党独裁、アジア太平洋地域の経済的急成長などである。

アメリカの対日観に関しては、「世俗的な風評の世界では、〝ジャパン・バッシング〟は今までになく強い。テレビや大衆小説を見ると、私でも腹が立つくらいである」と珍しく感情をあらわにしている。

ならば日本はどうあるべきなのか。非軍事の国際貢献だけにとらわれれば、「安全保障面で日本が新しい国際秩序づくりに参加できないことになってしまう」として、高坂は「PKOへの参加、そして自衛隊法を改正してPKFへの参加はやはり必要である」、「われわれはタブー思考を克服すべきである」とあらためて訴える。

さらに、「憲法に関して、まったく自由に論議をおこなうことができなかった」ことは「不幸なこと」であり、「憲法第九条が重要なものであったのなら、その修正もまた重要だったはずである」と改憲に向けた議論の活性化を求める。農産物の自由化については、アメリカの外圧に譲歩するのではなく、「自主的に自由貿易体制へと変化すべきであった」という。


「二流半の国家」


高坂は、経済大国になった日本が「タブー思考を克服すべき」ことを説いた半面で、「日本は経済的にアジアにおける〝巨人〟」と『日本存亡のとき』に記していた。ところが、『文藝春秋』（一九九三年一月号）の「日本が衰亡しないために」では、初めて日本の「衰亡」が正面から語られる。

その理由の一つとして挙げられるのが、中国や韓国などとの間でくすぶっていた歴史問題であった。歴史問題を高坂が真っ向《まっこう》から扱うのは、異例のことである。おそらく高坂は、一九九二年一〇月の天皇訪中をめぐる論争に刺激されたのであろう。

高坂によると、「日本は『戦後』の問題の多くを引きずり、アジアの国際関係の中で、はっきりした地位を作りえていない」のであり、中国、台湾、南北朝鮮が分裂していたため、「まともな戦後処理をおこなうことが不可能となり、アジアから隔絶してしまった」という。「日本の戦争責任の問題は、戦後すぐにではなく、日本が驚異的な成長を遂げた後になって、むしろやかましく言われてきた」。

高坂が日本の衰亡を懸念するもう一つの理由は、政治家の劣化である。吉田茂のほか、「池田、佐藤までは安全保障、外交に対するまともな感覚が残っていたと思われる」が、「佐藤政権以後の歴代総理の中で、こういった問題に関心を持っていたのは、大平、中曽根の二氏ぐらいのものであろう。二十年の間に、たった二人。二人でも出ただけましというべきか」と高坂は綴る。

当時は宮澤喜一内閣であるから、親しかったはずの宮澤も及第点ではなかったことになる。さらに高坂は、「国内では憲法論議はタブーであり、常に外交、安全保障問題をサボタージュするための逃げ口上として使われてきた」のであり、「このまま放っておくと、日本が世界の中で『名誉ある地位』を占めることはありえないだろう。たとえ金はあっても、世界から軽蔑される国となるだろう」と語気を強める。憲法についても、高坂は宮澤の護憲論から離れていた。

高坂は、「この二、三年が最後のチャンス」とまで危機感を高めた。

日本が追い詰められる前に手を打つとすれば、この二、三年が最後のチャンスではないかと思う。それに成功しなければ、日本は国際的に孤立し、辱《はずかし》めを受け、それに対して日本人の怒りが爆発し、ナショナリズムが沸き上がるといったことが起きかねない。あるいは、日本人というのは、追い詰められないと何もできない国民なのだろう。だが、それは日本が二流半の国家であることを自ら認めることとである。

それから三年後の一九九六年、高坂は「日本が衰亡しないために」を『高坂正堯外交評論集』に収録する際、「数十年先ということになると、私の描く日本の未来像は決して明るくない」と加筆している。高坂の憂慮は、深刻さを増していく。

細川内閣への違和感

高坂は、一九九三年八月九日に成立した細川護熙《ほそかわもりひろ》内閣にも違和感を覚えた。ノンフィクション作家、上坂冬子《かみさかふゆこ》との対談が残されている。

上坂　私は最初、細川さんはいいなぁと思っていましたが、就任早々、日本は侵略戦争をしたと断言したでしょう。ああ、やっぱり昭和二ケタは不勉強だなぁとガッカリしました。

高坂　そうですね。戦争に侵略戦争も防衛戦争もない、戦争は戦争ですよ。あれを聞いていて、ちょっと安易なところが気になりましたね。

（「細川政権の命脈を断つこれだけの理由」）

高坂は細川の戦争観を「安易」と見なしたのである。歴史問題に対する高坂の立場をどう評すべきかについては、本章末で村山談話と合わせて論じたい。

さらに高坂は、歴史問題や政治家の劣化にとどまらず、根源的な危惧を覚えるようになる。その焦燥《しょうそう》は、森本哲郎《もりもとてつろう》『ある通商国家の興亡――カルタゴの遺書』（一九九三年）の解説に示された。

カルタゴは高坂にとって、国民学校四年生で読んだ『ポエニ戦役』以来の関心事である。エッセイストの森本によると、カルタゴの通商活動はギリシャやローマの反発を招いて滅亡しており、日本の状況と酷似している。高坂は森本に共感し、「私も、戦後の日本の視野と関心の極度の狭さが大いに気になる」と解説を結ぶ。

幼少期に初めて感銘を受け、文明論の原点ともなったカルタゴ滅亡の物語が、いまや還暦を過ぎた高坂には日本と重なってみえる。高坂は、やり切れない思いであろう。

世界政治学会

高坂は一九九三年一〇月、国際日本文化研究センターの評議員になっている。高坂は国内ではもちろんのこと、国際的にも著名な研究者であり続けた。

そのことを象徴するのが、一九九四年三月二六日に京都国際会議場で開かれた世界政治学会(International Political Science Association, IPSA)で司会を務めたことだろう。世界政治学会はユネスコに承認された最大規模の国際的学会であり、三年ごとに開催される大会には政治学者が世界中から集う。日本での開催は、一九八二年以来の二度目となる。

高坂が司会者の第一セッション「冷戦後の国際秩序」では、ハーヴァード大学教授のロバート・コヘインが「世界経済と国内政治の国際化——比較研究のための枠組み」、上智大学教授の猪口邦子が「パックス・コンソルティス——ポスト覇権システムの出現」を発表した。

国際交流委員会IPSA関係小委員長の蒲島郁夫《かばしまいくお》は、「高坂正堯京都大学教授の軽妙な司会のもとで、活発な議論が展開された」(「京都IPSAラウンド・テーブルひらかる」)と記している。

村松岐夫によるとセッション後、「イタリアやその他の多数の国の学者が、高坂氏の深い国際政治の知識からの、しかも洒脱であか抜けている発言に驚き、日本の政治学の伝統をもっと知りたいと言ってきたということがあった。高坂という人は、こんな風に国際級の人であった」（「リップマンを期す？」）という。

「世界史上例の少ない愚かな争い」――日米関係

「二極体制」が崩壊し、アメリカが唯一の超大国となったとき、高坂の対米観は悪化していた。江藤淳との対談で語ったように、高坂は最晩年の一九九四年頃から「アメリカに行くのが減っている」。アメリカが不寛容になっていると感じたからであった。

「日米摩擦はその典型ですよ。あんなことはね、実際に話を詰めていけば、アメリカは何てくだらんことを要求するんやろという話なんです。でもね、現在のワシントンというのは、独特の不寛容さが雰囲気としてあるんですね」というのである。

のみならず、例えば嫌煙権でも、「アメリカは、なぜ大衆ヒステリーのようになってしまうのか。解《げ》せませんなあ」（「日本のしなやかな孤独」）と高坂は感じた。ヘビースモーカーではないが、高坂は煙草を吸う。

この頃の高坂は、日米関係について多くの論考を発表している。単著としては、『外交を知らない』二つの大国――アジアをめぐる日米の責任」（『季刊アスティオン』一九九四年夏号）、「日本もアメリカも『宿題』をやれ」（『諸君！』一九九五年七月号）である。ほかには、高坂編『日米・戦後史のドラマ――エピソードで読む好敵手の深層』（一九九五年）、高坂・佐古丞・安部文司編『戦後日米関係年表』（一九九五年）もある。

『外交を知らない』二つの大国」は、一九九四年二月一一日の日米首脳会談から説き起こす。この会談で細川護熙首相とビル・クリントン大統領は、日本市場開放の数値目標をめぐって対立し、決裂に終わっていた。

数値目標というアメリカの理不尽な手法について、「要求したらそれが通ると思うのは、冷戦の勝者であり、依然として断然世界一の大国の心理が作用している」、「アメリカには世界政策はあっても、外交がない」、「アメリカの常識が世界に通用するという間違った考えをとらせるところがある」と高坂は反発する。

他方で高坂は、日本の「対応型外交」にも疑問を投げかけた。「日本にも真の意味の外交が存在しないことが問題になってくる。アメリカとは逆の意味で、そうなのである。アメリカは外国という環境を変えうると思い過ぎるところがあるが、日本はその逆に、それに無関心であるか、少なくとも国際環境を変えることができないと考える」（『高坂正堯著作集』第三巻）というのである。

「日本もアメリカも『宿題』をやれ」は戦後五〇年という節目の年に書かれており、その基調は前年の『外交を知らない』二つの大国」に通じる。

高坂は、「自動車部品の輸入をめぐって、アメリカは制裁をちらつかせながら、強引な形で自己主張をおこなった。〔中略〕私自身、少なからず反感を覚えた」し、「アメリカが特定の品目について、アメリカからの購入を日本に迫るのを見ていると、アメリカの政治の質の低下を感じざるをえない」という。

アメリカには財政赤字を改善するという〝宿題〟があり、日本はアメリカに要求されるまでもなく、規制緩和で主体的に輸入を増やすという〝宿題〟を抱えている。「アメリカと日本は自らが宿題をしていないことを省みず、相手が宿題をしていないことを責め合っている」のであり、「世界史上例の少ない愚かな争い」とされる。

これらの論文が書かれたとき、アメリカは民主党のクリントン政権であった。しかし、「アメリカは制裁をちらつかせながら、強引な形で自己主張をおこなった」、「アメリカの政治の質の低下を感じざるをえない」といった指摘は、それから二十数年後に「アメリカ・ファースト」を掲げた共和党のドナルド・トランプ政権を論しているかのようでもある。同時に日本も、現在まで「対応型外交」を克服してこなかったという感が否めない。

高坂の時事評論を読んでいると、ときに現在の政治情勢を扱っているかのような錯覚に陥ることがある。それは、時評を超えた本質に説き及んでいるからであろう。「日本もアメリカも『宿題』をやれ」で高坂は、「日本とアメリカは対立、とくに感情的な対立にふけっていることができはしないのである。現在の世界を見るとき、私はそれが『統御不可能』な方向に行く可能性を感じざるをえない」（『高坂正堯著作集』第三巻）と警告する。

新大学設立の夢

国際政治の見通しは明るくなかったものの、高坂には新しい大学を創設するという夢があった。高坂は一九九五年五月、静岡県の新大学整備推進顧問となっている。新大学とは浜松に開学予定の芸術系大学を指しており、高坂は初代学長に内定していた。

しかし、本人はまだ無自覚であるが、高坂の余命はあと一年しかない。弟の節三は、こう記している。

兄が亡くなる〔一九九六〕年の一月、私はいつものように京都で兄と国際政治や国際経済の話をした後、兄は二年後の定年の後、浜松にできる新しい大学の学長になる予定であること、そしてその大学の構想を話してくれた。浜松はかつて繊維産業の中心であった。そしてその後、楽器、オートバイ、自動車産業が発達した。兄はこうした産業界の方々と静岡県文教関係者の熱意に惹かれ学長を引き受けたといっていた。

（『昭和の宿命を見つめた眼』）

新大学が静岡文化芸術大学として浜松に開学するのは、高坂没後から四年近く過ぎた二〇〇〇年四月であった。

「文明の衝突」批判――『平和と危機の構造』

高坂の晩年で最も体系的な著作が、『平和と危機の構造』（一九九五年）である。同書は、生前に刊行された単行本としては最後の作品となる。その内容は、一九九四年一〇月から一二月にＮＨＫテレビ「人間大学」で放送された「ポスト冷戦の国際社会」を下敷きとして、「三つの領域」に焦点を絞ってある。

三つとは、第一に、国際秩序の問題であり、核と内戦を扱う。第二に、国際経済の問題であり、深刻な貿易摩擦に注目する。第三に、「文明の衝突」の問題であり、とりわけアジアの台頭や異文明との接触を取り上げる。

この「三つの領域」は、二九年前の『国際政治』で設定した「力の体系、利益の体系、価値の体系」とほとんど変わっておらず、その三体系論が冷戦後の分析にも適用されている。

「文明の衝突」とは、アメリカの政治学者サミュエル・ハンチントンが一九九三年の『フォーリン アフェアーズ』誌に掲載した"The Clash of Civilizations"に由来するものであり、一九九六年に *The Clash of Civilizations and the Remaking of World Order* という本にまとめられる。

高坂は冷戦の終焉を「〔一九世紀末ドイツの「世界政策」に始まる〕約百年続いた世界争覇戦の時代の終わり」と長期的にとらえつつ、トインビーが「二十世紀は、それまでの西欧の世界進出に対し、非西欧からの反撃が始まった世紀である」と語ったことを「見事な先見性」と評価する。

それでも「アメリカの世紀」はしばらく続くだろう。なぜなら、アメリカは軍事力、経済力、そしてナイのいう「互選的な」力、つまり「他国をして自らが望むものを望むようにさせる」能力を持つ唯一の国だからである。

他方で高坂は、イデオロギー対立の解消後に「文明の衝突」を予見するハンチントンに批判的だった。「ハンチントンの最大の誤りは、今後の趨勢《すうせい》が経済的地域統合にあるとした後で、その統合を一九三〇年代のブロックや、冷戦時代の東西両陣営と同じようなもの、すなわち、強固なまとまりを持ち、他に対するもの、あるいは排撃するものと考えてしまったことにある」という。

これが誤りなのは、現代では情報や交通手段が著しく発達しており、「ブロックだけで完結することはありえ」ないからである。ただし、「アジアに経済ブロックが出現する場合、それは中国を中心とするものであって、日本はその独自の文明ゆえに中心になりえない、といった〔ハンチントンの〕指摘はまことに鋭い」と部分的には受け入れている。

『平和と危機の構造』（1995年）

同様に高坂は、フランシス・フクヤマ『歴史の終わり（*The End of History and the Last Man*）』のような主張にも懐疑的であった。ジョンズ・ホプキンズ大学教授フクヤマの説では、リベラルな民主主義が唯一の望ましい制度と見なされる。しかし高坂は、「現在の世界はまことに多様なものから構成されて」おり、民主主義が世界に広がるとは断定できないと考えた。

特に、「中国の将来を考えるとき、それが民主化するのか否かを中心的な問題にする傾向が、一部にありますが、私にはそれが問題の立て方として適切だとは思われない」という。

高坂はトインビーを引用しながら、「自己を偶像化してしまった国は対応に失敗する」と指摘し、「私の尊敬する十八世紀のフランスの思想家モンテスキューも民主政、貴族政、君主政に優劣はつけずに論じ」たと記す。

日本については、「日本の経済力は確かに大きいが、それは日本がアジアの中で産業化にいち早く成功したことによる点が少なくなく、やがてそのリードは大幅に縮まり、失われることさえ考えられないわけではありません」という。

アジア文明と西欧文明に「引き裂かれた国」としての持ち味を活かすためにも、「われわれはアジアから学ぶ心を持つべきです」としつつ、「日本ができるだけ広い枠組みで、すなわち世界的で普遍的な枠組みの中で行動すべき」とされる。

以上の議論にも示されるように、高坂のアプローチは理論よりも歴史を重視する。そのことを端的に語った次のくだりは、『平和と危機の構造』で最もよく知られる一節だろう。

> 歴史とともに考察するとき、理論はわれわれに正しい教訓を与えてくれる。政治及び経済の秩序の問題について、いくつかの理論を私は検討するが、その際常に歴史の光にあててみたいと思う。理論抜きには広い世界は理解できないが、歴史抜きの理論は危険で、大体のところ害をなす。

「歴史抜きの理論は危険で、大体のところ害をなす」は高坂の名言とされる。そのことに異論はないものの、「害をなす」には自戒の念が込められていたようにも思える。

というのも第6章の冒頭でみたように、高坂は『現代の国際政治』で「二極体制」が続くと論じ、見通しを誤っていた。その一因として高坂が、部分的にでもケネス・ウォルツの理論に影響されたためと感じていたとすれば、「歴史抜きの理論は危険で、大体のところ害をなす」は警世とともに、自省の言葉だったのかもしれない。

ウォルツの手法は演繹《えんえき》的であり、国際政治の一部を知ることを積み重ねて全体的な理解に到達しようとする還元主義的アプローチに批判的である。高坂の言葉を借りれば、ウォルツは「歴史抜きの理論」といえるだろう。

「思考停止をやめ明白な解答を」

それにしても気掛かりなのは、日本の将来であった。高坂は戦後半世紀を期に、「思考停止をやめ明白な解答を」(『季刊アスティオン』一九九五年冬号)を発表している。以前とは論調が変化したところとして、サンフランシスコ講和会議に関するくだりを引いてみたい。

日本がもっとも長く戦った相手である中国は出席せず、ソ連も欠席〔出席したものの署名を拒否〕して、その結果領土問題は解決されずに残った。賠償金も決められなかった。戦後処理がきちんとおこなわれなかったことを日本の責任とする言論が昔も今も存在するけれども、それは間違っている。戦後処理は基本的に勝者の責任なので、それがおこなわれなかったのは勝者の意見が合致しなかったからであり、彼らに責任がある。

かつて『海洋国家日本の構想』では中国との戦後処理について、「形式的には賠償と名づけなくても、日本は中国に対して、他のどの国よりも多額の賠償を支払うべきではないだろうか。それは、具体的な形での戦争責任なのである」と説いていた。それから三〇年後の「思考停止をやめ明白な解答を」では、「彼らに責任がある」とされており、論調の変化といえるのではなかろうか。

変化はそれだけではない。「思考停止をやめ明白な解答を」で顕著な転調は、自衛隊合憲論を「言い繕《つくろ》い」と批判したことにある。高坂は、解釈改憲しか「現実的な方法がなく、かつ、それでよいのだと考えていた時期がある」。しかし、PKOが拡大する現状にあって、いまや「憲法第九条は障害となる」。その理由を高坂はこう述べる。

それは現実に作用してきた限りにおいて、思考停止を生んでいるからである。とくにこの四半世紀はそうなってきた。すなわち、自衛隊を強化したり、海外に派遣したりしなければ、日本は〝平和国家〟だと考えるようになった。しかし、それは先に述べたように、国際社会のしくみによって軍事力がそうは使われないようになっているという事実を無視している。その点で「一国平和主義」という批判は当たっている。私は日本人が徳川時代の思考をいまだに引きずっているのではないか、と思うときがある。〔中略〕より重要なことは、経済活動は無害であり、有益であると簡単に考えられていることである。

（『高坂正堯著作集』第八巻）

「安全保障感覚の欠如」と「政治家教育」

この議論を発展させつつ、吉田茂に立ち返ったのが、「安全保障感覚の欠如」（『季刊アステイオン』一九九六年冬号）である。ここで高坂は、吉田が本格的な再軍備をせず経済の復興に注力したものの、それを「吉田ドクトリン」とするのは問題であり、吉田は「軍事力に決定的な比重を与えてはいなかったが、その必要性を否定したことはなかった」と主張する。

二五五頁で記したように、「吉田ドクトリン」は永井陽之助の造語である。高坂は『宰

相 吉田茂』の執筆時から、「吉田茂が大きな業績をなしとげた立派な人間であったことを認めるべきであるけれども、それを『吉田体制』にまでたかめてしまってはならない」と説いており、「安全保障感覚の欠如」の眼目は永井批判ではないだろう。

高坂が危惧したのは、「吉田ドクトリン」論が出てくる背景であった。日本人は通俗的イメージにひたって、伝記的研究をしっかり読まない。吉田茂が徐々に軍隊を作ろうと考えたことについては、「猪木正道氏のような権威ある伝記『評伝・吉田茂』（読売新聞社、一九七八年）に記されているにもかかわらず、〝吉田ドクトリン〟を口にする人々は都合よく忘れている」という。

高坂は、ちくま学芸文庫となった猪木『評伝吉田茂』全四巻（一九九五年）の「解説」で、「政治家教育」について記している。

日本には、残念ながら、本格的な伝記がきわめて少ない。首相とか社長の時期だけを扱ったものはあるが、一生を通じてのものは少ないし、多くの場合、客観性に問題がある。イギリスなどで伝記が立派なジャンルになっていて、それが政治家教育に必須のものと考えられているのとひどく違う。

高坂の批判は、「歴史のなかで個人の果たす役割は大きい」にもかかわらず、「本格的な伝記がきわめて少ない」と学界にも向けられたのである。

高坂は「本格的な伝記がきわめて少ない」理由について記していないが、マルクス主義による唯物史観の影響をみていたかもしれない。恩師の猪木はマルクス主義経済学者と対立しており、「彼らのおかげで、京都大学の経済学部が取り返しがつかないほどの長期的打撃を受け、多数の青年たちに大損害を加えたことは、間違いない」（『私の二十世紀』）と断言している。

高坂によると、「池田勇人は〝所得倍増計画〟と〝寛容と忍耐〟ということだけで知られている傾向がある。しかし、これまた権威があり、よく売れた伊藤昌哉《いとうまさや》氏の評伝『池田勇人　その生と死』（至誠堂、一九六六年）はかなりのスペースを割いて、池田勇人のもうひとつの面を紹介している。〔中略〕彼は軍事力の意義を明確に認識していた」という。

高坂が指摘するように伊藤『池田勇人　その生と死』では、池田が「日本に軍事力があったらなあ、俺の発言権はおそらくきょうのそれに一〇倍したろう」とイギリス首相ハロルド・マクミランとの会見後に語っている。また、「池田総理は、軍事的解決と、政治的・経済的解決のいずれを重要と考えますか」とアメリカの雑誌『タイム・ライフ』編集局長に聞かれ、池田は「文句なしに軍事的解決です」と即答した。

高坂は政治家の劣化について、「国際政治のハードな問題への認識能力も減退してきた」と嘆《なげ》く。冷戦は終わり、〝軍縮の時代〟ともいわれるが、「もし本気なら情勢の誤認もいいとところで、少なくともアジアでは軍縮ではなく軍拡が現実である」（『高坂正堯著作集』第八巻）という。

「理想家風の偽善者」と「人間の責任」

さらに厳しい論調となるのが、文藝春秋編『日本の論点'96』に寄稿した「迫りくる危機の本質」である。ここで高坂は、「核の廃絶とか、全面軍縮とか、世界的な通貨制度の確立」などは「すべてできもしないことで、それを根拠にできることを批判する風潮が強まるとき、結局なにもしないことになってしまう」と説く。

「日本では理想家風の偽善者が力を持ちすぎていて、その結果少しでも責任ある行動をしようとしている人を苦しめている」と述べたうえで、高坂は同稿をこう締めくくる。

自己選択を志すのが人間にとって大切なので、さまざまな高尚な議論でそれに水をかけることは人間を堕落させる。そもそも、われわれは個人としてどのくらい自分の人生を左右できるだろうか。それにもかかわらず、自己選択をしない人間は恐らく誰よりも劣る。国として日本がそうならないことを、私は切に願う。

一般に論壇では、若いときほどストレートに意見を表明し、年を重ねるにつれてバランス重視になることが少なくない。しかし、高坂の場合は逆である。「現実主義者の平和論」での抑制された批判と対話重視に比べると、最晩年にボルテージを上げている。最晩年といってもまだ還暦を過ぎた頃だが、一九九六年二月に不治の病であることを告知される少し前のことである。

高坂が憂慮したのは、「理想家風の偽善者」だけではない。一九九五年八月、終戦五〇周年の村山富市《むらやまとみいち》首相談話に象徴される歴史問題を危惧していた。

五百旗頭真によると、「戦後五〇年の一九九五年は、過去への謝罪が焦点となった瞬間であった。八月に行われた琵琶湖畔の会議において、高坂がこの問題を論ずる厳しさと苦々しさに、私は衝撃を受けた」（「高坂正堯の戦後日本」）という。

琵琶湖会議の発言を敷衍したのが、『正論』（一九九六年一月号）に寄せた「人間の責任」であろう。ここで高坂は、村山談話に象徴される歴史問題を論じた。

高坂によると、「五十年前のことを謝罪することにどういう意味があるのか。それは一方に一時的な心理的優越感を、他方に一時的な劣等感を与えるだけで、そのようなものから、なにが生まれてくると言うのか。だから、ややオーバーだが、私はそこに今後の日本のみならず、世界の危険を見た」（『高坂正堯著作集』第三巻）という。

村山談話については、賛否両論があってもよいだろう。しかし、高坂にしては珍しく、「口惜しい思い」などと感情が走っている。研究者に求められるのは、決定過程の分析や、賛否の論拠を検討したうえでの政策評価ではなかろうか。それらを経ないままに、結論が先行している感が否めない。

とはいえ、短い時事評論であるため、ジャーナリストのようなインタビューや、後世の歴史家のように文書に基づいた研究ができなかったことは理解する。

そのことを差し引くとしても、賛否両派の言論を比較検討することぐらいはできたかもしれない。重要なのは賛否そのものよりも、その理由づけである。後知恵にすぎないが、仮に高坂の見解がそのまま正しいとすれば、なぜその後に村山談話が二〇年以上も自民党首班の連立政権を含めて継承されているのか説明できない。「現実主義者の平和論」で、立場が異なる相手に美徳を見出し、対話を求めた頃とは別人のようにもみえる。

高坂らしからぬ性急な結論づけの一因は、「価値の体系」の重要課題であるにもかかわらず、以前から顕在化していた日中、日韓関係の歴史問題を正面から研究してこなかったからではなかろうか。しかし、そのことを批判するつもりはまったくない。これまで広範な領域を研究してきた学者が、ある分野を手掛けなかったとしても、そのことを非難するのはフェアーでない。

むしろ高坂は、国際政治学の発展に大きく貢献してきた。その円熟期に高坂は、死線をさ迷う病魔に襲われる。手の施しようがないガンだった。不治の病と闘いながら、高坂は最後の数ヵ月に驚異的な仕事ぶりをみせ、国民への最期のメッセージをペンに込める。

終章　最期のメッセージ――四つの遺作

体調の異変

村山談話が出された一九九五年夏、高坂は母の時生がいる新潟県妙高高原《みょうこうこうげん》の別荘を弟の節三とともに訪れていた。さらに高坂は、長野県の青木湖畔に足を伸ばした。青木湖畔は、高校生だった一九五一年夏に父の正顕に連れられ、「プラグマティズムの哲学」（「著作集第四巻について」）を口述筆記した思い出の地である。

一九九五年の秋に高坂は、正顕の二七回忌を京都で迎えた。高坂はこの法要で、時生と再会した。「これが最後の京都行き」と時生が語ると、高坂は、「九十も、百も生きられたら面倒みれないヨ」とユーモアを口にした。すると時生は、「親より先に死ぬのが一番の親不孝」（「兄・正堯と母」）と言い返した。

節三によると、「兄が体調不良を意識したのはおそらく〔一九九六年〕一月の中旬である。毎年正月には子どもたちと旅行に出かけるのが兄一家の慣例だったが、病気で叶《かな》わなかった。それでもこのときは、ただの風邪くらいにしか思っていなかったといっていた」（『昭和の宿命を見つめた眼』）という。

高坂は体調不良にもかかわらず、五百旗頭真から依頼を受け、一九九六年一月四日から七日に神戸ポートアイランド国際会議場で開かれたシンポジウム「国際社会の中の戦後日本」に出席した。

シンポジウムには、国際日本文化研究センター顧問の梅原猛、ハーヴァード大学教授のアンドリュー・ゴードン、横浜国立大学教授の天川晃《あまかわあきら》、京都大学教授の大嶽秀夫《おおたけひでお》、立教大学教授の北岡伸一、フロリダ州立大学助教授のキャスリン・ウェザーズビーらも参加している。

高坂の論題は、「憲法体制の成立とその意義（The establishment of the constitutional regime and its significance）」であった。高坂は、太平洋戦争で完敗したことが日本再生につながり、「日本の安全保障政策は二つの立場〔護憲派と改憲派〕の均衡の上に作られ、それが最近まで憲法体制として機能した」（『読売新聞』一九九六年一月一六日）と述べている。のみならず、連日の討論をリードした。

さらに高坂は、同じく五百旗頭の依頼で雑誌『外交フォーラム』安全保障特集号の巻頭論文も引き受けた。『外交フォーラム』は、粕谷一希が創刊して編集長を務めた雑誌である。高坂は早々に原稿「二一世紀の国際政治と安全保障の基本問題」を粕谷に届けている。

一九九六年二月にはイギリスに行く予定であったが、ドクターストップとなった。高坂は二月一八日、京大附属病院で肝臓ガンを宣告される。高坂は衝撃を受け、病院から節三に電話した。

「どこも痛くも痒《かゆ》くもないのに、何でガンなんや。しかも、医者はその理由もわからんといっている。理由のわからんような病気がどこにあるんやろ」

それでも、弟と長く話しているうちに、落ち着きを取り戻した。

「俺も多少は人生の勉強をしてきたし、死についても考えてきた。死ぬときは森鷗外の遺言にあるように、市井の人間として静かに死にたい」

医師の診断は、何もしなければ一年以内、手術すれば二、三年というものだった。「あと二、三年は生きたい」(『昭和の宿命を見つめた眼』)と高坂は手術を望んだ。

静岡文化芸術大学の学長就任は難しいとしても、高坂にはまだ夢があった。前年に生まれた初孫の池内堯《たかし》に英語を教えたいという夢である。堯の名が正堯の一字を受け継いだのは、長女の池内珠生が高坂と相談して決めたことであろう。英語を教えるまで命がもたないのなら、せめて初孫に物心がつき、自分を覚えてくれるまで生きたい。

進行の速いガンは、一日でも早く手術せねばならない。しかし高坂は、オペを三月一八日に延期してしまう。どうしても断れない講演や博士論文の審査があったからである。この延期が致命的だった。大腸から肝臓に転移したガンは、手術時には手遅れの状態にまで悪化していた。医師は腫瘍《しゅよう》摘出をあきらめ、そのまま蓋《ふた》をする以外になかった。

手術によっても死は免れないとしても、延命できる可能性は大いにあった。それでも高坂は、教授としての職責を全《まっと》うしたかった。死期を早めることを覚悟のうえで、手術よりも講演や審査を優先したとするならば、その行動は「現実主義者」ではなくモラリストといえよう。

手術前に入院中の高坂を見舞った一人に、国会議員の前原誠一がいた。高坂は手術のために絶食しており、「前原よ。絶食というのはきついな。幻影を見るんや」と述べ、鳥の群れが戦闘機の隊列に見えると語った。このとき高坂は、「何とか定年までは頑張れそうや。集団的自衛権の解釈についてやり残してるしな」(「高坂正堯先生の遺訓」)と口にしている。

家族には、「僕は愛する家族のために生きるよ」(『読売新聞 大阪版』一九九六年五月一八日)と微笑《ほほえ》んでおり、手術前は希望を抱いていたのである。

術後に病状が悪化しても、高坂は鬱《うつ》にならなかった。節三は、『鬱』にとらわれた時期はなかったと断言できる」と記している。それでも一度だけ高坂は入院中、身の回りを世話していた節三の妻トシ子に、「夜が怖い、男だって泣きたくなるよ」とつぶやいたことがある。鬱と無縁だったわけではなく、不安を周囲に悟らせない精神力と美意識が上回ったのだろう。

高坂は退院し、自宅療養を続けた。四月上旬には、「わが人生に悔いなし」(『昭和の宿命を見つめた眼』)との揮毫《きごう》を友人に贈っている。

四月中旬になると、憲法学で知られる同僚の佐藤幸治が高坂邸を訪れた。「お互いにやるべきことはまだまだありますね」と佐藤が語ると、「日本は、これからが本当に難しいかもしれないね」と高坂は応えた。

佐藤は長い付き合いのなかで、高坂が弱音を吐くのを聞いたことはなく、このときも例外ではなかった。「高坂邸のある高野川沿いの桜並木は満開で、堤沿い下段の径《こみち》から見上げた花は雲ひとつない青空に映えて悲しいまでに美しかった」（「剛毅の中の温さ」）と佐藤は綴る。

花見には、二回出かけた。高坂は長女の池内珠生、初孫の池内堯らを連れ、京都府立植物園に向かったのである。「ちょっとだけな」と好きな日本酒も口にし、最後となるスナップ写真を撮った。

その後は山科の病院に入院し、免疫療法の治療を受けたが、ここではほとんど誰とも会わないようにした。衰弱した姿を見せたくなかったのであろう。そして五月三日には、「病人として扱われたくない」と自宅に戻った。最期は自宅で迎えたかったのである。

自宅に帰った高坂は、死期を悟りながらも「また教壇に立ちたい」（『読売新聞 大阪版』一九九六年五月一八日）と語り、書くことに執念を燃やす。二階の仕事部屋で執筆するには寝室を抜け出さねばならず、そのたびに介護してくれていた節三の妻トシ子や珠生に止められた。その姿は神々《こうごう》しさを通り越え、鬼気《きき》迫るものがあった。五月一〇日前後には、椅子に座る力すらなくなり、悔しくて仕方なかった。

節三や長男の昌信らに見守られ、高坂が旅立つのは五月一五日の午後八時五七分である。享年六二、幼い頃から楽しみにしていた葵祭の夜だった。高坂が全力を尽くした沖縄の祖国復帰から二四年目の日でもある。死因は肝臓ガンであった（『朝日新聞』一九九六年五月一六日）。

節三は、「祭りのにぎわいが消え、町にいつもの静かさが戻った夜八時半過ぎ、長男の昌信が駆けつけたのを見とどけてから、兄は口をぐっと結び、静かに目を瞑《つむ》った。満六十二歳の誕生日を過ぎたばかりの、誰が見ても早すぎる人生の終幕であった」（『昭和の宿命を見つめた眼』）と記す。

昌信によると、高坂は「最後まで、もっと生き続けて仕事をしようという意欲にあふれていた。手術を受けた京都大学附属病院では、個室の病室で原稿の執筆や校正をすることがあり、四月にいったん退院した時も、自宅の二階にある書斎にこもることが多かった」（『読売新聞　大阪版』一九九六年五月二七日夕刊）という。

主治医の三浦賢佑《みうらけんすけ》は、「高坂先生ほど見事なご臨終は初めてです。口を一文字に結んで、自分の意志で死を迎えたお姿は、戦国武将のそれとそっくりでした」（『昭和の宿命を見つめた眼』）と語る。

高坂の病状が悪化した一九九六年の春先、母の時生も体調を崩していた。時生を心配させないように、高坂はガンであることを告げなかった。

だが高坂は五月五日、いよいよ死期が近づいたと悟り、受話器を手に取った。

「悪性のガンで、色々トライはしたが、巧くいかなかった。親より先にあの世へ行くのは申し訳ないが許して欲しい」

時生は驚き、言葉に詰まった。

「そんなに急いで行く事はないよ。だけど寿命であれば仕方のない事だし、あの世へ行って、お父チャンとゆっくり歴史の話でもしてて」

そう返すのがやっとだった。高坂は、「乱れた死に方だけはしたくない」と決意を母に語っている。

時生はその後、「正堯の夢ばかりみる」と節三に電話で吐露しており、高坂のもとに飛んで行きたかっただろう。しかし、時生は病床の身である。節三の妻が京都の高坂邸に泊まり込みで看病していたことにも、時生は気後れした。

五月八日は、高坂の六二歳となる最後の誕生日だった。節三は四条河原町の高島屋に向かい、ゴッホの描いた「星降る夜、アルル」のカードを選んだ。そしてそこに、「正堯兄、誕生日おめでとう。半世紀にわたるさまざまな思い出と感謝を込めて。節三」と書き入れた。

高坂がカードを開くと、「星に願いを」のメロディーが流れてきた。高坂は、ケーキに立てられた六二本のローソクを吹き消し、ケーキやシュークリームをおいしそうに食べた。高坂と節三は、「カードをありがとう」、「もうあとは奇跡を待つばかりだな」、「そうやな」と言葉を交わした。

自室に戻った節三は、「寝床の中で初めて兄を失うことが実感され、涙が止まらなかった」(『昭和の宿命を見つめた眼』)。

亡くなる三日前の五月一二日の朝、節三は高坂の寝室に入ってカーテンと窓を開けた。川向こうの川端通りには、葵祭の前儀となる御蔭祭の優雅な行列がゆっくりと進んでいる。中学生の頃から兄弟で見慣れた光景であったが、いまの高坂にはベッドから立ち上がる体力すら残されていない。

それでも、雅楽の音色は高野川を越え、高坂の部屋に伝わってくる。「聴こえるか、御蔭祭の雅楽だよ」と節三が言うと、高坂は大きくうなずいた。うっすらと涙を浮かべながら、懐かしい音色に聞き入ると、それだけで数十年も見続けた行列の光景が高坂の目に浮かんだ。

そこに電話がかかり、節三は別室で受話器を取った。相手は母の時生だった。

「正堯の具合はどうか?」

「一日一日弱ってきている。もうあまり長くないような気がする」

「正堯に言い残した事があるので、節チャン、貴方から伝えて頂戴《ちょうだい》」

「言い残した事って何?」

「正堯は私の誇りでもあり、生き甲斐《がい》でもあったの。よくここ迄《まで》立派に生きてくれた。お母チャンからも心から有難うと言ってたと言って」

「正堯チャンは、今朝は元気そうだし、気もしっかりしているから、お母チャンから直接話してあげた方がいいよ」

節三が高坂の寝室に電話を切り替え、兄の耳元《みみもと》に受話器をあてがうと、最後となる母と息子の会話が始まった。

時生は小さい頃から病弱な高坂の健康を気に掛け、肋膜炎での自宅療養中には、英語や算数を必死に教えたこともある。愛情を込めて育て上げた高坂の性格は、いつしか部屋に閉じこもって仕事を積み上げる正顕よりも、明るく社交的な時生に似るようになっていた。

その自慢の我が子が、母である自分よりも先に、いまにも世を去ろうとしている。時生の胸裏には、六二年間に及ぶ息子との思い出が一気に押し寄せた。時生は声を潤《うる》ませながら、愛する我が子に思いの丈を語り続けた。

高坂は、「ウン、ウン、有難う、有難う」と何度もうなずいた。いつまでも、いつまでも、二人は話していたかっただろう。互いに最も心を許して生きてきた親子は、それぞれの病状を気遣い、どちらからともなく電話を切った。

おそらく時生は、「私の誇りでもあり、生き甲斐でもあった」ことを前々から高坂に伝えたかったはずである。それをなかなか口にできなかったのは、奇跡的な回復を信じようとしたからではなかろうか。

高坂が亡くなるのは、その三日後の五月一五日であった。高坂の死に目にあえなかった時生は、「四十九日の法要には、どんな事をしてでも京都へ行きたい。そして正堯の寝ていた寝室で、寝ていたベッドに寝かして」(「兄・正堯と母」)と節三に伝えている。

晩年の高坂を私は誤解していた。高坂が四〇歳代に離婚し、その後に再婚しなかったことは知っていた。このため、最晩年の高坂は学界やメディアで活躍し、優秀な後継者を育てつつも、家庭では孤独だったのではないかと推測していた。

しかし、本書の材料を集めているうちに、それが邪推だったことに気づかされた。母や弟からは愛され続け、海上自衛隊の長男昌信の成長を我がことのように喜び、初孫となる長女珠生の子供には堯の一字を継いでもらった。徳《とく》は孤《こ》ならず、必ず隣《となり》ありということだろう。


「苦悩の昇華」

ごく少数の大学関係者を除くと、高坂は末期ガンであることを身内以外に知らせなかった。高坂から国際政治学の講座を引き継ぐ中西寛が最後に高坂と会ったのは、一九九六年二月のことである。

助教授だった私は、研究科長の村松岐夫先生から、高坂先生が重い病気で入院されると伝えられ、九六年のたしか二月、先生のお宅にうかがってお話しをした。きちんとした格好をされた先生はいつもお目にかかる応接間で肝臓に癌が発見され京大病院で治療を受けること、そのためしばらく大学を休むが来年度は講義に復帰するつもりであることなどを静かに話され、最後に、「君がいるから後は安心や」と励まして下さった。

私はほとんど何も言えず、ただ先生の言葉を聞き、ありきたりの言葉を申し上げて辞去するしかできなかったと記憶している。病に伏せるご自身の姿をお見せになりたくなかったのであろう、お見舞いなどは断られていた高坂先生と私がきちんとお話をしたのはその訪問が最後であった。　　　　　　　　　　（「はしがき」）

その後の経過は、すでに述べた通りである。高坂は命が燃え尽きようとしていることを、教え子に知らせないようにした。衰弱してベッドに横たわる姿を見せないことで、元気な姿だけが生徒の心に残るように配慮したのである。ほとんどの学生は、高坂が五月末か六月には教壇に戻ってくれると信じていた。

その意味で最もショックを受けたのは、心の準備ができていなかった大学院の門下生たちであろう。高坂の訃報が伝わると、一九九六年五月一六日の通夜には、同僚や教え子ら千人以上の弔問客が訪れた。男も女も、みんな泣いていた。

五百旗頭によると、「感銘を受けたのは、訃報に驚いて集まった何人もが、最近教授から丁寧な返事、論文原稿、さらには一書の原稿まで受けとった、と恐縮していたことである」(「追悼　高坂正堯教授の遺産」)という。高坂は、誰とでも分け隔てなく接していたのである。

葬儀は遺言により、親族だけの密葬とされた(『読売新聞　大阪版』一九九六年五月一八日)。

五百旗頭は高坂の病状を詳しく知らされていた。高坂と五百旗頭は三〇年以上の親交がある。五百旗頭は一九九六年三月三〇日、京大病院から仮退院する高坂を下鴨泉川町の高坂邸で待ちわびていた。高坂があでやかな正装で帰宅すると、高坂の長女の池内珠生が、初孫の池内堯を抱いて出迎えた。

五百旗頭が待つ応接間に現れると、高坂は「大腸が元であるガンが肝臓まで冒していることが明らかとなった。肝臓の患部すべてを切除すれば、肝機能の喪失により生きていけなくなる。可能な期間、ガンと共存して生きていくほかはなくなった」と死にゆく自分を淡々と語った。

「よう働いたからな」と人生を完了形で振り返るかのような口調に五百旗頭が動揺し、「いやいや。まだ十年、二十年がんばっていただかないと……」と述べた。高坂は、「そりゃ無理や。ようて二、三年やな」とさらりと言い渡した。

五百旗頭は衝撃をしのぐべく、『外交フォーラム』安全保障特集号で巻頭論文を依頼したことに話題を転じ、高坂に負担をかけたことを謝した。すると高坂は、体調悪化で入院してからも「朝方はやれたんや」(「追悼　高坂正堯教授の遺産」)と少し誇らしげだった。

「その時の表情は、この日もっとも明るく、いささかの満足すらたたえたものであった。死に至るまで、先生にとって書くことはかくも大事であったのか」(「高坂正堯の戦後日本」)、「死期を知った高坂教授が夜明け前から書き続けていたことは、ある壮絶さを感じさせる情景である」(「文明としての戦後日本の歴史」)、「最終段階における高坂教授の異常な生産性を私は苦悩の昇華と解する」(「追悼　高坂正堯教授の遺産」)と五百旗頭は記す。

高坂が対象とした領域の広さ、平易で深みのある文体、そして書くことへの執念は読者を圧倒する。

五百旗頭は、猪木正道から「東京でも別れの場をつくってほしい」と頼まれ、六月七日に東京のホテルで偲《しの》ぶ会を開いている。そこには研究者や出版、政界関係者ら八五人が集まった。この時期を選んだのは、ハーヴァード大学教授の入江昭や作家の塩野七生が一時帰国していたからである。

しかし、当の猪木は、「まだ、みなさんの前に立てない」(『読売新聞　大阪版』一九九六年六月七日夕刊)と欠席した。最も才能ある愛弟子を失った落胆は、それほどまでに大きかった。

四つの遺作

高坂には、遺作と呼びうる作品が四つある。原稿に書き入れた最期のメッセージとは、いかなるものであったのか。

第一に、『高坂正堯外交評論集——日本の進路と歴史の教訓』（一九九六年）である。一九七〇年代以降の代表的な外交評論を自選したものだが、高坂は、各論文に注記を書いたところで力尽きた。このため、プロローグやエピローグは付されていない。

第二に、『不思議の日米関係史』（一九九六年）がある。高坂は、捕鯨船やペリー来航から太平洋戦争までをPHP研究所の月刊誌『歴史街道』に連載し、同所から一冊にまとめる予定であった。しかし、PHP研究所の創設五〇周年に合わせて、これまでの連載分を上巻として刊行することとなり、高坂は了承した。

高坂は五月二日にすべての校閲原稿と、『歴史街道』連載原稿二回分をPHP研究所に届けた。編集者によると、「いつもながら完成度の高い原稿だったので、二週間後に亡くなられるとは思いもしなかった。〔中略〕最後の力を振り絞られながら亡くなる直前まで原稿に手を入れられた先生の、『言葉』に対する真摯な姿勢に私は強く心を打たれた」（「遺作となった『不思議の日米関係史』」）という。

『不思議の日米関係史』の刊行は一〇月三一日であり、高坂が同書を手に取ることはなかった。あとがきを執筆した中西寛によると、高坂は「冷徹な」国際関係とともに、「歴史を現実から突き放し、今は昔のお話ととらえた上で、そこに表れた人間模様をエピソードとして楽しむ、というやり方」（「あとがきに代えて」）を伝えようとしたという。

同書はテリー・ギャラハーの英訳により、*The Remarkable History of Japan - US Relations* (Tokyo: Japan Publishing Industry Foundation for Culture, 2019) として刊行予定である。

第三に、『読売新聞』大阪文化部の連載コラム「潮音風声《ちょうおんふうせい》」がある。依頼を受けた高坂はガンと闘いながら、四月中旬に九回分の原稿を届けた。そこに高坂は、「春になり始めてから入院したり退院したりの不規則な日々でしたが、お約束の原稿はやや早目に完成しました」という手紙を添えた。

その内容は葵祭から日米貿易まで幅広く、没後の五月二七日から連載される(『読売新聞 大阪版』一九九六年五月二〇日夕刊、二七―三一日夕刊、六月三―七日夕刊)。

第四に、先にも触れた「二一世紀の国際政治と安全保障の基本問題」である。六月の『外交フォーラム』第九四・緊急増刊号に掲載された同稿は、『高坂正堯外交評論集』や『不思議の日米関係史』と異なり、書き下ろしだった。なおかつ、『読売新聞』のエッセイよりも重厚な内容である。四つの遺作のなかでも真の遺稿といえるだろう。

「静かな外交」と「ストレイト・トーク」

ならば高坂は、真の遺作というべき「二一世紀の国際政治と安全保障の基本問題」で何を言い残したのか。

高坂は、「経済的安全保障という言葉がよく用いられ、軍事的安全保障よりも、なにか現実的な課題と受けとる向きがあるが、私は二〇世紀末の一大錯覚だと思う」、「中国人とフランス人は、〝日本はアメリカの核のカサに入っているのに……〟と言うが、それは理論的反論というより情緒的、政治的宣伝である」と主張した。

高坂によると、二一世紀の安全保障政策では、「シンボル操作」の重要性と限界を理解せねばならない。高坂は「シンボル操作」を明確には定義していないが、例として、アメリカが「日本の市場の閉鎖性を世界に印象づけること」、フランスや中国の核実験とそれへの反対を挙げており、印象操作ないしワード・ポリティクスと言い換えてもよさそうである。

そして、「シンボル操作」が「民主主義と帝国」のような原理的対立に高まったとき、妥協は困難になり、危機は深まると警告する。

とするなら、日本はどうあるべきなのか。「日本は大声で明快なアメリカの普遍主義と、長い歴史と巨大な量を背景とする中国の原理主義に挟まれるかもしれない」が、「ビジネスライクにしか話をしないこと、人気とか威信とかリーダーシップとかを国際的な舞台で求めないことは一つの立派な見識である、と私は信ずる」という。

高坂は、「私の個人的な好みで締めくくらせてもらえるなら」と前置きしたうえで、「シンボル操作」に頼らない「静かな外交」を説く。

軍事面での安全保障は二一世紀にも基本的な課題であり続けるだろう。しかし現状では、「日米同盟の運営のために、言い抜け、詭弁の類が積み重なって、ストレイト・トークがおよそ不可能に近い状況だと言ってよい。常識的に言えば日米は共同防衛を行なっているのだが、日本には集団的自衛権はあっても行使はできないという類の議論はその最たるもの」(『高坂正堯著作集』第三巻）だという。

それでも高坂は、日本が米中の狭間にあって衰退することなく、やがて地味ながら成熟した外交と安全保障政策を果たす光景を心に描いた。「静かな外交」と「ストレイト・トーク」を最期のメッセージとして原稿に込めたのである。その日本の姿を高坂が目にすることはついになく、ゲラに朱を入れる時間すら残されていなかった。

中西寛は、「この言葉は日本外交のあり方についての彼の総決算であろう。『静かな外交』というのは、何もしないことではないし何も語らないことでもない。実にさまざまな努力をした上での静かな外交、ということである」(「高坂教授の『現実主義』的国際分析が必要な秋」）と論じた。

やり残した仕事

『不思議の日米関係史』の続編や、幻に終わった静岡文化芸術大学の学長就任以外にも、高坂にはやり残した仕事があった。一つは中国との関係であろう。高坂は猪木正道とともに訪中したこともあるが、そのときの体験や観察を披瀝していない。

高坂は五百旗頭に、「中国、中東、中欧のドイツ、私は『中』がつくもんが全部嫌いや」

（高坂正堯の戦後日本）と冗談を言ったこともあった。台頭する中国を分析しても理解が追いつかないため、次世代に任せたいという真意だろう。

というのも高坂は、先に挙げた『高坂正堯外交評論集』の最後に「アジア・太平洋の安全保障」と題し、唯一の書き下ろしを収録している。そして、「中国はアジア・太平洋地域といった広大な地域において圧倒的な存在になることはないし、多分それは望ましくもない」、「GDPで言えば日本の方が中国よりまだ大きいけれども、中国が日本に追いつき、追い越すのは時間の問題である」と論じた。

そこに高坂は、次のような跋文《ばつぶん》を寄せている。

私は最近、若い研究者に対して「中国問題は二十一世紀前半の最大の問題だが、それは私たちの世代の問題ではなくて、君らの世代の問題だよ」とよく言う。〔中略〕中国問題が現実化するのは十～十五年先だが、七十歳を過ぎた人間が現におこっている問題に適切に対処できるとは思われない。〔中略〕部分にも歴史にもとらわれない中国論の出現を、私は心から待ちわびている。

（『高坂正堯著作集』第三巻）

中国がGDPで日本を抜き去るのは、それから一四年後の二〇一〇年である。

もう一つの成し遂げたかった仕事が、戦後通史の執筆であろう。高坂は死の直前、「あと十年生きるとしたら、何をしたい？」と節三に聞かれ、「われわれの生きてきた時代のことを書きたい」と語った。

しかも高坂は、その準備をしていた。新潮社の月刊誌『FORESIGHT』一九九一年一月号から九四年一一月号までの連載がそれであり、いずれ一冊にまとめるつもりだった。連載は没後に『世界史の中から考える』（一九九六年）として刊行されるが、後半一一回の副題は「日本政治史から考える」と題されている。高坂はそれらに筆を加え、「自分たちの生きた時代を書きたかった」（『昭和の宿命を見つめた眼』）のである。

仮に高坂が生きながらえていたら、どのような戦後史を描いただろうか。そのヒントが、猪木正道『評伝吉田茂』全四巻（一九九五年）の「解説」にある。

同書は猪木にとって同時代史でもあり、「個人的回想がちりばめられていて楽しませてくれる。国家の政策についての一人の個人の反応が入っていて、それが子供のときから学生、会社員、教授と変化して行くのが面白いのである。〔中略〕私も七十をすぎて力が残っていれば、こうした書き方をしてみたい、と思う」と高坂は願っていた。

したがって、高坂が同時代史を書いていたら、体験を織り交ぜた戦後史になっていただろう。政策に対する評価基準は何か、学者は政治といかに接するべきなのかなど、根源的な命題がそこに含まれたかもしれない。しかし、高坂にその時間は残されていなかった。

高坂の生と死

高坂の業績は、全体としていかに評価できようか。私見は後述するとして、まず諸家の見解をみておきたい。最も正鵠を射ているのは、「戦後日本の生き方の意味を明らかにした」という五百旗頭の批評ではなかろうか。

何度か触れてきたように、五百旗頭は猪木門下で高坂の弟《おとうと》弟子《でし》に当たる。

歴史家としての高坂正堯の最大の貢献は、戦後日本の生き方の意味を明らかにした点にある、と私は思う。戦後日本の政治的論議は、冷戦下の東西対立と連動しつつ、全面講和対片面講和、非武装中立対改憲再軍備、平和対国権、革新対保守等の二項対立において繰り拡げられ、次第に過熱して原理的二極分解の様相を示した。「国内冷戦」が戦後日本人の政治認識を分断した。

その頂点たる六〇年安保の後に論壇へ登場した高坂は、そうした時代通念であった対抗軸とは全く違った観点から戦後日本を語った。通商国家として経済の復興に第一義的重要性を与える戦後日本の生き方の有意性を論じたのである。高坂はあの世代の知識人にめずらしく、マルクス主義に呪縛される経験なしに、それを相対化して扱うことのできた「新人種」であった。

（「文明としての戦後日本の歴史」）

また、北岡伸一は、高坂の時論を高く評価している。

理論的にすぐれた業績もありますけど、最後に残るのは時論じゃないでしょうか。あの頃高坂先生はこの問題をこう論じていたというのは、歴史の資料として貴重だと思いますね。

その時代の肯定的な現実的な側面と、しかし超えなくてはいけない限界とをきちんと両方書かれ、時代を代表しながら時代を超えた議論を展開された点で、戦後ほとんど例のない屈指の存在ですよ。

その意味で、明治の福沢諭吉とか、大正の吉野作造とかと、時代が違うから比較しにくいんですけど、似たような価値をもつんじゃないかという気がする。

（「静かなる思索は時代を超えて」）

慶應義塾大学で国際政治学を専攻する添谷芳秀《そえやよしひで》は、高坂の議論が現代にも有益であると見なし、「吉田茂の選択を現実主義から評価しつつ、理想主義的な左右のナショナリズムを批判した高坂の視点は、いまだに日本外交の本質的問題点を浮き彫りにする」（「日本の現実主義と自立」）と論じた。

そのような高坂の学問体系は継承されたのだろうか。高坂には高名な門下生が多く、そのうち法学部で直接の後継者となったのが中西寛であり、総合人間学部の教授になったのが中西輝政であった。

中西輝政は大学院生として高坂の指導を受け始めた頃、高坂をよく知る人から「高坂さんは、学問的には全くのセルフ・メイド・マンなのだから、決してまねをしようとしてはいけませんよ」と助言されたという。その意味を中西輝政は、次のように解した。


高坂正堯という存在は、過去の様々なすぐれた知的資産をもっぱら自分一人の眼で取捨選択して吸収し、外からはいたって見えにくい彼独自のやり方でそれらを総合し、いわばその内側で「たった一人で完結している体系」だから、これに安易に追随しようとすると、必ず「自分の学問」を見失うことになる、というような意味であると私は理解した。そして今日でもその理解は間違っていなかったように思う。

端的に言えば、「天才」から指導を受けることは実に難しい、ということなのであり、そこで可能なのは、ただ「部分」を〝盗む〟ことしかないと言えるかもしれない。しかしまた、それが可能となるためには、何らかの意味でその前に「自分の学問」を持っていなくてはならない。率直に言って、このジレンマは若い日の私にとってつねに深刻なものだった。しかしまた、今日それが実に豊かなものをもたらしてくれたと自分では思っている。

（「『ヨーロッパ』への愛、あるいは歴史への愛」）

高坂の「たった一人で完結している体系」を継承することは難しいが、「部分」を〝盗む〟ことは可能かもしれないというのである。他方で中西輝政は、次世代の「現実主義者」に手厳しい。

高坂氏に代表された現実主義者の世代のエピゴーネン〔追随者〕たる次世代の連中は、彼のこうしたギリギリのところで精神価値を重んじた限界論的な危機意識を受け継がないままに、朝日的なズブの現実対応のレベルに堕してきてしまっている。

（「高坂正堯の遺言」）

高坂門下であり、慶應義塾大学で国際政治経済学の教鞭を執る田所昌幸は、「高坂政治学は一代限りで終わり」と明言する。

確かなことは、高坂政治学は一代限りで終わりということである。それは、先生の知性の一番肝心な部分がまるで伝達不可能だからである。先生とともに多くの時間を過ごす幸運を得たからといって、非才の弟子が先生の飛翔《ひしょう》する知性を受け継ぐことはありえない。

（「高坂正堯は『現実主義者』か」）

高坂が傑出した存在だっただけに、学問体系の継承は難しく、一人ですべてを継承することは不可能とみられたのである。

「彼は愛国者だった」

高坂の自己評価はどうだろうか。まだ三〇代半ばの小品ではあるが、高坂は一九七〇年に「日本人と愛国心」を読売新聞社編『愛国心について』に寄せていた。次の一節が最も印象的である。

> 私は日本が好きだし、日本は悪くない国だと思っている。しかし、自分は愛国者であると自認することには、なんとなくためらいを感ずる。また、私は、自分のしていることが日本のためになって欲しいと思っている。しかし、自分は国家のために働いているのだといいたくはない。しかも、なお自ら愛国者と名乗りたくはないが、何十年か後で、人びとが私のことを「彼は愛国者だった」といってくれたらうれしいと思うだろう。
>
> (『高坂正堯著作集』第八巻)

一九九六年に六二歳で亡くなった高坂だが、その主著は『宰相 吉田茂』(二〇〇六年〈一九六八年初版〉）、『海洋国家日本の構想』（二〇〇八年〈一九六五年初版、一九六九年増補版〉）、『古典外交の成熟と崩壊』ⅠⅡ（二〇一二年〈一九七八年初版〉）、『世界地図の中で考える』（二〇一六年〈一九六八年初版〉）、『外交感覚――時代の終わりと長い始まり』（二〇一七年〈一九八五、一九九〇、一九九五年初版〉）、『国際政治　改版』（二〇一七年〈一九六八年初版〉）などとして、続々と復刊されている。『国際政治　改版』は、初版から数えると第五一刷に当たる。

高坂が研究者としての道を歩み始めた頃、国際法や外交史、政治史、思想史など法学部系の講座では、内容が部分的に重なり合っていた。しかも高坂の国際政治学は、経済や価値の要素も旺盛に取り入れた。それから半世紀以上を経た今日、研究の蓄積とともに学問は細分化されるようになった。例えば、吉田茂研究だけでも、内外に膨大な先行研究と史料がある。

したがって、諸家が述べるように、高坂の学問体系を単独で引き継ぐことは極めて難しい。高坂の死は、総合的な魅力ある学問としての国際政治学の死であった。

ほとんどの場合、後学の者は壮大な学問体系に取り組むことを放棄したうえで、地域や時代、アプローチを限定しながら各論を掘り下げていく。それ自体は当然のことだし、教員も学生にはテーマを絞り込むように指導するであろう。

だとしてもケネス・ウォルツが強調したように、また、英国学派が国際政治を単なる国家の集合体ではなく、独自の構造から成る「国際社会」と見なしたように、部分の総和から還元的に国際政治の全体像を描けるとは限らない。体系なき各論への特化が不可避とするならば、学問の発展とは何なのかと考えさせられてしまう。

高坂は、森本哲郎『ある通商国家の興亡――カルタゴの遺書』（一九九三年）の「解説」で、「解釈にはセンスと勇気とを必要とする。その勇気がないのか、それとも事実の発掘が研究者を疲れさせるのか、あるいは専門化が進行したことがセンスを失わせるのか、面白くもなく、教訓を汲《く》みだすこともできない歴史書が多すぎる」と述べている。

解釈する「勇気」すらなく、「専門化が進行したことがセンスを失わせ」、「面白くもなく、教訓を汲み出すこともできない」のは、歴史書だけではあるまい。

そのように説く高坂が日本でナンバー・ワンの国際政治学者であったのか、評価は分かれるだろう。しかし、高坂がオリジナルな世界を持ち、比類なきスケールを備えるオンリー・ワンの存在であったことに異論は少ないと思われる。

いまの学界では、高坂を直接に知らない世代が中枢を占めつつある。にもかかわらず、高坂の著作が世代や大学の枠を越えて読み継がれていることは驚異的である。広い意味での後継者は全国におり、いまも高坂は多くの日本人の心に生きている。

あとがき

高坂には、三度の転機があったと思う。

第一に、アメリカ留学から帰国後に論壇デビューし、『海洋国家日本の構想』と『宰相 吉田茂』に結実させ、『国際政治』を書き下ろした一九六〇年代である。「現実主義者」の中心的存在となった高坂は、吉田への世評に変化をもたらし、佐藤内閣などでブレーンとなっている。

第二に、『文明が衰亡するとき』のような文明論に新境地を確立した一九八〇年代である。

第三に、湾岸戦争が勃発し、ポスト冷戦へと向かう一九九〇年代である。晩年の高坂は日本が衰亡しかねないとの危機感を抱き、『日本存亡のとき』など警世的な言論活動に静かな執念を燃やした。

これまで最も読まれてきたのは、『海洋国家日本の構想』をはじめとする初期の作品と、『古典外交の成熟と崩壊』や『文明が衰亡するとき』に代表される中期の著作だろう。晩年の著書はそれらに隠れがちだが、まだバブル経済の余韻があった時期にもかかわらず、今日の日本を予知していたかのような先見の明に驚かされる。最晩年の高坂は、闘志を内に秘める憂国の士のようであった。

高坂は豊富な歴史の知識を背景として、安全保障、国際政治経済、文明論など複数の領域を融合できる稀有な存在だった。高坂は総合的な知の体系を備えており、学術的な論文だけでなく、多彩なメディア活動に多くの労力を割きながら、ブレーンとしても活躍した。

私が高坂の国際政治学や外交史を受講した一九九〇年度までには主著を読んでおり、二回だけ研究室で謦咳《けいがい》に接したものの、それきりになってしまったことが悔やまれる。

大学院は神戸大学の五百旗頭真ゼミでお世話になり、高坂の『宰相 吉田茂』や「佐藤栄作」などを大学院の授業でも読んだ。高坂は学会には出ないことにしていたようであり、学会で見かけることもないまま一九九六年に訃報を知った。

近年、再び高坂を意識するようになったのは、『大平正芳 理念と外交』（二〇一四年）、『中曽根康弘』（二〇一五年）、『佐藤栄作――最長不倒政権への道』（二〇一七年）などを執筆したことが大きい。それらの拙著では、高坂がブレーンとして登場する。大平の秘書官だった森田一や中曽根康弘から、ブレーンとしての高坂について聞いたこともある。

史料面でも、『佐藤栄作日記』や「楠田實資料」をはじめ、高坂がブレーンだった時期の史料にアクセスしやすくなった。とりわけ、「楠田實資料」には、高坂の言動が克明に出てくる。佐藤らの評伝を執筆するようになり、いま頃になって高坂と関心が近づいている。新規公開された文献を通じて高坂の一面に触れられるようになった半面で、高坂が歴史上の人物になってしまったことは寂しい。

学部生のときには、ブレーンとして高坂の果たした役割が自分の研究対象になるとは、まったく予見できていなかった。高坂の「佐藤栄作」は史料が未公開の時期に書かれたにもかかわらず、「待ちの政治」として知られる佐藤のエッセンスをとらえており、いまでも価値を失っていない。

本書の原稿を書く途中で、高坂が学長に就任予定だった浜松の静岡文化芸術大学図書館・情報センターを訪れた。そこには、息子の高坂昌信から寄贈された約四千百冊の高坂文庫がある。

同センターによると、和書が約二千九百冊、洋書が約八百冊のほか、和雑誌三一種、洋雑誌一一種だという。洋雑誌には、*Aussenpolitik: German Foreign Affairs Review; The Economist; The Journal of Japanese Studies; The Korean Journal of Defense Analysis; Problems of Communism; World Politics* などが含まれていた。

これは主に高坂の研究室にあったもののようであり、自宅の蔵書を含めれば、さらに膨大な量だったと推測される。高坂の印税や講演料は少なくなかったはずだが、その大半を本や雑誌に費やしていたのかもしれない。

どんな書き込みがあるかなどを調べているうちに、高坂が研究室で貸してくれたローズノー編『リンケージ・ポリティクス』も出てきた。その本を手に取ると、二八年前に研究室で会ったときの高坂の姿が目に浮かんだ。こみ上げてくるものをこらえるのは難しかった。

それでも、帰りの新幹線で考えを改めるように努めた。高坂の本は、新しい世代に読者層を生んでいる。その高坂と一瞬でも接点を持てたことは幸運というべきであろう。

学生の頃から愛読してきた高坂の著作を開き直してみると、理解が至らなかったところや新たな示唆に幾度となく気づかされた。また、高坂をよく知る大家や国際政治学史を専門とする研究者が多くいるにもかかわらず、本書を公刊するのは僭越《せんえつ》ではないかとの思いが脱稿したいまも頭を離れない。

それでも執筆をあきらめ切れなかったのは、高坂を直接に知らない世代が学界の中枢を占めるようになった今日ですら、評伝が弟 御《おとうとご》の高坂節三『昭和の宿命を見つめた眼――父・高坂正顕と兄・高坂正堯』(二〇〇〇年)しかなく、このままでは国際政治学者たちの知的潮流や現実政治とのかかわりを把握することが次第に困難になると感じたからである。

一九八九年三月に初めて講演で高坂の話を聞いてから、三〇年が過ぎようとしている。擱《かく》筆《ひっ》に際して、遅れに遅れた宿題を提出するような安堵《あんど》もないではない。しかし、高坂の没後から二十数年も経ってしまったという喪失感が、それを大きく上回っている。とりわけ終章で、早すぎる死を書かねばならないのは辛《つら》く、手を動かせない感覚に何度も陥った。

末筆ながら、高坂の膨大な著作を系統的に読めたのは、編集委員の五百旗頭真先生、坂元一哉先生、中西寛先生、佐古丞先生をはじめ、高坂に近しい方々が『高坂正堯著作集』全八巻（一九九八―二〇〇〇年）をまとめて下さったからである。中西寛先生らによる復刻版への解説なども参照させていただいた。照会に応じて下さった高坂節三様、静岡文化芸術大学図書館・情報センターの関係各位、中央公論新社の白戸直人氏にも深謝申し上げたい。

服部龍二

二〇一八年一〇月

参考文献

†一次史料（高坂文庫・電子媒体を含む）

「設立趣意書（復帰研性格）」（琉球政府総務局総務課「復帰問題研究会に関する書類 一九六九年」A-01-033-3, 沖縄県公文書館所蔵、http://www3.archives.pref.okinawa.jp/RDA/data01/R00000504B）

外務省アジア局南東アジア第二課「総理訪イに伴うジャカルタ情勢（その五、日本人関係被害状況）」一九七四年一月三一日（「田中総理東南アジア訪問関係（一九七四・一）」A'.1.5.1.16, 外務省外交史料館所蔵）

外務省欧亜局西欧課「吉田茂氏のノーベル平和賞受賞のため現在までに行ったこと」一九六五年四月二七日（「ノーベル賞関係」第二巻、I'.1.0.0.10, 外務省外交史料館所蔵）

勝野康助駐ノルウェー大使から椎名悦三郎外相、一九六五年二月一七日、須山達夫駐ノルウェー大使から三木武夫外相、一九六七年二月一〇、二三、二七日（「ノーベル賞関係」第二巻）

外務省アジア局南東アジア第二課「総理訪イ中の大使館日章旗事件」一九七四年一月（「田中総理インドネシア訪問」二〇一〇―二九、外務省外交史料館所蔵）

須之部量三駐インドネシア大使から大平正芳外相、一九七四年一月一六、一九日（「田中総理インドネシア訪問」）

総合安全保障関係閣僚会議担当室「総合安全保障関係閣僚会議について」一九八二年一一月（「総合安全保障関係閣僚会議（第八回）」二〇一四―一六四五、外務省外交史料館所蔵）

大河原良雄駐米大使から伊東正義外相、一九八一年五月二日（「鈴木総理訪米・訪加（一九八一）／日米共同声明 二」二〇一五―四六、外務省外交史料館所蔵）

本野盛幸ニューヨーク総領事から伊東、一九八一年五月六日、大河原から伊東、五月六日（「鈴木総理訪米・訪加（一九八一）／日米共同声明 二」二〇一五―四七、外務省外交史料館所蔵）

外務省調査企画部「総合安全保障関係閣僚会議（第一回会合――中東情勢）について」（「総合安全保障関係閣僚会議（第一、二、五、七、一二〜一四回）」二〇一六―二二二二、外務省外交史料館所蔵）

高坂文庫（静岡文化芸術大学図書館・情報センター所蔵）

鈴木善幸首相＝ロナルド・レーガン大統領「第二回首脳会談」一九八一年五月八日（「大村襄治関係文書」Ⅲ―一―三、東京大学法学部附属近代日本法政史料センター原資料部所蔵）

佐藤栄作首相宛Sオペ提言、一九六六年八月二六日、一一月一七日（「楠田實資料」E-1-126, 136, J-DAC ジャパン デジタル アーカイブズ センター、http://j-dac.jp/KUSUDA/index.html）

「久保防衛局長の意見（防衛理論・防衛のあり方）」一九七二年四月二〇日（「楠田實資料」F-2-13）

内閣官房「座談会 シビリアン・コントロールについて」一九七二年五月二三日（「楠田實資料」F-2-16）

日米京都会議実行委員会「日米京都会議 報告書資料 開会挨拶・問題提起・議長報告」一九六九年一月三一日（「楠田實資料」F-2-68）

沖縄基地問題研究会「沖縄基地問題研究会・報告」一九六九年三月八日（「楠田實資料」F-2-69）

「沖縄基地問題研究会・報告及び資料のコピー」第一部、日付不明（「楠田實資料」F-2-70）

安全保障問題研究会「第一回安保研、議事要録」一九七〇年二月二一日（「楠田實資料」F-2-71）

安全保障問題研究会「議事録（第五回）」一九七〇年四月一八日（「楠田實資料」F-2-75）
安全保障問題研究会「議事録（第十五回）」一九七〇年一一月二一日（「楠田實資料」F-2-84）
高坂正堯「アジアの安定について」日付不明（「楠田實資料」F-2-94）
内閣官房「第二回国際関係懇談会速記録」一九七一年九月三〇日（「楠田實資料」H-1-1）
内閣官房「第三回国際関係懇談会速記録」一九七一年一一月一日（「楠田實資料」H-1-2）
内閣官房「国際関係懇談会（速記録）」一九七二年二月二九日（「楠田實資料」H-1-6）
「国際関係懇談会第三回総会　高坂正堯氏の発表」一九七一年一一月一日（「楠田實資料」H-1-50）
外務省国際連合局「佐藤内閣総理大臣の国連創設二五周年記念会期出席」一九七〇年一〇月（「楠田實資料」J-1-5）
ＮＨＫ報道局政経番組部「特別番組 総理と語る 第一八回 戦後からの脱却」一九六九年一一月一五日（「楠田實資料」K-3-13）
「総理と語る（ＮＨＫ第二五回）」一九七二年一月一八日（「楠田實資料」K-3-55）
「総理と語るＮＨＫ 戦後からの脱却＋総理冒頭発言（案）」一九六九年一一月一五日（「楠田實資料」K-3-58）
「高坂正堯氏（京大〔助〕教授）の意見」一九六九年八月八日（「楠田實資料」K-6-11）
大学問題会議（高坂正顕・吉田富三代表）「大学教育改革のための提案二〇条」一九六九年二月二七日（「楠田實資料」K-6-28）
「佐藤元総理の授賞式における挨拶」一九七四年一二月一〇日（「楠田實資料」L-1-20）
佐藤栄作・佐藤栄作後援会『佐藤栄作ノーベル平和賞　一九七四　受賞記念講演集』（佐藤栄作後援会、一九七五年、「楠田實資料」L-1-27）
「総合安全保障関係閣僚会議の設置について」一九八〇年一二月二日閣議決定（「宝珠山昇関係文書」一七―五、国立国会図書館憲政資料室所蔵）
「総合安全保障関係閣僚会議の運営について」一九八〇年一二月二日官房長官決裁（「宝珠山昇関係文書」一七―六）
「総合安全保障関係閣僚会議議事運営要領（不公表）」日付不明（「宝珠山昇関係文書」一七―七）
Sigur, Gaston J.（Special Assistant to the President for Asian Affairs）, "Further on Japan Mission of January 13-17, 1984," January 20, 1984, Digital National Security Archive, http://search.proquest.com/dnsa/
West, Francis J., Jr.（Assistant Secretary of Defense for International Security Affairs）, "Japan's Defense Efforts," May 13, 1981, Digital National Security Archive

†音声データ
高坂正堯「文明が衰亡するとき」全六回、一九七九年七月一三日―一二月七日、紀伊國屋ホール（LisBo https://www.lisbo.jp/detail/65～69）
高坂正堯「歴史としての二十世紀」全四回、一九九〇年一月一九日―四月六日、紀伊國屋ホール（LisBo https://www.lisbo.jp/detail/18～21）

†インタビュー
宮本雄二（元駐中大使）へのインタビュー（二〇一四年三月四日）

†国会議事録
「第七回国会衆議院予算委員会議録」第七号、一九五〇年二月三日
「第一九回国会衆議院予算委員会議録」第五七号、一九五四年六月三日

†『高坂正堯著作集』
高坂正堯著作集刊行会編『高坂正堯著作集　第一巻　海洋国家日本の構想』（都市出版、一九九八年）
高坂正堯著作集刊行会編『高坂正堯著作集　第二巻　豊かさの試練』（都市出版、一九九九年）
高坂正堯著作集刊行会編『高坂正堯著作集　第三巻　日本存亡のとき』（都市出版、一九九九年）
高坂正堯著作集刊行会編『高坂正堯著作集　第四巻　宰相　吉田茂』（都市出版、二〇〇〇年）
高坂正堯著作集刊行会編『高坂正堯著作集　第五巻　文明が衰亡するとき』（都市出版、二〇〇〇年）
高坂正堯著作集刊行会編『高坂正堯著作集　第六巻　古典外交の成熟と崩壊』（都市出版、二〇〇〇年）
高坂正堯著作集刊行会編『高坂正堯著作集　第七巻　国際政治――恐怖と

希望』(都市出版、二〇〇〇年)
高坂正堯著作集刊行会編『高坂正堯著作集 第八巻 一億の日本人』(都市出版、二〇〇〇年)

†高坂正堯の著作・対談・翻訳

アスティオン編集部編/山崎正和・高坂正堯監修『日米の昭和』(TBSブリタニカ、一九九〇年)Carol Gluck and Stephen R. Graubard, eds., *Showa: The Japan of Hirohito* (New York: W. W. Norton & Company, 1992)
石原慎太郎・江藤淳・高坂正堯「世界はどうなる 日本はどうなる」(『文藝春秋』一九九一年三月)
石原慎太郎・高坂正堯「自民党ははたして政党なのか」(『諸君!』一九七〇年七月号)
猪木正道・高坂正堯編『日本の安全保障と防衛への緊急提言』(講談社、一九八二年)
江藤淳・高坂正堯「日本のしなやかな孤独」(『文藝春秋』一九九四年五月号)
上坂冬子・高坂正堯「細川政権の命脈を断つこれだけの理由」(『Forbes』一九九三年一二月号)
木村俊夫・高坂正堯「日米関係の諸問題——真の友好を築くために」(『月刊自由民主』第二四六号、一九七六年)
京極純一・高坂正堯・楠田実「佐藤栄作をどう評価するか」(『文藝春秋』一九七五年八月号)
ケリー、G・A=入江昭=高坂正堯=桃井真「一九六二年冷戦の危機はどう動く——日本の国際的地位を海外からみる」(『国防』第一〇巻第五号、一九六二年)
高坂正堯「ウィーン会議と『ヨーロッパ』」(一)(二)(『法学論叢』第六五巻第一、二号、一九五九年)
高坂正堯「イギリスとウィーン体制」(『国際法学会秋季研究大会関西部会報告』『国際法外交雑誌』第五八巻第五号、一九五九年)
高坂正堯「国際連盟と集団的安全保障——そのユートピア性と現実性」(『国際政治』第一〇号、一九五九年)
高坂正堯「アメリカの対外政策における変化の可能性」(『法学論叢』第六七巻第三号、一九六〇年)
高坂正堯「アメリカの対中国政策——その過去と将来」(『国際政治』第一三号、一九六〇年)
高坂正堯「イギリスとウィーン体制——パックス・ブリタニカの外交的側面」(『国際法外交雑誌』第五九巻第三号、一九六〇年)
高坂正堯「国際連合の成立——サンフランシスコ会議」(田畑茂二郎編『国際連合の研究』第一巻、有斐閣、一九六二年)
高坂正堯「現実主義者の平和論」(『中央公論』一九六三年一月号)
高坂正堯「中国国民党革命とアメリカの政策——ケロッグ声明の発展過程とその意味」(上)(下)(『法学論叢』第七三巻第四号、第七四巻第一号、一九六三年)
高坂正堯「いかなる国際機構が平和をもたらしうるか」(『法学論叢』第七四巻第五・六号、一九六四年)
高坂正堯「家庭の人、父」(高坂正顕『高坂正顕著作集』第四巻、理想社、一九六四年、付録)
高坂正堯「権力政治と平和共存——『冷戦——政治的考察』(岩波講座『現代』6)」(『朝日ジャーナル』一九六四年一月一九日号)
高坂正堯「『権力なき国家』の幻想」(日本文化会議編『日本は国家か』読売新聞社、一九六九年)
高坂正堯「大学の中央集権化を排す」(高橋義孝ほか『私の大学再建案』新潮社、一九六九年)
高坂正堯「あとがき」(高坂正顕『追憶と願望の間に生きて』読売新聞社、一九七〇年)
高坂正堯「第一代 青柳英夫校長」(校史編集委員会編『京一中洛北高校百年史』京一中一〇〇周年洛北高校二〇周年記念事業委員会、一九七二年)
高坂正堯「つむじ曲がりのナショナリズム」(『諸君!』一九七二年八月号)
高坂正堯「デタント政策」(高坂正堯・桃井真編『多極化時代の戦略』下巻、日本国際問題研究所、一九七三年)
高坂正堯「楠田實氏の佐藤内閣論に寄せて」(楠田實『首席秘書官——佐藤総理との十年』文藝春秋、一九七五年)
高坂正堯「実績報告書」(『国際環境』研総括班編「昭和四九年度文部省科学研究費助成金【特定研究(1)】国際環境に関する基礎的研究実績報告集録(昭和五〇年三月末現在)」一九七五年)
高坂正堯「シュレジンジャー国防長官の解任と大統領選挙」(『月刊自由民主』第二四〇号、一九七五年)

高坂正堯「訳者序文」（W・W・ロストウ／高坂正堯・山野博史・戸部良一訳『政治と成長の諸段階』上巻、ダイヤモンド社、一九七五年）

高坂正堯「わが国の防衛力の目的」（防衛を考える会事務局編『わが国の防衛を考える』朝雲新聞社、一九七五年）

高坂正堯「イスラエル人の人質救出作戦」（『月刊自由民主』第二四七号、一九七六年）

高坂正堯「イタリア病——忍び寄る〝病原菌〟」（『月刊自由民主』第二四九号、一九七六年）

高坂正堯「外交文書公開の意義」（『月刊自由民主』第二四六号、一九七六年）

高坂正堯「偽善のいましめ——モイニハン米国連大使の姿勢に思う」（『月刊自由民主』第二四三号、一九七六年）

高坂正堯「経済協力の問題点」（『月刊自由民主』第二四一号、一九七六年）

高坂正堯「ソ連の〝強弁〟外交——体制至上の常套手段」（『月刊自由民主』第二五一号、一九七六年）

高坂正堯「中国の内政への視点」（『月刊自由民主』第二四四号、一九七六年）

高坂正堯「テレビと政治——米大統領選挙の討論から」（『月刊自由民主』第二五〇号、一九七六年）

高坂正堯「日本の政治外交に対する国際環境の衝撃とそれへの対応」（『国際環境』研総括班編「昭和五〇年度文部省科学研究費助成金【特定研究（1）】国際環境に関する基礎的研究実績報告集録（昭和五一年三月末現在）」一九七六年）

高坂正堯「暴露旋風とアメリカ社会の動向」（『月刊自由民主』第二四五号、一九七六年）

高坂正堯「物事、バランスが大切——福祉国家・英国の教訓」（『月刊自由民主』第二四八号、一九七六年）

高坂正堯「エネルギー問題の重要性」（『月刊自由民主』第二五八号、一九七七年）

高坂正堯「外政と内政」（『月刊自由民主』第二五七号、一九七七年）

高坂正堯「最近の日米外交の評価」（『月刊自由民主』第二五九号、一九七七年）

高坂正堯「重要な時期にある中東情勢」（『月刊自由民主』第二六二号、一九七七年）

高坂正堯「世界の常識の確認」（『月刊自由民主』第二五六号、一九七七年）

高坂正堯「台風の目としての『体制』」（『月刊自由民主』第二六〇号、一九七七年）

高坂正堯「フランスの社会党と共産党」（『月刊自由民主』第二六一号、一九七七年）

高坂正堯「友人の悪癖」（『月刊自由民主』第二六三号、一九七七年）

高坂正堯「いま求められているものは何か」（『月刊自由民主』第二六五号、一九七八年）

高坂正堯「中国とのつき合い方」（『月刊自由民主』第二七六号、一九七八年）

高坂正堯「まとめ」（『月刊自由民主』第二六五号、一九七八年）

高坂正堯「イラン政変に思う」（『月刊自由民主』第二八〇号、一九七九年）

高坂正堯「国際人モネの生涯」（『月刊自由民主』第二八一号、一九七九年）

高坂正堯「ジョーンズ・リポート」（『月刊自由民主』第二八二号、一九七九年）

高坂正堯「成熟した中国像の必要」（『月刊自由民主』第二八五号、一九七九年）

高坂正堯「一九七〇年代の意味」（『月刊自由民主』第二八七号、一九七九年）

高坂正堯「ソ連の懸念と動き」（『月刊自由民主』第二七七号、一九七九年）

高坂正堯「日米『イコール・パートナーシップ』の始まり」（『月刊自由民主』第二八三号、一九七九年）

高坂正堯「プノンペンの陥落——中国の一人相撲の負け」（『月刊自由民主』第二七八号、一九七九年）

高坂正堯「ベトナム政策の難問」（『月刊自由民主』第二八四号、一九七九年）

高坂正堯「ベトナムに対する道義的判断の問題」（『月刊自由民主』第二七九号、一九七九年）

高坂正堯『豊かさの試練』（新潮社、一九七九年）

高坂正堯「歴史観の問題」（『月刊自由民主』第二八六号、一九七九年）

高坂正堯「八〇年代の日本外交」（『月刊自由民主』第二九二号、一九八

〇年）
高坂正堯「レーガン政権誕生」（『月刊自由民主』第三〇〇号、一九八〇年）
高坂正堯「原潜衝突事件」（『月刊自由民主』第三〇五号、一九八一年）
高坂正堯「上級管理者に閑暇を与えよ」（高坂正堯ほか『二一世紀への提言 Ⅲ』PHP研究所、一九八一年）
高坂正堯「石油危機のあとで」（『月刊自由民主』第三〇八号、一九八一年）
高坂正堯「その後のポーランド」（『月刊自由民主』第三〇九号、一九八一年）
高坂正堯「ソ連がポーランドに介入しないなら」（『月刊自由民主』第三〇七号、一九八一年）
高坂正堯「なぜソ連はポーランドに介入しなかったか」（『月刊自由民主』第三〇四号、一九八一年）
高坂正堯「日本問題」（『月刊自由民主』第三〇二号、一九八一年）
高坂正堯「武器輸出の問題 偽善を排す」（『月刊自由民主』第三〇三号、一九八一年）
高坂正堯「フランス大統領選挙の教訓」（『月刊自由民主』第三〇六号、一九八一年）
高坂正堯「平和運動の意義と独善」（『月刊自由民主』第三一二号、一九八一年）
高坂正堯「ポーランド問題の意義」（『月刊自由民主』第三〇一号、一九八一年）
高坂正堯「『吉田政治』と日本の選択」（『月刊自由民主』第三一〇号、一九八一年）
高坂正堯「忘れられた戦争」（『月刊自由民主』第三一一号、一九八一年）
高坂正堯「エネルギー問題と石炭」（『月刊自由民主』第三一五号、一九八二年）
高坂正堯「核軍拡の現実」（『月刊自由民主』第三一六号、一九八二年）
高坂正堯「核兵器使用禁止協定」（『月刊自由民主』第三一八号、一九八二年）
高坂正堯「核問題の考え方」（『月刊自由民主』第三二〇号、一九八二年）
高坂正堯「重大な局面迎える中東」（『月刊自由民主』第三一三号、一九八二年）
高坂正堯「シュミット首相の説得力」（『月刊自由民主』第三一四号、一九八二年）
高坂正堯「西独政権交代の背景」（『月刊自由民主』第三二二号、一九八二年）
高坂正堯「世界から畏敬される国たれ」（『月刊自由民主』第三二〇号、一九八二年）
高坂正堯「世代論から見たポスト・ブレジネフ」（『月刊自由民主』第三二四号、一九八二年）
高坂正堯「中国外交の変化」（『月刊自由民主』第三二三号、一九八二年）
高坂正堯「中東の二つの台風の目」（『月刊自由民主』第三一九号、一九八二年）
高坂正堯「ドイツの変化と西側同盟」（『月刊自由民主』第三一七号、一九八二年）
高坂正堯「歴史教科書の限界」（『月刊自由民主』第三二一号、一九八二年）
高坂正堯「アジアに戦域核の脅威」（『月刊自由民主』第三二六号、一九八三年）
高坂正堯「信頼ギャップの克服」（『月刊自由民主』第三二五号、一九八三年）
高坂正堯「『大綱』見直し論を検証する——雰囲気的論議より冷静な情勢分析を」（『国防』一九八三年九月号）
高坂正堯「どうする積み残しの課題」（『月刊自由民主』第三三三号、一九八三年）
高坂正堯「国際感覚に基づく日本の針路を」（『月刊自由民主』第三四五号、一九八四年）
高坂正堯『外交感覚——同時代史的考察』（中央公論社、一九八五年）
高坂正堯「日本の国際的役割と国内的課題」（『月刊自由民主』第三五七号、一九八五年）
高坂正堯『陽はまた昇るか』（TBSブリタニカ、一九八五年）
高坂正堯「まとめ」（『月刊自由民主』第三五七号、一九八五年）
高坂正堯「勝つことと負けること」（『月刊自由民主』第四〇六号、一九八六年）
高坂正堯「〝出かける〟より〝来させる〟のが真の国際化」（『月刊自由

民主』第三七〇号、一九八六年）
高坂正堯「日本語版への序」（レイモン・アロン／柏岡富英・田所昌幸・嘉納もも訳『世紀末の国際関係――アロンの最後のメッセージ』昭和堂、一九八六年）
高坂正堯『国際摩擦――大国日本の世渡り学』（東洋経済新報社、一九八七年）
高坂正堯「『防衛』に見る日本の甘え」（『東京新聞』一九八七年一月一八日）
高坂正堯「『日本の選択』報告を終えて」（『通産ジャーナル』第二〇八号、一九八八年）
高坂正堯「今、日米関係を振り返る意味」（『波』一九八九年二月号）
高坂正堯『時代の終わりのとき――続・外交感覚』（中央公論社、一九九〇年）
高坂正堯「日本の立場――内なるものの視座」（国際日本文化研究センター編『世界の中の日本Ⅱ――国際シンポジウム 第二集』国際日本文化研究センター、一九九〇年）
高坂正堯「冷戦の終結と新しい秩序づくり」（『月刊自由民主』第四五一号、一九九〇年）
高坂正堯「湾岸戦争で露呈された危機」（『正論』一九九一年五月号）
高坂正堯「国際関係のソフトパワー」（『英語教育研究』第一六号、一九九二年）
高坂正堯「土佐のいごっそう 田岡良一先生」（『法学教室』第一四五号、一九九二年）
高坂正堯「いま憲法九条改正は必要か」（文藝春秋編『日本の論点 '94』文藝春秋、一九九三年）
高坂正堯「解説」（森本哲郎『ある通商国家の興亡――カルタゴの遺書』ＰＨＰ文庫、一九九三年）
高坂正堯「門前の小僧習わぬ経にさわる」（京都宗教哲学会編『溪聲 西谷啓治 上 回想篇』燈影舎、一九九三年）
高坂正堯「解説」（猪木正道『評伝吉田茂 ④山顚の巻』ちくま学芸文庫、一九九五年）
高坂正堯「経済貢献は免罪符にならない――私の総合安全保障論」（『This is 読売』一九九五年六月号）
高坂正堯『長い始まりの時代――外交感覚・3』（中央公論社、一九九五年）
高坂正堯『平和と危機の構造』（日本放送出版協会、一九九五年）
高坂正堯「十分足らずの通訳」（『ノーサイド』一九九五年一二月号）
高坂正堯「迫りくる危機の本質」（文藝春秋編『日本の論点 '96』文藝春秋、一九九五年）
高坂正堯「藤田先生の言葉」（日本棋院京都本部藤田塾編『囲碁と暮らした七十年――藤田梧郎先生追悼集』日本棋院京都本部藤田塾、一九九五年）
高坂正堯「日本の危機」（高坂正堯・吉田和男編『《ゼミナール》冷戦後の政治経済――座標軸なき時代の論点を読む』ＰＨＰ研究所、一九九五年）
高坂正堯「葵祭の思い出」（『読売新聞 大阪版』一九九六年五月二九日夕刊）
高坂正堯「京都の会話」（『読売新聞 大阪版』一九九六年六月六日夕刊）
高坂正堯「巨大イヴェントへの反感」（『読売新聞 大阪版』一九九六年五月三〇日夕刊）
高坂正堯『高坂正堯外交評論集――日本の進路と歴史の教訓』（中央公論社、一九九六年）
高坂正堯「信用できるコメント」（『読売新聞 大阪版』一九九六年六月三日夕刊）
高坂正堯「清少納言の京都観光案内」（『読売新聞 大阪版』一九九六年六月五日夕刊）
高坂正堯『世界史の中から考える』（新潮社、一九九六年）
高坂正堯「展望の見事さ」（『読売新聞 大阪版』一九九六年五月二八日夕刊）
高坂正堯「〝ノー〟の言い方」（『読売新聞 大阪版』一九九六年六月七日夕刊）
高坂正堯「発言の資格」（『読売新聞 大阪版』一九九六年六月四日夕刊）
高坂正堯「春と始まり」（『読売新聞 大阪版』一九九六年五月二七日夕刊）
高坂正堯『不思議の日米関係史』（ＰＨＰ研究所、一九九六年）
Masataka Kosaka, translated by Terry Gallagher, *The Remarkable History of Japan - US Relations* (Tokyo: Japan Publishing Industry Foundation for Culture, 2019, forthcoming)
高坂正堯「プロレス的政治」（『読売新聞 大阪版』一九九六年五月三一日夕刊）

高坂正堯「わが鎮守の森」（『季刊アスティオン』一九九六年一〇月号）
高坂正堯『現代史の中で考える』（新潮社、一九九七年）
高坂正堯「冷戦後の新世界秩序と日本の『貢献』」（『高坂正堯外交評論集』）
高坂正堯「アジアの安全と日米の役割」（『高坂正堯著作集』第一巻）
高坂正堯「沖縄返還交渉と報道機関の役割」（『高坂正堯著作集』第一巻）
高坂正堯「自立への欲求と孤立化の危険――一九七〇年代の日本の課題」（『高坂正堯著作集』第一巻）
高坂正堯『政治的思考の復権』（『高坂正堯著作集』第一巻）
高坂正堯「世界政局はどう転換するのか」（『高坂正堯著作集』第一巻）
高坂正堯「日本の外交論議における理想主義と現実主義」（『高坂正堯著作集』第一巻）
高坂正堯「アメリカを励ます会の提唱」（『高坂正堯著作集』第二巻）
高坂正堯「安全保障政策のあり方」（『高坂正堯著作集』第二巻）
高坂正堯「海洋囲い込みの国際力学」（『高坂正堯著作集』第二巻）
高坂正堯「経済力増大と富めるものの責任」（『高坂正堯著作集』第二巻）
高坂正堯「この試練の性格」（原題「この試練の性格について」、『高坂正堯著作集』第二巻）
高坂正堯「自由貿易国家の再検討」（原題「自由貿易国家・日本の検討」、『高坂正堯著作集』第二巻）
高坂正堯「粗野な正義観と力の時代」（『高坂正堯著作集』第二巻）
高坂正堯『地球的視野で生きる――日本浮上論』（『高坂正堯著作集』第二巻）
高坂正堯「通商国家日本の運命」（『高坂正堯著作集』第二巻）
高坂正堯「ヤルタ体制四十年――日本外交の基軸はどう変わる」（『高坂正堯著作集』第二巻）
高坂正堯「アジア・太平洋の安全保障」（『高坂正堯著作集』第三巻）
高坂正堯「『外交を知らない』二つの大国」（『高坂正堯著作集』第三巻）
高坂正堯「二一世紀の国際政治と安全保障の基本問題」（『高坂正堯著作集』第三巻）
高坂正堯「日本が衰亡しないために」（『高坂正堯著作集』第三巻）
高坂正堯『日本存亡のとき』（『高坂正堯著作集』第三巻）
高坂正堯「日本もアメリカも『宿題』をやれ」（『高坂正堯著作集』第三巻）
高坂正堯「人間の責任」（『高坂正堯著作集』第三巻）
高坂正堯「冷戦後の国力の性質」（『高坂正堯著作集』第三巻）
高坂正堯「瓦礫のなかに今日を見た吉田茂」（『高坂正堯著作集』第四巻）
高坂正堯『世界史を創る人びと――現代指導者論』（『高坂正堯著作集』第四巻）
高坂正堯『近代文明への反逆――「ガリヴァー旅行記」から二一世紀を読む』（原題『近代文明への反逆――社会・宗教・政治学の教科書「ガリヴァー旅行記」を読む』、『高坂正堯著作集』第五巻）
高坂正堯「国際関係における異質論」（『高坂正堯著作集』第五巻）
高坂正堯『現代の国際政治』（『高坂正堯著作集』第六巻）
高坂正堯「ドイツ統一と〝ドイツ問題〟」（『高坂正堯著作集』第六巻）
高坂正堯「経済安全保障の意義と課題」（『高坂正堯著作集』第七巻）
高坂正堯「経済的相互依存時代の経済力――一九七三年秋の石油供給制限の事例研究」（『高坂正堯著作集』第七巻）
高坂正堯「現実主義の国際政治観」（『高坂正堯著作集』第七巻）
高坂正堯「現代国際体系論――その安定性と変容の可能性」（『高坂正堯著作集』第七巻）
高坂正堯「現代の戦争」（『高坂正堯著作集』第七巻）
高坂正堯「地政学者マッキンダーに見る二十世紀前半の権力政治」（『高坂正堯著作集』第七巻）
高坂正堯「内戦についての一般的研究」（『高坂正堯著作集』第七巻）
高坂正堯「安全保障感覚の欠如」（『高坂正堯著作集』第八巻）
高坂正堯『一億の日本人』（『高坂正堯著作集』第八巻）Masataka Kosaka, foreword by E. O. Reischauer, *100 Million Japanese: The Postwar Experience* (Tokyo and Palo Alto: Kodansha International, 1972); Masataka Kosaka, foreword by E.O. Reischauer, *A History of Postwar Japan* (Tokyo and New York: Kodansha International, 1982)
高坂正堯「『教育』が内包する矛盾を超えて」（『高坂正堯著作集』第八巻）
高坂正堯「思考停止をやめ明白な解答を」（『高坂正堯著作集』第八巻）
高坂正堯「ダブル・スタンダード批判」（『高坂正堯著作集』第八巻）
高坂正堯「天皇 その無用の大用」（『高坂正堯著作集』第八巻）
高坂正堯「日本人と愛国心」（『高坂正堯著作集』第八巻）

高坂正堯「日本の危険――国家モラルの崩壊について」(『高坂正堯著作集』第八巻)
高坂正堯「日本の宿命を見つめた眼」(『高坂正堯著作集』第八巻)
高坂正堯「佐藤栄作――『待ちの政治』の虚実」(渡邉昭夫編『戦後日本の宰相たち』中公文庫、二〇〇一年)
高坂正堯『宰相 吉田茂』(中央公論新社、二〇〇六年〈中央公論社、一九六八年初版〉)
高坂正堯『海洋国家日本の構想』(中央公論新社、二〇〇八年〈中央公論社、一九六五年初版、一九六九年増補版〉)
高坂正堯『古典外交の成熟と崩壊』I II(中央公論新社、二〇一二年〈中央公論社、一九七八年初版〉)
高坂正堯『文明が衰亡するとき』(新潮社、二〇一二年〈一九八一年初版〉)
高坂正堯「ケナン博士の人生と仕事」(ジョージ・F・ケナン/関元訳『二十世紀を生きて――ある個人と政治の哲学』中央公論新社、二〇一五年)
高坂正堯『世界地図の中で考える』(新潮社、二〇一六年〈一九六八年初版〉)
高坂正堯『外交感覚――時代の終わりと長い始まり』(千倉書房、二〇一七年〈一九八五、一九九〇、一九九五年初版、中央公論社〉)
高坂正堯『国際政治 改版』(中公新書、二〇一七年〈一九六八年初版〉)
Masataka Kosaka, translated by Carl Freire, *International Politics and the Problem of Peace* (Tokyo: Japan Publishing Industry Foundation for Culture, 2019, forthcoming)
高坂正堯編『日米・戦後史のドラマ――エピソードで読む好敵手の深層』(PHP研究所、一九九五年)
高坂正堯・相沢英之・俵孝太郎「中曽根政権、順風満帆の一年――昭和五九年、内政と外交」(『月刊自由民主』第三四七号、一九八四年)
高坂正堯・海原治・中村龍平・堂場肇「専守防衛下の政治と軍事を考える――来栖発言の受け取り方をめぐって」(『国防』一九七八年四月号)
高坂正堯・久保卓也『四次防』(時事問題研究所、一九七二年)
高坂正堯・佐古丞・安部文司編『戦後日米関係年表』(PHP研究所、一九九五年)
高坂正堯・佐藤誠三郎「保守政権の再生は可能か」(『諸君!』一九七六年九月号)
高坂正堯・鳥海靖・野田宣雄『人類文化史 七 変貌する現代世界』(講談社、一九七三年)
高坂正堯＝K・D・バトラー「これからの日米関係のあり方――国際社会における両国の使命、役割は何か」(『月刊自由民主』第二五二号、一九七六年)
高坂正堯・松下幸之助「歴代宰相を語る――吉田茂・池田勇人・佐藤栄作」(『Voice』一九七九年五月号)
佐伯彰一・高坂正堯「閉ざされた大国ニッポン」(『諸君!』一九八五年一二月号)
高柳賢三・石川達三・高坂正堯・平林たい子・川北洋太郎「自衛隊は違憲か合憲か――憲法第九条をめぐって」(『潮』一九六四年七月号)
田中角栄・高坂正堯「一九八〇年の自民党」(『自由』第一〇巻第一号、一九六八年)
永井陽之助・高坂正堯「ロシアは没落する」(『諸君!』一九八〇年二月号)
福田恆存・高坂正堯「条約が破られるとき」(『諸君!』一九七二年一二月号)
藤山愛一郎・高坂正堯「岸時代と日米安保」(『月刊自由民主』第二四〇号、一九七五年)
松下幸之助・天谷直弘・飯田経夫・石井威望・牛尾治朗・加藤寛・高坂正堯・斎藤精一郎・堺屋太一・広中平祐・山本七平・渡部昇一・江口克彦「学校教育活性化のための七つの提言(五十九年三月) 世界を考える京都座会」(『月刊高校教育』一九八四年六月号)
宮澤喜一・高坂正堯『美しい日本への挑戦』(文藝春秋、一九八四年)
宮澤喜一・高坂正堯「わたしの『資産倍増論』――第二次経済飛躍と平和協調外交」(『文藝春秋』一九八四年七月号)
村上泰亮＝ポール・ケネディ＝高坂正堯「ディスカッション」(国際日本文化研究センター編『世界の中の日本 II』)
桃井真・岡崎久彦・高坂正堯「西側の興亡と日本の役割 戦後体制に波乱の兆し――同盟の結束に試練の時代へ」(『国防』一九八九年一月号)
吉田茂・萩原延寿・高坂正堯「NHKテレビ『わが外交を語る』」(吉田茂記念事業財団編『人間 吉田茂』中央公論社、一九九一年)
Kosaka, Masataka, *Options for Japan's Foreign Policy* (London:

International Institute for Strategic Studies, 1973)
Kosaka, Masataka, "Theater Nuclear Weapons and Japan's Defense Policy," in Richard A. Solomon and Masataka Kosaka, eds., *The Soviet Far East Military Buildup: Nuclear Dilemmas and Asian Security* (London: Croom Helm, 1986) 高坂正堯「戦域核兵器と日本の防衛政策」(高坂正堯＝リチャード・H・ソロモン編／平和・安全保障研究所訳『核のジレンマとソ連の脅威』人間の科学社、一九八六年)
Kosaka, Masataka, "The Establishment of the Constitutional Regime and its Significance," *Acta Asiatica*, No. 71, 1996
Scalapino, Robert A., and Masataka Kosaka, "Introduction," in Robert A. Scalapino and Masataka Kosaka, eds., *Peace, Politics and Economics in Asia: The Challenge to Cooperate* (Washington, D. C.: Pergamon-Brassey's International Defense Publishers, 1988) 高坂正堯＝ロバート・A・スカラピーノ「序論――アジアで政治協力は可能か」(高坂正堯・ロバート＝A＝スカラピーノ編／平和・安全保障研究所訳『アジアで政治協力は可能か』人間の科学社、一九八六年)

†高坂正顕・三木達子・高坂節三の著作・翻訳（正顕は正堯の父、三木は正顕の姉、節三は正堯の弟）

カント、イマヌエル／高坂正顕訳『永遠平和の為に』(岩波文庫、一九四九年)
木村素衛・田中經太郎・高坂正顕訳『カント著作集』第一三巻(岩波書店、一九二六年)
高坂節三「兄・正堯と母」(『季刊アスティオン』一九九六年一〇月号)
高坂節三『昭和の宿命を見つめた眼――父・高坂正顕と兄・高坂正堯』(PHP研究所、二〇〇〇年)
高坂節三「兄・正堯の現実主義」(『外交フォーラム』二〇一〇年二月号)
高坂正顕「歴史的なるもの」(『思想』一九三二年一月号)
高坂正顕「思想戦の形而上的根拠」(『中央公論』一九四三年六月号)
高坂正顕『政治・自由及び運命に関する考察』(弘文堂書房、一九四七年)
高坂正顕『来るべき時代のために――希望と反省』(弘文堂、一九五二年)
高坂正顕『哲学は何のために』(理想社、一九五九年)
高坂正顕『人間像の分裂とその回復』(理想社、一九六三年)
高坂正顕『人間の解釈』(理想社、一九六三年)
高坂正顕『西田幾多郎と和辻哲郎』(新潮社、一九六四年)
高坂正顕『歴史的世界』(『高坂正顕著作集』第一巻、理想社、一九六四年、長谷正當編『高坂正顕「歴史的世界」』燈影舎、二〇〇二年)
高坂正顕『カント解釈の問題』(『高坂正顕著作集』第三巻、理想社、一九六五年)
高坂正顕「著作集第四巻について」(『高坂正顕著作集』第四巻、理想社、一九六四年)
高坂正顕「歴史と人間を貫くもの――私は何を学んだか」(大河内一男ほか『私は何を学んだか』青春新書、一九六七年)
高坂正顕「著作集第六巻について」(『高坂正顕著作集』第六巻、理想社、一九七〇年)
高坂正顕『追憶と願望の間に生きて』(読売新聞社、一九七〇年)
高坂正顕「『期待される人間像』と哲学」(国立教育会館編『現代教養講座』第一巻、ぎょうせい、一九七七年)
高坂正顕『西田幾多郎先生の追憶』(燈影舎、一九九六年)
高坂正顕／源了圓解説『明治思想史』(燈影舎、一九九九年)
高坂正顕編『明治文化史 第四巻 思想言論編』(原書房、一九八〇年〈洋々社、一九五五年初版〉)
高坂正顕・西谷啓治・高山岩男・鈴木成高『世界史的立場と日本』(中央公論社、一九四三年)
三木達子『働き蜂』(南窓社、一九六九年)

†その他（日本語）

愛知揆一遺稿集刊行会編『愛知揆一 大いに語る 天神町放談 年譜・愛知揆一』(愛知揆一遺稿集刊行会、一九七四年)
熱田見子「米国議会図書館が所蔵する戦前期外務省調書とその背景」(『外交史料館報』第二一号、二〇〇七年)
網野俊賢「同級生にして先輩」(『高坂正堯著作集』第四巻「月報」)
有馬龍夫／竹中治堅編『対欧米外交の追憶――一九六二―一九九七』上巻(藤原書店、二〇一五年)
アロン、レイモン／曽村保信訳『レイモン・アロン選集 第一巻 自由の論理』(荒地出版社、一九七〇年)
アロン、レイモン／長塚隆二訳『レイモン・アロン選集 第二巻 変貌す

る産業社会』（荒地出版社、一九七〇年）

アロン、レイモン／小谷秀二郎訳『レイモン・アロン選集 第三巻 知識人とマルキシズム』（荒地出版社、一九七〇年）

アロン、レイモン／霧生和夫訳『レイモン・アロン選集 第四巻 歴史哲学入門』（荒地出版社、一九七一年）

アロン、レイモン／柏岡富英・田所昌幸・嘉納もも訳『世紀末の国際関係――アロンの最後のメッセージ』（昭和堂、一九八六年）

五百旗頭真『米国の日本占領政策――戦後日本の設計図』上巻（中央公論社、一九八五年）

五百旗頭真『秩序変革期の日本の選択――「米・欧・日」三極システムのすすめ』（ＰＨＰ研究所、一九九一年）

五百旗頭真「追悼 高坂正堯教授の遺産」（『中央公論』一九九六年七月号）

五百旗頭真「同時代史としての戦後日本」（『季刊アスティオン』一九九六年一〇月号）

五百旗頭真「文明としての戦後日本の歴史」（『高坂正堯著作集』第八巻）

五百旗頭真「いま、なぜ高坂正堯を読み直すのか」（『外交フォーラム』二〇一〇年二月号）

五百旗頭真「高坂正堯の戦後日本」（五百旗頭真・中西寛編『高坂正堯と戦後日本』中央公論新社、二〇一六年）

五百旗頭真・前原誠司・細谷雄一「高坂正堯没後十年 遺された『責任ある国家』という課題」（『中央公論』二〇〇六年一二月号）

池田実「しかしながら早世すぎるではないか」（『高坂正堯著作集』第六巻「月報」）

石川嘉延「高坂先生と静岡文化芸術大学」（『高坂正堯著作集』第一巻「月報」）

石田淳「トマス・シェリングを読む坂本義和――合理的選択論の選択的導入」（大矢根聡編『日本の国際関係論――理論の輸入と独創の間』勁草書房、二〇一六年）

石田博英「保守政党のビジョン」（『中央公論』一九六三年一月号）

磯貝正義「高坂虎綱」（国史大辞典編集委員会編『国史大辞典』第五巻、吉川弘文館、一九八五年）

糸井昭一「高坂先生との思い出」（『高坂正堯著作集』第二巻「月報」）

伊藤信哉『近代日本の外交論壇と外交史学――戦前期の「外交時報」と外交史教育』（日本経済評論社、二〇一一年）

伊藤孝夫『瀧川幸辰――汝の道を歩め』（ミネルヴァ書房、二〇〇三年）

伊藤昌哉『池田勇人 その生と死』（至誠堂、一九六六年）

伊藤昌哉『池田勇人とその時代』（朝日文庫、一九八五年）

井上寿一『吉田茂と昭和史』（講談社現代新書、二〇〇九年）

井上正也『日中国交正常化の政治史』（名古屋大学出版会、二〇一〇年）

猪木武徳「高坂先生の思い出と『一億の日本人』」（五百旗頭ほか編『高坂正堯と戦後日本』）

猪木正道『猪木正道著作集 第一巻 共産主義の系譜』（力富書房、一九八五年）

猪木正道『猪木正道著作集 第二巻 独裁の研究』（力富書房、一九八五年）

猪木正道「京都大学と私」（京都大学創立九十周年記念協力出版委員会編著『京大史記』京都大学創立九十周年記念協力出版委員会、一九八八年）

猪木正道『評伝吉田茂 ①青雲の巻』（ちくま学芸文庫、一九九五年〈読売新聞社、一九七八―一九八〇年初版〉）

猪木正道『評伝吉田茂 ②獅子の巻』（ちくま学芸文庫、一九九五年〈読売新聞社、一九七八―一九八〇年初版〉）

猪木正道『評伝吉田茂 ③雌伏の巻』（ちくま学芸文庫、一九九五年〈読売新聞社、一九七八―一九八〇年初版〉）

猪木正道『評伝吉田茂 ④山顛の巻』（ちくま学芸文庫、一九九五年〈読売新聞社、一九七八―一九八〇年初版〉）

猪木正道「二人の恩師」（『季刊アスティオン』一九九六年一〇月号）

猪木正道『私の二十世紀――猪木正道回顧録』（世界思想社、二〇〇〇年）

入江昭『歴史を学ぶということ』（講談社現代新書、二〇〇五年）

入江昭「半世紀前のハーヴァード、知識人の小さな共同体」（五百旗頭ほか編『高坂正堯と戦後日本』）

岩野美代治／竹内桂編『三木武夫秘書回顧録――三角大福中時代を語る』（吉田書店、二〇一七年）

岩間陽子『ドイツ再軍備』（中央公論社、一九九三年）

岩間陽子「運」（『季刊アスティオン』一九九六年一〇月号）

臼井祥子「生徒会長時代の高坂先生」（『高坂正堯著作集』第五巻「月報」）

梅原猛「挨拶」（国際日本文化研究センター編『世界の中の日本 II』）
枝村純郎『帝国解体前後――駐モスクワ日本大使の回想一九九〇～一九九四』（都市出版、一九九七年）
枝村純郎／中島琢磨・昇亜美子編『外交交渉回想――沖縄返還・福田ドクトリン・北方領土』（吉川弘文館、二〇一六年）
衛藤瀋吉『衛藤瀋吉著作集 第一〇巻 佐藤栄作』（東方書店、二〇〇三年）
衛藤瀋吉『衛藤瀋吉著作集 第二巻 東アジア政治史研究』（東方書店、二〇〇四年）
衛藤瀋吉『衛藤瀋吉著作集 別巻 総索引・総目次』（東方書店、二〇〇五年）
衛藤瀋吉・山本吉宣『総合安保と未来の選択』（講談社、一九九一年）
大嶽秀夫『高度成長期の政治学』（東京大学出版会、一九九九年）
大島渚「京大にいたころの気分のまま生きてこれた。」（京都大学創立九十周年記念協力出版委員会編著『京大史記』）
大平正芳／福永文夫監修『大平正芳全著作集』第五、七巻（講談社、二〇一一―二〇一二年）
大矢根聡「日本における『モーゲンソーとの対話』――もう一つの高坂・坂本論争」（同編『日本の国際関係論』）
岡崎久彦『国際情勢判断・半世紀』（育鵬社、二〇一五年）
岡義武『山県有朋』（岩波新書、一九五八年）
「沖縄返還問題に対する日米両国の態度」（『資料平和経済』第九八号、一九六九年）
小川浩之『イギリス帝国からヨーロッパ統合へ』（名古屋大学出版会、二〇〇八年）
小川浩之『英連邦――王冠への忠誠と自由な連合』（中央公論新社、二〇一二年）
奥宮正武「総合安全保障への提言」（『新防衛論集』第一巻第四号、一九七四年）
開高健『ベトナム戦記』（朝日文庫、一九九〇年〈朝日新聞社、一九六五年初版〉）
開高健『花終る闇』（新潮文庫、一九九三年〈新潮社、一九九〇年初版〉）
開高健『サイゴンの十字架――開高健ルポルタージュ選集』（光文社文庫、二〇〇八年〈文藝春秋、一九七三年初版〉）
開高健『輝ける闇』（新潮文庫、二〇一〇年〈新潮社、一九六八年初版〉）
外務省編『日本外交文書』昭和期I第一部第二巻（外務省、一九九〇年）
外務省編『日本外交文書 平和条約の締結に関する調書』第一冊（外務省、二〇〇二年）
外務省アジア局中国課監修『日中関係基本資料集 一九七〇―一九九二年』（霞山会、一九九三年）
粕谷一希『中央公論社と私』（文藝春秋、一九九九年）
粕谷一希「吉田茂という存在」（吉田茂『日本を決定した百年』中公文庫、一九九九年）
粕谷一希『作家が死ぬと時代が変わる』（日本経済新聞社、二〇〇六年）
粕谷一希『戦後思潮――知識人たちの肖像』（藤原書店、二〇〇八年）
粕谷一希『粕谷一希随想集 1 忘れえぬ人びと』（藤原書店、二〇一四年）
粕谷一希『粕谷一希随想集 3 編集者として』（藤原書店、二〇一四年）
加藤周一「中立と安保条約と中国承認」（同『加藤周一著作集』第八巻、平凡社、一九七九年）
加藤周一「ゴア解放とネルー――バンクーバー日記」（『世界』一九六二年四月号）
蒲島郁夫「京都IPSAラウンド・テーブルひらかる」（『日本政治学会会報』第二七号、一九九四年）
神川彦松『国際政治学概論』（同『神川彦松全集』第一巻、勁草書房、一九六六年）
神川彦松『日本の新しいイメージ――日本国民の自主憲法のあり方』（同『神川彦松全集』第六巻、勁草書房、一九六九年）
神谷不二『戦後史の中の日米関係』（新潮社、一九八九年）
神谷不二『朝鮮戦争』（中公文庫、一九九〇年〈中央公論社、一九六六年初版〉）
神谷不二「朝鮮、ベトナム、湾岸」（『世界週報』一九九一年三月五日号）
神谷不二「卓越した自由人と歴史家」（『高坂正堯著作集』第五巻「月報」）
神谷不二『国際政治の半世紀・回顧と展望』（三省堂、二〇〇一年）

神谷万丈「日本的現実主義者のナショナリズム観」（『国際政治』第一七〇号、二〇一二年）

苅部直「未完の対論──坂本義和・高坂正堯論争を読む」（飯尾潤・苅部直・牧原出編『政治を生きる──歴史と現代の透視図』中央公論新社、二〇一二年）

苅部直「『現実主義者』の誕生──高坂正堯の出発」（五百旗頭ほか編『高坂正堯と戦後日本』）

河合栄治郎『学生生活』（日本評論社、一九三五年）

河合栄治郎『国民に愬う』（社会思想研究会編『河合栄治郎全集』第一四巻、社会思想社、一九六七年）

川田侃『川田侃・国際学Ⅰ 国際関係研究』（東京書籍、一九九六年）

神田豊隆『冷戦構造の変容と日本の対中外交──二つの秩序観 一九六〇─一九七二』（岩波書店、二〇一二年）

岸野浩一「高坂正堯──多様性と限界性の国際政治学」（初瀬龍平ほか編『国際関係論の生成と展開──日本の先達との対話』ナカニシヤ出版、二〇一七年）

北岡伸一『日米関係のリアリズム』（中央公論社、一九九一年）

北岡伸一「若き日の高坂正堯」（『高坂正堯著作集』第一巻）

北岡伸一・坂元一哉・中西寛「静かなる思索は時代を超えて」（『季刊アステイオン』一九九六年一〇月号）

君塚直隆『パクス・ブリタニカのイギリス外交──パーマストンと会議外交の時代』（有斐閣、二〇〇六年）

君塚直隆「ウィーン会議にみる外交の極意」（『外交フォーラム』二〇一〇年二月号）

木村汎「第一巻・解説」（猪木『猪木正道著作集 第一巻 共産主義の系譜』）

京極純一『政治意識の分析』（東京大学出版会、一九六八年）

京極純一『現代民主政と政治学』（岩波書店、一九六九年）

京極純一「昔のこと」（尾形典男先生の追悼文集を刊行する会編『回想 尾形典男』尾形典男先生の追悼文集を刊行する会、一九九一年）

京極純一『増補新装版 和風と洋式』（東京大学出版会、二〇一三年）

京都大学教育学部四十年記念誌編集委員会編『京都大学教育学部四十年記念誌』（京都大学教育学部、一九八九年）

京都大学人文科学研究所『人文科学研究所五〇年』（京都大学人文科学研究所、一九七九年）

京都大学七十年史編集委員会編『京都大学七十年史』（京都大学、一九六七年）

京都大学法学部創立百周年記念事業委員会・記念冊子小委員会編『京大法学部一〇〇年のあゆみ』（京都大学大学院法学研究科・法学部、一九九九年）

近代日本史料研究会「佐久間一オーラルヒストリー」上巻（近代日本史料研究会、二〇〇七年）

近代日本史料研究会「松野頼三オーラルヒストリー（追補）」（近代日本史料研究会、二〇〇八年）

葛岡敏『戦争と講和』（国民書院、一九一九年）

楠田實『首席秘書官──佐藤総理との十年』（文藝春秋、一九七五年）

楠田實「見識と嗅覚」（『季刊アステイオン』一九九六年一〇月号）

楠田實／和田純編・校訂／五百旗頭真編・解題『楠田實日記──佐藤栄作総理首席秘書官の二〇〇〇日』（中央公論新社、二〇〇一年）

楠綾子「安全保障政策の形成をめぐるリーダーシップ──佐藤政権による吉田路線の再選択」（戸部良一編『近代日本のリーダーシップ──岐路に立つ指導者たち』千倉書房、二〇一四年）

葛谷彩『二〇世紀ドイツの国際政治思想』（南窓社、二〇〇五年）

葛谷彩「戦後のイギリスと日本の古典的国際政治論のミッシング・リンク──H・バターフィールドと高坂正堯の場合」（葛谷彩・小川浩之・西村邦行編『歴史のなかの国際秩序観──「アメリカの社会科学」を超えて』晃洋書房、二〇一七年）

久保卓也『国防論──八〇年代・日本をどう守るか』（PHP研究所、一九七九年）

栗山尚一／服部龍二編『戦後日本外交 軌跡と課題』（岩波書店、二〇一六年）

ケネディ、ポール／中西輝政訳「世界の中の日本の役割」（国際日本文化研究センター編『世界の中の日本 Ⅱ』）

現代史研究所『沖縄基地問題研究会報告』（現代史研究所、一九六九年）

校史編集委員会編『京一中洛北高校百年史』（京一中一〇〇周年洛北高校二〇周年記念事業委員会、一九七二年）

河野康子「『佐藤栄作日記』と『楠田實日記』──長期政権下の外交と内政」（黒沢文貴・季武嘉也編著『日記で読む近現代日本政治史』ミネルヴァ書房、二〇一七年）

河野康子・渡邉昭夫編著『安全保障政策と戦後日本 一九七二～一九九九

四――記憶と記録の中の日米安保』（千倉書房、二〇一六年）
「国際環境」研総括班編「国際シンポジウム討議録」（「国際環境」研総括班、一九七六年）
小窪千早「フランスにおけるゴーリズムの国際秩序観」（葛谷ほか編『歴史のなかの国際秩序観』）
後藤乾一『「沖縄核密約」を背負って――若泉敬の生涯』（岩波書店、二〇一〇年）
小林計一郎「高坂弾正考」（『日本歴史』第二四五号、一九六八年）
小町恭士「学生時代と高坂先生の思い出」（『高坂正堯著作集』第五巻「月報」）
小松左京・高坂正堯・山崎正和「海洋国家は衰亡する」（『諸君！』一九七五年七月号）
佐伯啓思・中西輝政・福田和也・森本敏「高坂正堯の遺言――やがて『精神の崩壊』につながる」（『諸君！』二〇〇二年二月号）
酒井哲哉「『九条＝安保体制』の終焉――戦後日本外交と政党政治」（『国際問題』第三七二号、一九九一年）
酒井哲哉「国際政治論のなかの丸山眞男――大正平和論と戦後現実主義のあいだ」（『思想』二〇〇六年八月号）
酒井哲哉『近代日本の国際秩序論』（岩波書店、二〇〇七年）
酒井哲哉「戦後論壇の位相と高坂正堯」（『外交フォーラム』二〇一〇年二月号）
酒井哲哉「戦後の思想空間と国際政治論」（同編『日本の外交　第三巻　外交思想』岩波書店、二〇一三年）
酒井哲哉編『平和国家のアイデンティティ』（岩波書店、二〇一六年）
坂田道太『小さくても大きな役割』（朝雲新聞社、一九七七年）
坂元一哉『日米同盟の絆――安保条約と相互性の模索』（有斐閣、二〇〇〇年）
坂本義和『坂本義和集　1　国際政治と保守思想』（岩波書店、二〇〇四年）
坂本義和「『力の均衡』の虚構――ひとつの『現実主義』批判」（『坂本義和集　2　冷戦と戦争』岩波書店、二〇〇四年）
坂本義和「中立日本の防衛構想」（『坂本義和集　3　戦後外交の原点』岩波書店、二〇〇四年）
坂本義和「日本における国際冷戦と国内冷戦」（『坂本義和集　3　戦後外交の原点』）
坂本義和「日米共同声明をこう見る」（『坂本義和集　4　日本の生き方』岩波書店、二〇〇四年）
坂本義和『人間と国家――ある政治学徒の回想』上下巻（岩波新書、二〇一一年）
佐久間一「父親としての笑顔」（『高坂正堯著作集』第八巻「月報」）
佐古丞「人を見る目、歴史を見る目」（『季刊アステイオン』一九九六年一〇月号）
佐古丞「高坂門下になったわけ」（『高坂正堯著作集』第三巻「月報」）
佐古丞『未完の経済外交――幣原国際協調路線の挫折』（PHP新書、二〇〇二年）
佐々木毅「論壇時評　きしむ『新世界秩序』」（『朝日新聞』一九九一年五月二日夕刊）
佐々木毅「論壇時評『反日』『離米』」（『朝日新聞』一九九一年七月三〇日夕刊）
佐々木毅「論壇時評　湾岸戦争」（『朝日新聞』一九九一年二月二七日夕刊）
佐々木毅「論壇時評　湾岸戦争と憲法問題」（『朝日新聞』一九九一年五月一日夕刊）
佐々木毅「論壇時評　湾岸戦争の影響」（『朝日新聞』一九九一年三月二七日夕刊）
佐瀬昌盛『むしろ素人の方がよい――防衛庁長官・坂田道太が成し遂げた政策の大転換』（新潮社、二〇一四年）
佐瀬昌盛『対ソ国交回復交渉の軌跡――戦後日本の政治風土』（南窓社、二〇一六年）
佐々淳行「京都弁の効用」（『季刊アステイオン』一九九六年一〇月号）
佐道明広『戦後日本の防衛と政治』（吉川弘文館、二〇〇三年）
佐藤栄作／伊藤隆監修『佐藤栄作日記』第二巻（朝日新聞社、一九九八年）
佐藤栄作／伊藤隆監修『佐藤栄作日記』第三巻（朝日新聞社、一九九八年）
佐藤栄作／伊藤隆監修『佐藤栄作日記』第四巻（朝日新聞社、一九九七年）
佐藤栄作／伊藤隆監修『佐藤栄作日記』第五巻（朝日新聞社、一九九七年）
佐藤栄作／伊藤隆監修『佐藤栄作日記』第六巻（朝日新聞社、一九九九

年）
佐藤堅司「ポエニ戦役」（仲摩照久編『世界文化史大系 第五巻 ローマの興亡』新光社、一九三四年）
佐藤幸治「剛毅の中の温さ」（『高坂正堯著作集』第四巻「月報」）
佐藤誠三郎「日本国民への遺書」（『高坂正堯著作集』第三巻）
佐藤誠三郎・田中明彦「不見識な政府 無責任な『世論』」（『中央公論』一九九一年三月）
佐藤元英『増補改訂新版 昭和初期対中国政策の研究――田中内閣の対満蒙政策』（原書房、二〇〇九年）
真田尚剛「『防衛計画の大綱』における基盤的防衛力構想の採用 一九七四―一九七六年――防衛課の『常備すべき防衛力』構想を巡る攻防」（『国際政治』第一八八号、二〇一七年）
産経新聞取材班『総括せよ！ さらば革命的世代――四〇年前、キャンパスで何があったか』（産経新聞出版、二〇〇九年）
塩野七生「高坂さんは、なぜ衰亡を論じたのか」（『高坂正堯著作集』第五巻）
塩野七生・岩間陽子「高坂正堯 高貴なる情熱家の肖像」（『婦人公論』一九九六年八月号）
幣原平和財団『幣原喜重郎』（幣原平和財団、一九五五年）
篠原一・三谷太一郎「岡義武――人と学問――丸山眞男氏に聞く」（岡義武『岡義武著作集』第八巻付録、岩波書店、一九九三年）
芝崎厚士『近代日本の国際関係認識――朝永三十郎と「カントの平和論」』（創文社、二〇〇九年）
芝崎厚士『国際関係の思想史――グローバル関係研究のために』（岩波書店、二〇一五年）
島田紳助「本番中、私は高坂ゼミの生徒だった」（『高坂正堯著作集』第七巻「月報」）
ジャンセン、マリウス・B／細谷千博監訳『日本における近代化の問題』（岩波書店、一九六八年）
ショウペンハウエル、アルトゥール「読書について」（同／斎藤忍随訳『読書について 他二篇』岩波文庫、一九八三年）
末次一郎『「戦後」への挑戦』（歴史図書社、一九八一年）
末次一郎『温故創新 戦後に挑戦――心に残る人びと』（文藝春秋、二〇〇二年）
鈴木宏尚「米中和解をめぐる日本外交論」（『法政研究』第二〇巻第四号、二〇一六年）
政策研究大学院大学C.O.E.オーラル・政策研究プロジェクト「伊藤圭一オーラルヒストリー」下巻（政策研究大学院大学、二〇〇三年）
政策研究大学院大学C.O.E.オーラル・政策研究プロジェクト「宝珠山昇オーラルヒストリー」下巻（政策研究大学院大学、二〇〇五年）
世界思想社編集部編『瀧川事件――記録と資料』（世界思想社、二〇〇一年）
世界平和研究所編『中曽根内閣史 資料篇』（世界平和研究所、一九九五年）
世界平和研究所編『中曽根内閣史 理念と政策』（世界平和研究所、一九九五年）
世界平和研究所編『中曽根内閣史 首相の一八〇六日』上下巻（世界平和研究所、一九九六年）
世界平和研究所編『中曽根内閣史 日々の挑戦』（世界平和研究所、一九九六年）
関静雄『日本外交の基軸と展開』（ミネルヴァ書房、一九九〇年）
関寛治「現実主義者の国際政治観――そのマイナスとプラス」（『朝日ジャーナル』一九六七年一一月一九日号）
添谷芳秀「日本の現実主義と自立――吉田路線を超えて」（『外交フォーラム』二〇一〇年二月号）
添谷芳秀『安全保障を問いなおす――「九条―安保体制」を越えて』（ＮＨＫ出版、二〇一六年）
田岡良一『国際法』（ダイヤモンド社、一九四一年）
田岡良一『国際連合憲章の研究』（有斐閣、一九四九年）
田岡良一『永世中立と日本の安全保障』（有斐閣、一九五〇年）
田岡良一『国際法Ⅲ』（有斐閣、一九五九年）
高柳先男「国際政治と国内政治の連繫モデル――J. N. Rosenau と W. F. Hanrieder について」（『国際政治』第四六号、一九七二年）
瀧川幸辰『激流――昭和レジスタンスの断面』（河出書房新社、一九六三年）
武田徹「二つのメディア変革期と高坂正堯」（五百旗頭ほか編『高坂正堯と戦後日本』）
武田悠『「経済大国」日本の対米協調――安保・経済・原子力をめぐる試行錯誤、一九七五～一九八一年』（ミネルヴァ書房、二〇一五年）
武見太郎『武見太郎回想録』（日本経済新聞社、一九六八年）

田所昌幸『国連財政――予算から見た国連の実像』（有斐閣、一九九六年）
田所昌幸「高坂正堯は『現実主義者』か」（『季刊アステイオン』一九九六年一〇月号）
田所昌幸『「アメリカ」を超えたドル――金融グローバリゼーションと通貨外交』（中央公論新社、二〇〇一年）
田所昌幸「『常識』への信頼――『世論と外交』を考える」（『外交フォーラム』二〇一〇年二月号）
田所昌幸編『ロイヤル・ネイヴィーとパクス・ブリタニカ』（有斐閣、二〇〇六年）
田中明彦「『世界新秩序』はなぜ霧の中なのか――中西輝政氏批判」（『中央公論』一九九一年七月号）
田中明彦「古典外交を礎に現代を見る眼」（『季刊アステイオン』一九九六年一〇月号）
田中明彦「高坂正堯著作集への随想」（『高坂正堯著作集』第八巻「月報」）
田中明彦『新しい中世――相互依存の世界システム』（講談社学芸文庫、二〇一七年）
田中角栄『日本列島改造論』（日刊工業新聞社、一九七二年）
田畑茂二郎『国際社会の新しい流れの中で――一国際法学徒の軌跡』（東信堂、一九八八年）
田原総一朗「余人を以て代え難し」（『高坂正堯著作集』第一巻「月報」）
田原総一朗『テレビと権力』（講談社、二〇〇六年）
田原総一朗「『サンデープロジェクト』時代の高坂さん」（五百旗頭ほか編『高坂正堯と戦後日本』）
田原総一朗『暴走司会者――論客たちとの深夜の「激闘譜」』（中央公論新社、二〇一六年）
千々和泰明『変わりゆく内閣安全保障機構――日本版NSC成立への道』（原書房、二〇一五年）
中央教育審議会答申「生涯学習の基盤整備について（答申）」（『文部時報』一九九一年五月臨時増刊号）
中央公論社編『中央公論社七十年史』（中央公論社、一九五五年）
中央公論社編『中央公論社の八十年』（中央公論社、一九六五年）
張さつき『父・木村素衛からの贈りもの』（未來社、一九八五年）
通商産業省大臣官房編『日本の選択――「ニューグローバリズム」への貢献と「新・産業文化国家」の選択』（通商産業調査会、一九八八年）
塚本哲也「弟子思いの大家」（『季刊アステイオン』一九九六年一〇月号）
土山實男「国際政治理論から見た日本のリアリスト――永井陽之助、高坂正堯、そして若泉敬」（『国際政治』第一七二号、二〇一三年）
ティルトマン、ヘッセル／加瀬英明訳『日本報道三十年』（新潮社、一九六五年）
テレビ朝日出版部『生テレビ・熱論 天皇』（全国朝日放送、一九八九年）
戸部良一「支那事変初期における戦争指導」（一）（二）（『法学論叢』第九六巻第三号、第九七巻第二号、一九七四―一九七五年）
戸部良一『ピース・フィーラー――支那事変和平工作の群像』（論創社、一九九一年）
戸部良一『日本陸軍と中国――「支那通」にみる夢と蹉跌』（ちくま学芸文庫、二〇一六年〈講談社、一九九九年初版〉）
豊下楢彦「日本型現実主義の再検討」（『平和研究』第二六号、二〇〇一年）
内閣官房内閣審議室分室・内閣総理大臣補佐官室編『大平総理の政策研究会報告書―五 総合安全保障戦略』（大蔵省印刷局、一九八〇年）
内閣総理大臣官房監修『佐藤内閣総理大臣演説集』（内閣総理大臣官房、一九七〇年）
永井陽之助『平和の代償』（中央公論新社、二〇一二年〈中央公論社、一九六七年初版〉）
永井陽之助『新編 現代と戦略』（中公文庫、二〇一六年〈文藝春秋、一九八五年初版〉）
中江兆民／桑原武夫・島田虔次訳・校注『三酔人経綸問答』（岩波文庫、一九六五年）
中北浩爾『自民党政治の変容』（NHK出版、二〇一四年）
中澤直樹「遺作となった『不思議の日米関係史』」（『高坂正堯著作集』第七巻「月報」）
中島琢磨『沖縄返還と日米安保体制』（有斐閣、二〇一二年）
中島岳志「京都学派の遺産――鈴木成高における世界史の哲学と戦後保守」（酒井哲哉編『日本の外交 第三巻 外交思想』）
『中嶋嶺雄著作選集』編集委員会編『中嶋嶺雄著作選集 第三巻 裏切られた民主革命』（桜美林大学北東アジア総合研究所、二〇一六年）

参考文献

中曽根康弘／中島琢磨・服部龍二・昇亜美子・若月秀和・道下徳成・楠綾子・瀬川高央編『中曽根康弘が語る戦後日本外交』（新潮社、二〇一二年）

永地正直『文教の旗を掲げて――坂田道太聞書』（西日本新聞社、一九九二年）

長富祐一郎『近代を超えて』上下巻（大蔵財務協会、一九八三年）

中西輝政『国際情勢の基調を読む――ポスト米ソ二極時代の新世界秩序とは』（PHP研究所、一九九一年）

中西輝政「『ヨーロッパ』への愛、あるいは歴史への愛」（『高坂正堯著作集』第六巻）

中西輝政「わが師・高坂正堯と江藤淳」（『文藝春秋』二〇〇五年五月号）

中西寛「あとがきに代えて――高坂正堯の告別エッセイ」（高坂『不思議の日米関係史』）

中西寛「高坂正堯教授の宿題」（『Voice』一九九六年九月号）

中西寛「高坂正堯教授略歴・著作目録」（『法学論叢』第一四〇巻第一・二号、一九九六年）

中西寛「総合安全保障論の文脈――権力政治と相互依存の交錯」（『年報政治学』一九九七年）

中西寛「国際秩序をめぐる法と政治に関する一考察」（京都大学法学部百周年記念論文集刊行委員会編『京都大学法学部創立百周年記念論文集』第一巻、有斐閣、一九九九年）

中西寛「至高のモラリスト、高坂正堯教授の国際政治学」（『高坂正堯著作集』第七巻）

中西寛『国際政治とは何か』（中公新書、二〇〇三年）

中西寛「〝吉田ドクトリン〟の形成と変容――政治における『認識と当為』との関連において」（『法学論叢』第一五二巻第五・六号、二〇〇三年）

中西寛「『宰相　吉田茂』の魅力」（高坂『宰相　吉田茂』）

中西寛「時代を超えて生きる戦後論壇の金字塔」（高坂『海洋国家日本の構想』）

中西寛「高坂正堯――論壇誌多様化を反映した多彩な活躍」（『諸君！』二〇〇九年六月号）

中西寛「高坂教授の『現実主義』的国際分析が必要な秋」（『外交フォーラム』二〇一〇年二月号）

中西寛「高坂国際政治学を凝縮した古典外交論の彫琢」（高坂『古典外交の成熟と崩壊』Ⅰ）

中西寛「高坂正堯先生の日本への思い」（上廣倫理財団編『わが師・先人を語る』第一巻、弘文堂、二〇一四年）

中西寛「はしがき」（五百旗頭ほか編『高坂正堯と戦後日本』）

中西寛「権力政治のアンチノミー――高坂正堯の日本外交論」（五百旗頭ほか編『高坂正堯と戦後日本』）

中西寛「復刊にあたって」（高坂『外交感覚――時代の終わりと長い始まり』）

中本義彦「現実主義者のアメリカ――高坂正堯・永井陽之助の思考と論理」（『中央公論』二〇一一年一〇月号）

西村邦行「日本のE・H・カー――現実主義からの隔たり」（大矢根編『日本の国際関係論』）

西村繁樹『防衛戦略とは何か』（PHP新書、二〇一二年）

西山伸「滝川事件について――宮本英雄氏聞き取り」（『京都大学大学文書館研究紀要』第六号、二〇〇八年）

日本文化会議編『日本は国家か』（読売新聞社、一九六九年）

日本文化会議一五周年記念シンポジウム「日本の国家像を求めて」（『諸君！』一九八三年一二月号）

根津朝彦『戦後『中央公論』と「風流夢譚」事件――「論壇」・編集者の思想史』（日本経済評論社、二〇一三年）

野添文彬『沖縄返還後の日米安保――米軍基地をめぐる相克』（吉川弘文館、二〇一六年）

野田宣雄『教養市民層からナチズムへ――比較宗教社会史のこころみ』（名古屋大学出版会、一九八八年）

野田宣雄「湾岸から日本に放たれたミサイル」（同『歴史の危機』文藝春秋、一九九二年）

野田宣雄「諦念を秘めた華麗な文明」（『季刊アスティオン』一九九六年一〇月号）

野田宣雄「『常識』から離れぬ『真にリベラル』な論客」（『高坂正堯著作集』第四巻）

「野田宣雄教授略歴・著作目録」（『法学論叢』第一四〇号第三・四号、一九九七年）

野村総合研究所編『国際環境の変化と日本の対応――二一世紀への提言』（総合研究開発機構、一九七七年）

長谷川和年／瀬川高央・服部龍二・若月秀和・加藤博章編『首相秘書官が語る中曽根外交の舞台裏——米・中・韓との相互信頼はいかに構築されたのか』（朝日新聞出版、二〇一四年）
初瀬龍平「『連結政治』の概念と方法——J・N・ローズノーの科学性志向とその限界」（『法政論集』第二巻第一号、一九七四年）
初瀬龍平「J・N・ローズノー——対外政策の科学的研究とリンケッジ・ポリティクス」（白鳥令編『現代政治学の理論』下巻、早稲田大学出版部、一九八二年）
初瀬龍平『国際政治学——理論の射程』（同文舘出版、一九九三年）
初瀬龍平「総論」（初瀬ほか編『国際関係論の生成と展開』）
服部龍二『東アジア国際環境の変動と日本外交 一九一八—一九三一』（有斐閣、二〇〇一年）
服部龍二「後宮虎郎アジア局第二課長研修所講演速記『日華平和条約交渉経緯』一九五二年六月二五日」（『中央大学論集』第三四号、二〇一三年）
服部龍二『大平正芳 理念と外交』（岩波書店、二〇一四年）
服部龍二『外交ドキュメント 歴史認識』（岩波新書、二〇一五年）
服部龍二『中曽根康弘』（中公新書、二〇一五年）
服部龍二『田中角栄——昭和の光と闇』（講談社現代新書、二〇一六年）
服部龍二『佐藤栄作——最長不倒政権への道』（朝日新聞出版、二〇一七年）
服部龍二『増補版 幣原喜重郎——外交と民主主義』（吉田書店、二〇一七年）
花澤哲文『高坂正顕——京都学派と歴史哲学』（燈影舎、二〇〇八年）
羽生浩一「意図された『誤断』佐藤栄作・ノーベル平和賞を読み解く三つの視点」（『情報化社会・メディア研究』第六巻、二〇〇九年）
羽生浩一「外交機密文書から見た佐藤栄作・ノーベル平和賞受賞と『二つの中国』問題」（『東海大学紀要 文学部』第一〇二輯、二〇一四年）
幅健志『帝都ウィーンと列国会議』（講談社学術文庫、二〇〇〇年）
福川伸次『二一世紀・日本の選択——三つのニューイズム』（TBSブリタニカ、一九九〇年）
福田歓一「ヴェトナムはわれわれにとって何であるか」（同『福田歓一著作集』第八巻、岩波書店、一九九八年）
福田赳夫『回顧九十年』（岩波書店、一九九五年）
福田恆存『福田恆存全集』第三巻（文藝春秋、一九八七年）
福永文夫『大平正芳』（中公新書、二〇〇八年）
福永文夫・河野康子編『戦後とは何か——政治学と歴史学の対話』上巻（丸善出版、二〇一四年）
平和・安全保障研究所編『アジアの安全保障 一九八二年』（朝雲新聞社、一九八二年）
ベル、ダニエル「ジョーク好きな真の知識人」（『季刊アステイオン』一九九六年一〇月号）
防衛省防衛研究所戦史研究センター編「オーラル・ヒストリー 日本の安全保障と防衛力③ 坪井龍文」（防衛省防衛研究所、二〇一八年）
防衛省防衛研究所戦史部編「佐久間一オーラル・ヒストリー」下巻（防衛省防衛研究所、二〇〇七年）
防衛庁編『防衛白書』一九七六年版（大蔵省印刷局、一九七六年）
防衛庁編『防衛白書』一九七七年版（大蔵省印刷局、一九七七年）
防衛を考える会事務局編『わが国の防衛を考える』（朝雲新聞社、一九七五年）
細谷千博『日本外交の座標』（中央公論社、一九七九年）
細谷雄一『国際秩序』（中公新書、二〇一二年）
細谷雄一「外交史家としての高坂正堯——『歴史散歩』をする政治学者」（五百旗頭ほか編『高坂正堯と戦後日本』）
細谷雄一「戦後日本と『外交感覚』——解説にかえて」（高坂『外交感覚——時代の終わりと長い始まり』）
ホフマン、スタンレー／中本義彦編訳『スタンレー・ホフマン国際政治論集』（勁草書房、二〇一一年）
本間長世・五百旗頭真・山内昌之「アメリカは本当に『復活』したのか」（『諸君！』一九九一年五月号）
前原誠司「高坂正堯先生の遺訓」（『高坂正堯著作集』第七巻「月報」）
前原誠司「有事法制は《safety net》『外交努力』こそ本質」（『京大学生新聞』二〇〇三年七月二〇日）
牧原出『権力移行——何が政治を安定させるのか』（NHK出版、二〇一三年）
益田実『戦後イギリス外交と対ヨーロッパ政策——「世界大国」の将来と地域統合の進展、一九四五～一九五七年』（ミネルヴァ書房、二〇〇八年）
待鳥聡史「社会科学者としての高坂正堯 一九六〇年代におけるアメリカ学派」（五百旗頭ほか編『高坂正堯と戦後日本』）

参考文献

丸山眞男「『現実』主義の陥穽――ある編輯者へ」（『丸山眞男集』第五巻、岩波書店、一九九五年）
丸山眞男「『三たび平和について』第一章・第二章」（『丸山眞男集』第五巻）
丸山眞男『丸山眞男集』別巻（岩波書店、一九九七年）
御巫清尚「晩年の吉田茂氏」（吉田茂記念事業財団編『人間 吉田茂』）
御巫清尚『東の風・西の風』（国際開発ジャーナル社、一九九一年）
御厨貴・阿川尚之・苅部直・牧原出編『舞台をまわす、舞台がまわる――山崎正和オーラルヒストリー』（中央公論新社、二〇一七年）
源了圓『明治の原動力』（民主教育協会、一九六五年）
源了圓「追記」（高坂『高坂正顕著作集』第六巻）
源了圓「高坂先生と教育哲学」（『高坂正顕著作集』第六巻付録）
源了圓「解説」（高坂正顕／源了圓編『明治思想史』灯影舎、一九九九年）
簑原俊洋「高坂正堯のアメリカ観――その『多様性』と『復元力』に魅せられて」（五百旗頭ほか編『高坂正堯と戦後日本』）
三宅康之『中国・改革開放の政治経済学』（ミネルヴァ書房、二〇〇六年）
宮下雄一郎『フランス再興と国際秩序の構想――第二次世界大戦期の政治と外交』（勁草書房、二〇一六年）
宮下豊『ハンス・J・モーゲンソーの国際政治思想』（大学教育出版、二〇一二年）
宮本盛太郎「戦前における京大の憲法・政治学者たちの政治思想」（『社会科学論集』第三二号、一九九二年）
武者小路公秀「高坂正堯対坂本義和」（『日本』一九六六年二月号）
村田晃嗣「リアリズム――その日本的特徴」（日本国際政治学会編『日本の国際政治学 第一巻 学としての国際政治』（有斐閣、二〇〇九年）
村田良平『村田良平回想録――戦いに敗れし国に仕えて』上巻（ミネルヴァ書房、二〇〇八年）
村松岐夫「リップマンを期す?」（『季刊アスティオン』一九九六年一〇月号）
村松岐夫「同僚としての高坂さん」（『高坂正堯著作集』第六巻「月報」）
村松岐夫「政治学の窓から――若い学徒へのアドバイス①学問に指導はあるか」（『書斎の窓』二〇〇三年一月号）
望月重威「鳩山薫女史の葉書とその前後」（『高坂正堯著作集』第四巻「月報」）
森田一／服部龍二・昇亜美子・中島琢磨編『心の一燈 回想の大平正芳――その人と外交』（第一法規、二〇一〇年）
森田一／福永文夫・井上正也編『大平正芳秘書官日記』（東京堂出版、二〇一八年）
森田吉彦『評伝 若泉敬――愛国の密使』（文春新書、二〇一一年）
森田吉彦「高坂正堯の憲法観――積極的な改憲論への転回はいかになされたのか」（『Voice』二〇一六年七月号）
森田吉彦「高坂正堯の中国論」（五百旗頭ほか編『高坂正堯と戦後日本』）
矢留一太郎「『現実主義者』の現実的役割――高坂正堯批判」（三輪浩・矢留一太郎『現代日本の政党とイデオロギー』新日本出版社、一九六九年）
山口航「総合安全保障の受容――安全保障概念の拡散と『総合安全保障会議』設置構想」（『国際政治』第一八八号、二〇一七年）
山崎正和『日本文化と個人主義』（中央公論社、一九九〇年）
山崎正和「闘う人」（『季刊アスティオン』一九九六年一〇月号）
山崎正和『歴史の真実と政治の正義』（中公文庫、二〇〇七年）
山田恭之助「軽やかで手のかからぬ人」（『高坂正堯著作集』第六巻「月報」）
山田宗睦『危険な思想家――戦後民主主義を否定する人びと』（光文社、一九六五年）
横田喜三郎『安全保障の問題』（勁草書房、一九四九年）
横田喜三郎「永久中立論を批判する」（『前進』一九四九年七月号）
横田喜三郎『朝鮮問題と日本の将来』（勁草書房、一九五〇年）
横田喜三郎『日本の講和問題』（勁草書房、一九五〇年）
吉武信彦「ノーベル賞の国際政治学――ノーベル平和賞と日本：一九六〇年代前半の日本人候補」（『地域政策研究』第一七巻第二号、二〇一四年）
吉武信彦「ノーベル賞の国際政治学――ノーベル平和賞と日本：吉田茂元首相の推薦をめぐる一九六五年の秘密工作とその帰結」（『地域政策研究』第一八巻第四号、二〇一六年）
吉武信彦「ノーベル賞の国際政治学――ノーベル平和賞と日本：吉田茂元首相の推薦をめぐる一九六七年の秘密工作」（『地域政策研究』第一九巻第一号、二〇一六年）

吉田茂『回想十年』上中下巻（中公文庫、二〇一四年〈新潮社、一九五七年初版〉）Shigeru Yoshida, translated by Kenichi Yoshida, *The Yoshida Memoirs: The Story of Japan in Ccrisis*（London: Heinemann, 1961）
蠟山道雄「アメリカの外交・国防政策を左右するもの——外交関係協会とランド・コーポレーションの場合」（『思想』一九六二年三月号）
蠟山道雄「現代の国際報道」（『新聞研究』一九六三年一月号）
蠟山道雄「国際政治における文化交流——若干の問題に関する考察」（『思想』一九六四年九月号）
若泉敬『新装版 他策ナカリシヲ信ゼムト欲ス——核密約の真実』（文藝春秋、二〇〇九年〈一九九四年初版〉）
若月秀和『冷戦の終焉と日本外交——鈴木・中曽根・竹下政権の外政 一九八〇〜一九八九年』（千倉書房、二〇一七年）

†その他（英語）
Allison, Graham T. and Philip D. Zelikow, *Essence of Decision: Explaining the Cuban Missile Crisis,* 2nd ed.（New York: Longman, 1999, originally 1971）グレアム・T・アリソン／宮里政玄訳『決定の本質——キューバ・ミサイル危機の分析』（中央公論社、一九七七年）、グレアム・アリソン＝フィリップ・ゼリコウ／漆嶋稔訳『決定の本質——キューバ・ミサイル危機の分析 第二版』ⅠⅡ（日経BP社、二〇一六年）
Armstrong, Hamilton F., "Thoughts along the China Border: Will Neutrality Be Enough?" *Foreign Affairs,* Vol. 38, No. 2, 1960
Barker, Ernest, *Political Thought in England: 1848 to 1914*（London: Oxford University Press, 1951）E・バーカー／堀豊彦・杣正夫訳『イギリス政治思想 Ⅳ H・スペンサーから一九一四年』（岩波書店、一九五四年）
Butterfield, Herbert, *Napoleon*（London: Duckworth, 1939）
Butterfield, Herbert, *Christianity, Diplomacy and War*（London: Epworth Press, 1953）
Carr, E. Hallett, *The Twenty Years' Crisis 1919-1939: An Introduction to the Study of International Relations*（London: Macmillan, 1949）E・H・カー／井上茂訳『危機の二十年』（岩波書店、一九五二年）、E・H・カー／原彬久訳『危機の二十年——理想と現実』（岩波文庫、二〇一一年）
Carr, E. Hallett, *What is History?* 3rd ed.（London: Palgrave Macmillan, 2001, originally 1961）カー、E・H／清水幾太郎訳『歴史とは何か』（岩波新書、一九六二年）
Cox, Robert W., *Production, Power, and World Order: Social Forces in the Making of History*（New York: Columbia University Press, 1987）
Davidson, William L., *Political Thought in England: The Utilitarians from Bentham to J. S. Mill*（London: Oxford University Press, 1947）W・L・デイヴィッドスン／堀豊彦・半田輝雄訳『イギリス政治思想 Ⅲ ベンサムからミルにいたる功利主義者』（岩波書店、一九五三年）
Eden, Anthony, *Full Circle: The Memoirs of the Rt. Hon. Sir Anthony Eden*（London: Cassell, 1960）ロバート・アントニー・イーデン／湯浅義正・町野武訳『イーデン回顧録 Ⅱ 運命のめぐりあい 一九五五—一九五七』（みすず書房、二〇〇〇年）
Fairbank, John K., *The United States and China*, 4th ed.（Cambridge: Harvard University Press, 1983）
Frei, Christoph, *Hans J. Morgenthau: An Intellectual Biography*（Baton Rouge: Louisiana State University Press, 2001）
Fukuyama, Francis, *The End of History and the Last Man*（New York: Free Press, 1992）フランシス・フクヤマ／渡部昇一訳『歴史の終わり』上下巻（三笠書房、二〇〇五年）
Gooch, G. P., *Political Thought in England: From Bacon to Halifax*（London: Oxford University Press, 1950）G・P・グーチ／堀豊彦・升味準之輔訳『イギリス政治思想 Ⅰ ベーコンからハリファックス』（岩波書店、一九五二年）
Hinsley, F. H., *Power and the Pursuit of Peace: Theory and Practice in History of Relations between States*（Cambridge: Cambridge University Press, 1963）ハリー・ヒンズリー／佐藤恭三訳『権力と平和の模索——国際関係史の理論と現実』（勁草書房、二〇一五年）
Huntington, Samuel P., "The Clash of Civilizations," *Foreign Affairs*, Vol. 72, No. 3（1993）
Huntington, Samuel P., *The Clash of Civilizations and the Remaking of World Order*（London: Free Press, 2002, originally 1996）サミュエル・ハンチントン／鈴木主税訳『文明の衝突』上下巻（集英社文庫、二〇一七年）

Iriye, Akira, *After Imperialism: The Search for a New Order in the Far East, 1921-1931* (Cambridge: Harvard University Press, 1965) 入江昭『極東新秩序の模索』(原書房、一九六八年)

Kenann, George F., "Disengagement Revisited," *Foreign Affairs*, Vol. 37, No. 2, 1959

Kenann, George F., "Peaceful Coexistence: A Western View," *Foreign Affairs*, Vol. 38, No. 2, 1960

Kennan, George F., *Memoirs, 1925-1950* (Boston: Little, Brown and Company, 1967) ジョージ・F・ケナン/清水俊雄・奥畑稔訳『ジョージ・F・ケナン回顧録』I(中公文庫、二〇一六年)

Kennedy, Paul, *The Rise and Fall of the Great Powers* (New York: Vintage Books, 1989) ポール・ケネディ/鈴木主税訳『大国の興亡——一五〇〇年から二〇〇〇年までの経済の変遷と軍事闘争』上下巻(草思社、一九八八年)

Kissinger, Henry, *A World Restored: Metternich, Castlereagh and the Problems of Peace, 1812-22* (London: Weidenfeld and Nicolson, 1957) ヘンリー・A・キッシンジャー/伊藤幸雄訳『回復された世界平和』(原書房、二〇〇九年)

Kissinger, Henry A., "The Search for Stability," *Foreign Affairs*, Vol. 37, No. 4, 1959

Kissinger, Henry, *World Order* (New York: Penguin Press, 2014) ヘンリー・キッシンジャー/伏見威蕃訳『国際秩序』(日本経済新聞出版、二〇一六年)

Koestler, Arthur, translated by Daphne Hardy, *Darkness at Noon* (New York: Macmillan Company, 1941) アーサー・ケストラー/岡本成蹊訳『真昼の暗黒』(筑摩書房、一九五〇年)

Krasner, Stephen D., ed., *International Regimes* (Ithaca: Cornell University Press, 1983)

Laski, Harold J., *Political Thought in England: Locke to Bentham* (London: Oxford University Press, 1955) H・J・ラスキ/堀豊彦・飯坂良明訳『イギリス政治思想 II ロックからベンサムまで』(岩波書店、一九五八年)

Lewis, Flora, *Europe: A Tapestry of Nations* (New York: Simon and Schuster, 1987) フローラ・ルイス/友田錫訳『ヨーロッパ——民族のモザイク』上下巻(河出書房新社、一九九〇年)

Lindsay, A. D., *Karl Marx's Capital: An Introductory Essay* (London: Oxford University Press, 1925) A・D・リンゼイ/木村健康ほか訳『カール・マルクスの資本論』(弘文堂、一九七二年)

May, Ernest R., *"Lessons" of the Past: The Use and Misuse of History in American Foreign Policy* (New York: Oxford University Press, 1973) アーネスト・メイ/進藤榮一訳『歴史の教訓』(岩波現代文庫、二〇〇四年)

Morgenthau, Hans J., *In Defense of the National Interest: A Critical Examination of American Foreign Policy* (New York: Alfred A. Knopf, 1951) ハンス・モーゲンソー/鈴木成高・湯川宏訳『世界政治と国家理性』(創文社、一九五四年)

Morgenthau, Hans J., *Politics among Nations: The Struggle for Power and Peace*, 2nd ed. (New York: Alfred A. Knopf, 1955) ハンス・モーゲンソー/原彬久監訳『国際政治——権力と平和』上中下巻(岩波文庫、二〇一三年)

Morgenthau, Hans J., *Vietnam and the United States* (Washington, D. C.: Public Affairs Press, 1965)

Nicolson, Harold, *Diplomacy* (Washington, D. C.: Institute for the Study of Diplomacy, Georgetown University, 1988, originally 1939) H・ニコルソン/斎藤真・深谷満雄訳『外交』(東京大学出版会、一九六八年)

Nye, Joseph S., Jr., *Bound to Lead: The Changing Nature of American Power* (New York: Basic Books, 1990) ジョセフ・S・ナイ Jr./久保伸太郎訳『不滅の大国アメリカ』(読売新聞社、一九九〇年)

Nye, Joseph S., Jr., "The United States and East Asia: Working Together for a Secure Future"(『新防衛論集』第二三巻第一号、一九九五年) ジョセフ・S・ナイ Jr./長尾雄一郎訳・解説(『新防衛論集』第二三巻第一号、一九九五年)

Nye, Joseph S., Jr., *Soft Power: The Means to Success in World Politics* (New York: Public Affairs, 2004) ジョセフ・S・ナイ/山岡洋一訳『ソフト・パワー——二一世紀国際政治を制する見えざる力』(日本経済新聞社、二〇〇四年)

Rosenau, James N., ed., *Linkage Politics: Essays on the Convergence of National and International Systems* (New York: Free Press, 1969)

Rosenau, James N., "Theorizing across Systems: Linkage Politics Revisited," in Jonathan Wilkenfeld, ed., *Conflict Behavior and Linkage*

Politics（New York: David Mckay, 1973）
Schuman, Frederick L., *International Politics: The Western State System in Mid-Century*, 5th ed.（New York: McGraw-Hill Book Company, 1953）F・L・シューマン／長井信一訳『国際政治』上下巻（東京大学出版会、一九七三年）
Toynbee, Arnold J., *The World and the West*（London: Oxford University Press, 1953）アーノルド・J・トインビー／吉田健一訳『世界と西欧』（社会思想社、一九五九年）
Tucker, Robert C., "Russia, the West, and World Order," *World Politics*, Vol. 12, No. 1, 1959
Waltz, Kenneth N., *Man, the State, and War: A Theoretical Analysis*（New York: Columbia University Press, 1959）ケネス・ウォルツ／渡邉昭夫・岡垣知子『人間・国家・戦争――国際政治の三つのイメージ』（勁草書房、二〇一三年）
Watanabe, Akio, "Foreword," *Acta Asiatica*, No. 71, 1996
Yoshida, Shigeru, *Japan's Decisive Century, 1867-1967*（New York: Frederick A. Praeger, 1967）吉田茂『日本を決定した百年』（中公文庫、一九九九年）
Zimmer, Louis B., *The Vietnam War Debate: Hans J. Morgenthau and the Attempt to Halt the Drift into Disaster*（Lanham: Lexington Books, 2011）

主要図版出典

『粕谷一希随想集I　忘れ得ぬ人々』（藤原書店、二〇一四年）　57
読売新聞社　iii

高坂正堯　年譜

西暦	年齢	事歴	内外の出来事
一九三四	0	五月八日、京都市小松原に父・正顕、母・時生の次男として生まれる	七月、岡田啓介内閣成立
一九三六	2	三月、東京市小石川へ移る	二・二六事件
一九四〇	6	三月、京都市下鴨泉川町へ移る	九月、日独伊三国軍事同盟締結
一九四一	7	四月、下鴨国民学校入学	一二月、太平洋戦争開戦
一九四五	11	四～一〇月、京都・間人に疎開。その後、肋膜炎を患う	八月、終戦
一九四七	13	三月、国民学校初等科卒業。四月、京都一中併設新制洛北中学に入学	二・一スト
一九五〇	16	三月、洛北中学卒業。四月、京都府立洛北高校入学。九月、囲碁棋士・藤田梧郎に指導を受け始める	六月、朝鮮戦争勃発
一九五三	19	三月、洛北高校卒業。四月、京都大学法学部入学	七月、朝鮮戦争休戦
一九五七	23	三月、京都大学法学部卒業。四月、京都大学法学部助手に就任	二月、岸信介内閣成立
一九五八	24	六月、木津恵と結婚	三月、ソ連、フルシチョフ第一書記が首相兼任

一九五九	25	四～五月、「ウィーン会議と『ヨーロッパ』」(一)(二)を『法学論叢』第六五巻第一、二号に発表。九月京都大学法学部助教授に昇任	一月、キューバ革命
一九六〇	26	日本国際政治学会理事（～一九六二年）。九月、アメリカ・ハーヴァード大学客員研究員（～一九六二年九月）	六月、日米安全保障条約改定、発効。七月、池田勇人内閣成立
一九六三	29	一月、「現実主義者の平和論」を『中央公論』に発表。一一月、長男・昌信誕生	一一月、ケネディ米大統領暗殺
一九六四	30	日本国際政治学会理事。二月、「宰相吉田茂論」を『中央公論』に発表	一一月、佐藤栄作内閣成立
一九六五	31	三月、『海洋国家日本の構想』（中央公論社）刊行（一九六九年九月に増補版）。三月、『世界史を創る人びと』（日経新書）刊行。一〇月、オーストラリア・タスマニア大学交換教授（～一九六六年三月）	二月、アメリカ、北ベトナムを爆撃
一九六六	32	八月、『国際政治』（中公新書）刊行	八月、中国文化大革命始まる
一九六七	33	七月、長女・珠生誕生。一二月、「偉大さの条件」を『中央公論』に発表	一一月、佐藤・ジョンソン米大統領会談、両三年内の沖縄返還で合意
一九六八	34	二月、『宰相 吉田茂』（中央公論社）刊行。二月、佐藤栄作内閣で「沖縄基地問題研究会」委員（～一九六九年三月）。九月、『世界地図の中で考える』（新潮社）刊行	東大紛争で安田講堂占拠、大学紛争が全国に広がる
一九六九	35	七月、『一億の日本人』（文藝春秋）刊行。一二月、父・正顕死去	一一月、佐藤・ニクソン米大統領会談、「核抜き・本土並み」沖縄返還で合意
一九七一	37	四月、京都大学法学部教授に昇任。八月、佐藤内閣・竹下登官房長官の諮問機関「国際関係懇談会」委員（～一九七二年八月）	七月、ニクソンが訪中を発表（ニクソン・ショック）

一九七二	38	一月、『政治的思考の復権』(文藝春秋)刊行	七月、田中角栄内閣成立。九月、日中国交正常化
一九七三	39	一～六月、国際戦略研究所(ロンドン)客員研究員	第一次石油危機
一九七五	41	二月、『地球的視野で生きる』(実業之日本社)刊行。四～九月、三木武夫内閣・坂田道太防衛庁長官の諮問機関「防衛を考える会」委員	四月、ベトナム戦争終結
一九七八	44	九月、国際戦略研究所理事(～一九八六年)。一〇月、『古典外交の成熟と崩壊』(中央公論社、一九七八年五月)で第一三回吉野作造賞受賞。一二月、離婚	八月、福田赳夫内閣、日中平和友好条約締結
一九七九	45	四月、大平正芳首相の諮問機関「総合安全保障研究グループ」幹事(～一九八〇年七月)。九月、『豊かさの試練』(新潮社)刊行	第二次石油危機
一九八一	47	一一月、『文明が衰亡するとき』(新潮社)刊行	五月、鈴木善幸首相・レーガン米大統領会談で「同盟関係」を共同声明
一九八三	49	二月、『近代文明への反逆』(ＰＨＰ研究所)刊行。八月、中曽根康弘首相の諮問機関「平和問題研究会」座長(～一九八四年一二月)	一月、中曽根康弘首相・レーガン会談で「ロン・ヤス」関係始まる
一九八四	50	三月、『古典外交の成熟と崩壊』により博士号(法学)取得	三月、中曽根が訪中し、胡耀邦中国共産党総書記らと会談
一九八五	51	八月、『外交感覚――同時代史的考察』(中央公論社)刊行。一〇月、『陽はまた昇るか――挑戦するアメリカ』(ＴＢＳブリタニカ)刊行	八月、中曽根が靖国神社を公式参拝
一九八六	52	四月、財団法人平和・安全保障研究所理事長(～一九九二年三月)	一二月、防衛費が対ＧＮＰ比一%枠を突破

一九八七	53	京都大学評議員（～一九八九年）。九月、『国際摩擦――大国日本の世渡り学』（東洋経済新報社）刊行	一一月、竹下登内閣成立
一九八九	55	一二月、『現代の国際政治』（講談社学術文庫）刊行	八月、海部俊樹内閣成立
一九九〇	56	六月、『時代の終わりのとき――続・外交感覚』（中央公論社）刊行	八月、湾岸危機（一九九一年一月に湾岸戦争となる）
一九九二	58	四月、財団法人平和・安全保障問題研究所副会長。一〇月、『日本存亡のとき』（講談社）刊行	六月、宮澤喜一内閣、ＰＫＯ協力法を成立
一九九三	59	一〇月、国際日本文化研究センター評議員	八月、細川護熙内閣成立
一九九五	61	五月、静岡県新大学整備推進顧問。五月、『長い始まりの時代――外交感覚・3』（中央公論社）刊行。一一月、『平和と危機の構造』（日本放送出版協会）刊行	八月、村山富市首相が終戦五〇周年の談話を発表
一九九六	62	五月一五日、京都市下鴨泉川町の自宅にて死去。六月、「二一世紀の国際政治と安全保障の基本問題」を『外交フォーラム』に発表。七月、『高坂正堯外交評論集――日本の進路と歴史の教訓』（中央公論社）刊行。一〇月、『不思議の日米関係史』（ＰＨＰ研究所）刊行。一一月、『世界史の中から考える』（新潮社）刊行	一月、橋本龍太郎内閣成立
一九九七		七月、高坂正堯著作集刊行会編『高坂正堯著作集』全八巻（都市出版）刊行（～二〇〇〇年一一月）。一〇月、『現代史の中で考える』（新潮社）刊行	
二〇〇〇		四月、静岡文化芸術大学の開学にともない、約四一〇〇冊が高坂文庫として長男・昌信から寄贈される	

〈出典〉高坂正堯著作集刊行会編『高坂正堯著作集　第八巻　一億の日本人』（都市出版、二〇〇〇年）、高坂節三『昭和の宿命を見つめた眼――父・高坂正顕と兄・高坂正堯』（ＰＨＰ研究所、二〇〇〇年）をもとに加筆

服部龍二（はっとり・りゅうじ）

1968（昭和43）年東京都生まれ．92年京都大学法学部卒業．97年神戸大学大学院法学研究科単位取得退学．博士（政治学）．現在，中央大学総合政策学部教授．日本政治外交史・東アジア国際政治史専攻．

著書『東アジア国際環境の変動と日本外交　1918-1931』（有斐閣，2001年，吉田茂賞受賞）
『広田弘毅――「悲劇の宰相」の実像』（中公新書，2008年）
『日中歴史認識――「田中上奏文」をめぐる相剋 1972-2010』（東京大学出版会，2010年）
『日中国交正常化――田中角栄，大平正芳，官僚たちの挑戦』（中公新書，2011年，大沸次郎論壇賞，アジア・太平洋賞特別賞受賞）
『大平正芳 理念と外交』（岩波現代全書，2014年）
『外交ドキュメント 歴史認識』（岩波新書，2015年）
『中曽根康弘――「大統領的首相」の軌跡』（中公新書，2015年）
『田中角栄――昭和の光と闇』（講談社現代新書，2016年）
『佐藤栄作――最長不倒政権への道』（朝日選書，2017年）ほか多数

高坂正堯《こうさかまさたか》
――戦後日本《せんごにほん》と現実主義《げんじつしゅぎ》
中公新書 *2512*

2018年10月25日発行

著　者　服部龍二
発行者　松田陽三

本文印刷　三晃印刷
カバー印刷　大熊整美堂
製　　本　小泉製本

発行所　中央公論新社
〒100-8152
東京都千代田区大手町 1-7-1
電話　販売 03-5299-1730
　　　編集 03-5299-1830
URL http://www.chuko.co.jp/

Published by CHUOKORON-SHINSHA，INC.
Printed in Japan　ISBN978-4-12-102512-8 C1221

中公新書

現代史

f 2